Standard Deutsch 6

Das systematische Lernbuch

Herausgegeben von
Marianne Steigner

Erarbeitet von
Simone Batyko
Marion Gutzmann
Erna Hattendorf
Irene Hoppe
Beate Karl
Tanja Kreischer
Alexandra Lange
Toka-Lena Rusnok
Marianne Steigner

Unter Beratung von
Inga Alkämper
Lars Gebauer
Sandra Hardekopf
Annabelle Joseph
Katrin Manz
Sabine Müller
Ludgera Petersmann
Tanja Rencker-Stäpeler
Karin Rohde-Clare
Thomas Sohn
Ulrike Staffel-Schierhoff
Stefanie Stawski
Frauke Wietzke

Cornelsen

Redaktion: Jana de Blank, Susanne Schulze, Stefanie Schumacher
Bildrecherche: Angelika Wagener

Illustration: Irmtraud Guhe, München S. 54, 55, 70, 188, 189
Constanze Guhr, Berlin S. 7, 21, 25, 29, 32, 34, 52, 53, 56, 68, 72, 77, 78, 80, 81, 83, 90, 91, 92, 93, 95, 96, 98, 99, 105, 113, 128, 131, 134, 138, 139, 142, 147, 150, 160, 161, 170, 171, 172, 182, 183
Cleo Kurze, Berlin S. 69
Bianca Schaalburg, Berlin S. 38
Jutta Mirtschin, Berlin S. 175, 178, 179

Gesamtgestaltung und technische Umsetzung:
Visuelle Gestaltung Katrin Pfeil, Mainz

www.cornelsen.de
www.oldenbourg-bsv.de

1. Auflage, 2. Druck 2010

Alle Drucke dieser Auflage sind inhaltlich unverändert
und können im Unterricht nebeneinander verwendet werden.

Druck: CS-Druck CornelsenStürtz, Berlin

ISBN 978-3-06-061801-9

Inhalt gedruckt auf säurefreiem Papier aus nachhaltiger Forstwirtschaft.

Inhaltsverzeichnis

Kompetenz-
schwerpunkt

Kompetenzen vernetzen
- Sachtexte erarbeiten
- literarische Texte erschließen
- Tabellen untersuchen
- einen Vorgang beschreiben
- einen Gedichtvortrag vorbereiten

Wissen sichern und vernetzen 169–186

Teste dein Wissen! Lernstandstest 187–190

Orientierungswissen 191–210

Kästner & Co.

Vor anderen sprechen und zuhören

Was weißt du schon?

- Was hast du schon einmal in der Schule präsentiert?
- Wie hast du dich dabei gefühlt?
- Wie hast du dich auf deine Präsentation vorbereitet?
- Wie muss eine Präsentation sein, damit du gut zuhören kannst? Betrachte die Bilder und formuliere Tipps.
- Welche Rückmeldungen könnte man einer Sprecherin / einem Sprecher nach einer Präsentation geben?
  Zum Beispiel: *„Du hast sehr deutlich gesprochen."*
- Welche Kinder- und Jugendbuchautorinnen und -autoren kennst du? Wähle eine Autorin oder einen Autor aus, die oder den du gern in der Klasse vorstellen möchtest.

Fünf Schritte zur Präsentation

Schritt 1: Informationen sammeln und auswählen

Schritt 1: Informationen sammeln

1 Wie kann man an Informationen über eine Autorin oder einen Autor gelangen? Tragt Tipps zusammen.

2 **a)** Was solltest du deiner Klasse in einer Präsentation über einen Autor oder eine Autorin mitteilen?

b) Nicht alle Informationen, die du findest, sind für die Präsentation wichtig. Lies dazu die folgenden Tipps:

Informationen zu einem Autor/einer Autorin sammeln

- Denke bei der Auswahl der Informationen an deine Zuhörerinnen und Zuhörer und frage dich: Ist diese Information wirklich **wichtig, interessant, verständlich?**
- Was du selbst nicht verstehst, musst du nachschlagen oder weglassen!

TIPP
Unter dem Stichwort „Kurzbiografie" findest du viele Informationen im Internet. Gib bei einer Suchmaschine z. B. ein: „Kästner + Kurzbiografie".

c) Welche der folgenden Angaben würdest du in eine Präsentation über Erich Kästner aufnehmen, welche weglassen? Begründe.

Erich Kästner
- deutscher Schriftsteller, Drehbuchautor und Kabarettist*
- in Dresden geboren und aufgewachsen
- lebte von 1899 bis 1974
- Geburtstag: 23. Februar, Todestag: 29. Juli
- wohnte in der Königsbrücker Straße in Dresden
- sein Onkel Franz Augustin war Metzger
- Ausbildung zum Lehrer
- 1914: Reise mit Mutter und Cousine Dora an die Ostsee
- schrieb seit 1920 Zeitungsartikel und Gedichte
- bekannt für seine Kinderbücher, z. B. „Emil und die Detektive" (1928), „Pünktchen und Anton" (1931) und „Das fliegende Klassenzimmer" (1933) → Welterfolge
- viele Verfilmungen seiner Bücher
- Nazizeit*: Schreibverbot, öffentliche Verbrennung seiner Bücher → blieb trotzdem in Deutschland

Erich Kästner

der Kabarettist: jemand, der im Theater auf witzige Weise über aktuelle Ereignisse, z. B. die Politik, redet

die Nazizeit: die Zeit des Nationalsozialismus in Deutschland (1933–1945) unter Adolf Hitler

3 Informiere dich über deine Autorin oder deinen Autor. Notiere wichtige Informationen in Stichwörtern.

Schritt 2: Informationen ordnen

4 Ordne alle Informationen in Stichwörtern in einer Mindmap, z. B.:

Schritt 3: Einen roten Faden entwickeln

5 Entwickle einen roten Faden für deine Präsentation.

a) Überlege dir, welche Bereiche du ansprechen möchtest, z. B.: *Kindheit/Jugend, Ausbildung, berühmte Werke, dein Lieblingsbuch, Besonderheiten, ...*

b) Notiere zu jedem Thema wichtige Informationen in Stichwörtern auf einer Karteikarte, z. B.:

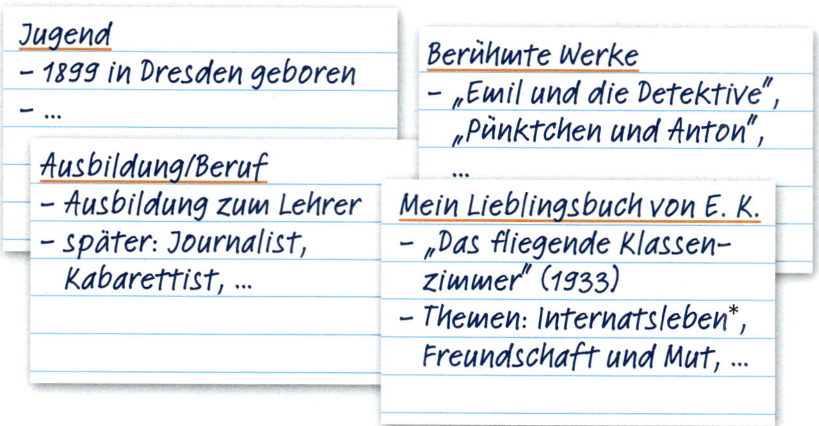

c) Überlege dir eine sinnvolle Reihenfolge für deine Präsentation, z. B.:

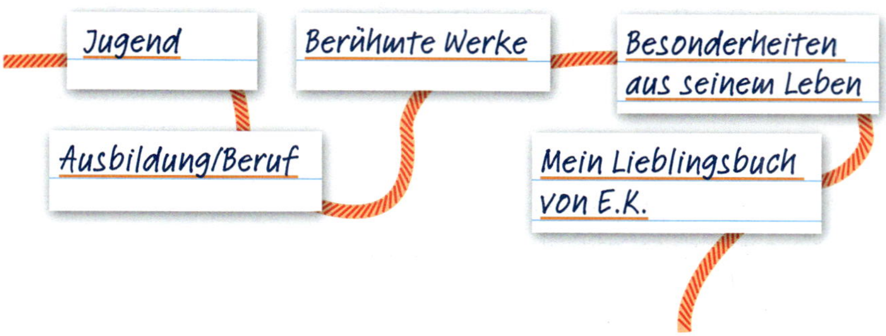

Schritt 2: Informationen ordnen
→ S. 209

Schritt 3: einen roten Faden entwickeln

TIPP
Schreibe deine Stichwörter gut lesbar und in großer Schrift auf Karteikarten, damit du während deiner Präsentation einen Blick darauf werfen kannst.

das Internat: Schule, in der die Schüler auch wohnen

Schritt 4: Die Präsentation anschaulich machen

Tipps für gutes Präsentieren sammeln

TIPP
Formuliere die Tipps so, dass man weiß, was man tun soll. Das ist besser als zu schreiben, was man vermeiden soll, z. B.: ~~*Sprich nicht zu leise*~~. *Sprich laut.*

6 a) Setzt euch zu viert zusammen. Überlegt, was euch beim Zuhören hilft, wenn jemand etwas präsentiert, und notiert Tipps.

b) Vergleicht eure Ergebnisse mit denen der anderen Gruppen.

7 Dein Vortrag wird anschaulicher, wenn du einige Informationen „sichtbar" machst. Betrachte das Foto und sammle weitere Ideen für deinen eigenen Vortrag.

Schritt 4: die Präsentation anschaulich machen

Hilfen für das Zuhören geben

8 Du kannst der Klasse das Zuhören erleichtern, indem du
- die Bedeutung schwieriger Wörter erklärst,
- wichtige Jahreszahlen oder schwierige Namen an die Tafel schreibst.

Sieh dir deine Notizen an und entscheide, welche Hilfen du deinen Zuhörern geben möchtest.

9 a) Beurteile die folgenden Einleitungssätze für einen Vortrag und überlege dir mögliche Fortsetzungen.

Erich Kästner war ein kluger Mann, denn er hat einmal gesagt: „Das Leben besteht nicht nur aus Schularbeiten."

An Erich Kästners Büchern gefallen mir die Kinder. Die lassen sich von den Erwachsenen nichts gefallen ...

„Es gibt nichts Gutes, außer man tut es." Dieser Satz von Erich Kästner ...

b) Formuliere für deinen eigenen Vortrag einen Einleitungssatz, der neugierig macht.

Schritt 5: Die Präsentation proben

10 **a)** Warum ist es nützlich, eine Präsentation vor anderen zu proben? Nennt Gründe.

b) Wie wünscht ihr euch eure Zuhörerinnen und Zuhörer und wie sollten die Rückmeldungen sein? Formuliert Tipps.

11 **a)** Warum kann ein Zuhörauftrag das Zuhören erleichtern?

b) Sucht Beispiele für Zuhöraufträge.

12 Erstellt zwei Checklisten zum Bewerten einer Präsentation, z. B.:

+	o	–	**Selbsteinschätzung**
X			Ich habe frei gesprochen.
			…kkontakt gehalten.
			…g war …

+	o	–	**Einschätzung der Zuhörer**
X			Du hast frei gesprochen.
	X		Du hast Blickkontakt gehalten.
			Dein Vortrag war …
			…

13 **a)** Probt in Kleingruppen reihum eure Präsentationen. Beachtet dabei, wie viel Zeit euch zur Verfügung steht.

b) Rückfragen zeigen, dass man gut zugehört hat. Formuliert zu jedem Vortrag Verständnis- oder Interessefragen.

c) Füllt die Bewertungsbögen aus.

14 Wertet nach jeder Präsentation eure Bewertungsbögen aus und beantwortet folgende Fragen:
– Konnten die Zuhörer alles verstehen?
– Haben sie Wichtiges und Interessantes erfahren?
– Welche Fragen sind noch offengeblieben?

Das habe ich gelernt

- Notiere die fünf Schritte zur Vorbereitung einer Präsentation als Checkliste.
- Schätze dich selbst ein – ergänze die folgenden Sätze in deinem Heft oder Portfolio:

– *Der … Schritt ist für mich der wichtigste, weil …*
– *Das gelingt mir beim Präsentieren gut: …*
Das möchte ich noch verbessern: …
– *Das gelingt mir als Zuhörerin/Zuhörer gut: …*
Das möchte ich noch verbessern: …

Schritt 5: die Präsentation proben

HILFEN
einen Zuhörauftrag stellen
„Ich bin gespannt, an welche Informationen über Kästner ihr euch nach meinem Vortrag noch erinnern könnt!"

Bewertungsbögen verwenden
> sich selbst einschätzen
> eine Rückmeldung von anderen bekommen

HILFEN
Verständnisfragen
> „Mir ist nicht ganz klar geworden, wieso …"
> „Könntest du noch einmal erklären, warum …?"
Interessefragen
> „Kannst du uns noch mehr über … erzählen?"
> „Mich würde interessieren, ob …"

Anwenden und vertiefen

1 Übt zu zweit einen freien Vortrag über Erich Kästner. Nutzt dazu die Angaben in diesem Kapitel. Ihr könnt auch weitere Informationen ergänzen, z. B. aus dem Internet.

- Wähle entweder Aufgabe 2 oder Aufgabe 3 für eine Präsentation aus. Folge bei deiner Vorbereitung den fünf Schritten aus diesem Kapitel. Übe deine Präsentation mit einer Lernpartnerin / einem Lernpartner und trage sie dann in der Kleingruppe oder vor der Klasse vor.

Fünf Schritte zur Präsentation
1. Informationen sammeln
2. Informationen ordnen
3. einen roten Faden entwickeln
4. die Präsentation anschaulich machen
5. die Präsentation proben

2 Wähle ein Land aus, das du gut kennst oder gern kennen lernen möchtest. Unten findest du einen Cluster mit Vorgaben, den du in dein Heft übernehmen und beliebig erweitern kannst.

3 Wähle ein eigenes Thema aus, über das du andere informieren möchtest, z. B.:

- eine besondere Sportart
- dein Lieblingstier
- ein interessantes Hobby
- einen besonderen Beruf
- eine Musikgruppe

So seh' ich das – und ihr?

Seine Meinung äußern und begründen

Was weißt du schon?

- Zu welchem Thema oder welcher Frage hast du in der letzten Zeit deine Meinung geäußert?
- Wann hat dich zuletzt jemand nach deiner Meinung gefragt?
- Warum werden Meinungen begründet?
- Was erwartest du von deinen Gesprächspartnern, wenn du deine Meinung äußerst? Was erwarten sie von dir?

Sich für ein Thema entscheiden

Themen für einen Meinungsaustausch suchen

1 Notiere Themen, über die du dich gern in der Klasse austauschen möchtest, z. B. zu den folgenden Bereichen:

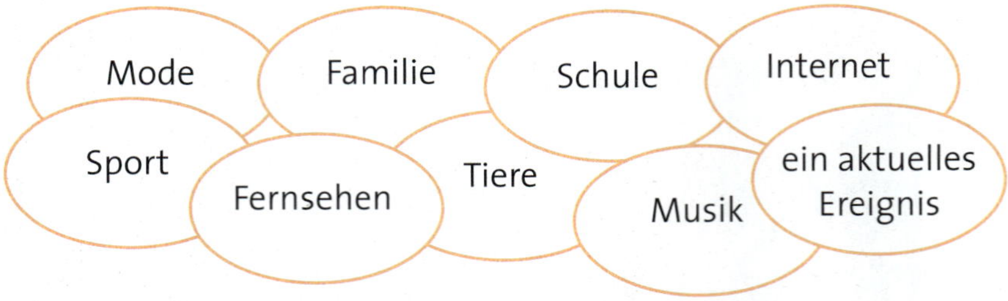

Denke über dein Thema nach und überlege dir z. B.:
- Was ärgert dich?
- Was verwundert dich?
- Was wünschst du dir?

2 **a)** Stellt einander eure Themenvorschläge in Kleingruppen vor.

Entscheidungen in der Gruppe treffen

b) Entscheidet euch in der Gruppe mit Hilfe der Punktabfrage für ein Thema, das ihr der Klasse vorschlagt.

TIPP
Diese Methode eignet sich, wenn ihr euch aus einer Auswahl von mehreren Themen für eines entscheiden müsst.

! Meinungen in der Gruppe abfragen – die Punktabfrage

- Schreibt alle Vorschläge auf ein Plakat oder an die Tafel.
- Jeder vergibt drei (Klebe-)Punkte. Man kann seine Punkte aufteilen oder alle zusammen vergeben.
- Das Thema, das die meisten Punkte bekommen hat, ist ausgewählt.

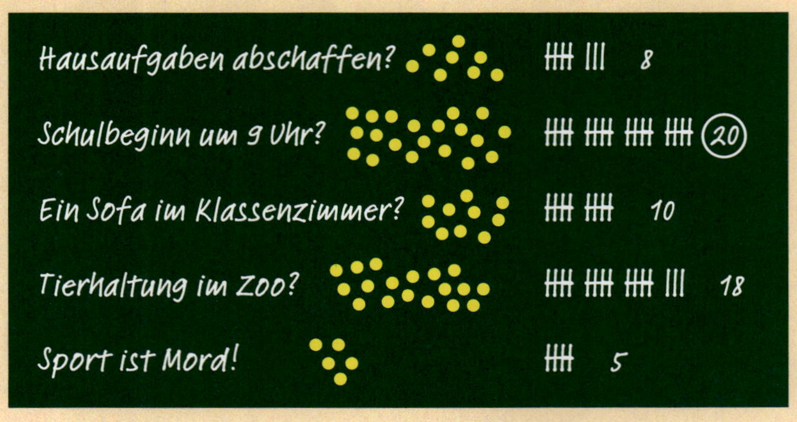

3 **a)** Stellt die in den Kleingruppen ausgewählten Themen in der Klasse vor.

b) Entscheidet euch in der Klasse für ein Thema, zu dem ihr eine Diskussion durchführen möchtet. Macht dazu noch einmal eine Punktabfrage.

4 Bereite dich auf den Meinungsaustausch vor. Bilde dir eine eigene Meinung zum Thema.

sich eine eigene Meinung bilden

a) Informiere dich über das Thema. Du kannst
- in Büchern, im Internet, in Zeitungen recherchieren* oder
- Menschen zum Thema befragen (z. B. Expertinnen/Experten).

recherchieren: gründlich nach Informationen suchen

b) Notiere das Thema oder die Fragestellung und deine Meinung dazu, z. B.:

Thema/Frage:	Thema/Frage:
Schulbeginn um 9.00 Uhr?	Tierhaltung im Zoo
Meinung:	Meinung:
Ich bin der Meinung, dass die Schule weiterhin um 8.00 Uhr beginnen sollte.	Ich bin der Überzeugung, dass es nicht in Ordnung ist, Tiere einzusperren.

c) Arbeitet zu zweit. Probiert möglichst viele Formulierungen für Meinungsäußerungen aus. Welche verwendet ihr schon jetzt häufig, welche möchtet ihr euch für die Zukunft merken? Tauscht euch aus.

Redebeiträge einleiten

! Formulierungshilfen für Meinungsäußerungen

- Meiner Meinung nach ...
- Ich meine, ...
- Ich finde, ...
- Ich bin der Ansicht, ...
- Ich bin der Meinung, ...
- Mein Standpunkt ist ...
- Ich sehe das so: ...
- Ich denke, ...

Die Meinung begründen

Argumente und Beispiele unterscheiden

1 **a)** Lies die Argumente (Begründungen) und Beispiele zu der folgenden Meinung.

Meinung: Die Fernsehsendung „Logo“ finde ich gut, ...

Argumente (Begründungen):
- weil man Informationen über aktuelle Themen bekommt.
- weil alles anschaulich und mit Bildern erklärt wird.
- weil schwierige Wörter erklärt werden.

Beispiele:
- Neulich wurde gezeigt, wie eine Raumstation aufgebaut ist.
- Ich weiß jetzt, was „Koalition“ bedeutet.
- Letzte Woche gab es einen Bericht über die Wahlen.

b) Welches Beispiel passt zu welchem Argument? Besprecht euch zu zweit und ordnet die Sätze zu.

die eigene Meinung begründen

2 Notiere zu eurem Thema drei Argumente mit Beispielen in Stichwörtern. Schreibe sie so auf wie im folgenden Beispiel:

Thema/Frage:
Späterer Schulbeginn um 9.00 Uhr?
Meine Meinung:
Schulbeginn weiterhin um 8.00 Uhr!

Meine Argumente:	Beispiele:
1) Schule früher aus	bei sechs Stunden: Schulschluss um 13 statt um 14 Uhr
2) ...	...
3) ...	...

„Spiegeln“
- einander aufmerksam zuhören
- in eigenen Worten wiederholen, was die/der andere gesagt hat

Argumente bewerten

3 Tauscht zu zweit eure Meinungen aus.

a) Eine/Einer beginnt damit, ihre/seine Meinung zu äußern und zu begründen. Nutzt die Stichwörter als „Spickzettel“. Die/Der andere „spiegelt“ das Gesagte und fragt nach, wenn etwas unklar geblieben ist. Dann wird gewechselt.

b) Sprecht darüber, welche eurer Argumente ihr überzeugend und welche ihr eher schwach findet. Versucht, die Argumente in eine Reihenfolge zu bringen.
Vergebt dazu Zahlen von 1 bis 3 (1 = schwächstes Argument, 3 = stärkstes Argument).

Die eigene Meinung begründen

- Um die eigene Meinung begründen zu können, braucht man **Argumente** (Begründungen).
- Man unterscheidet **starke** (überzeugende) und **schwache** (weniger überzeugende) **Argumente.**
- Mit einem **Beispiel** werden Argumente anschaulicher.

4 Lies die folgenden Aussagen von Schülern zum Thema „Hausaufgaben – ja oder nein?"

Argumente und Beispiele ordnen

Argumente

Man hat weniger Zeit für seine Hobbys.

Man kann zu Hause in Ruhe lesen oder schreiben.

Der ganze Nachmittag geht verloren.

Man kann sein Wissen überprüfen.

Beispiele

Manchmal denke ich, ich hätte nichts verstanden, und merke daheim, dass ich es ja doch hinkriege.

Ich schaffe es oft nicht rechtzeitig in den Turnverein.

In meinem gemütlichen Sessel kann ich mich einfach besser auf ein Buch konzentrieren.

An den Mathe-Aufgaben saß ich neulich bis 17 Uhr!

a) Übertrage die folgenden Tabellen in dein Heft und ordne die Argumente und Beispiele richtig ein.

INFO
Argumente für etwas nennt man **Pro-Argumente,** gegen etwas **Kontra-Argumente.**

für Hausaufgaben

Argumente	Beispiele
– *sein Wissen überprüfen*	...

gegen Hausaufgaben

Argumente	Beispiele
...	...

b) Ergänze eigene Argumente und Beispiele.

Argumente und Beispiele sammeln

c) Diskutiere mit anderen über das Thema „Hausaufgaben". Verwende Argumente und Beispiele aus der Tabelle.

diskutieren

Das habe ich gelernt

Notiere passende Fortsetzungen in dein Heft oder Portfolio:

- *Damit man seine Meinung überzeugend vertreten kann, sollte man ...*
- *Beim Diskutieren gelingt mir gut, ...*
- *Ich möchte noch mehr darauf achten, beim Diskutieren ...*

Anwenden und vertiefen

Argumente bewerten

1 In einer Klasse soll ein Schüler zum Klassensprecher gewählt werden. Lies die Argumente für einen Schüler:

- *kann gut reden*
- *ist modisch angezogen*
- *ist ein guter Sportler*
- *ist nicht egoistisch*
- *hat schöne Augen*
- *vertritt seine Meinung*
- *ist freundlich*
- *ist beliebt*

a) Welche der Argumente findest du überzeugend, welche weniger? Schreibe die Stichwörter ab und vergib Nummern von 1 bis 8 (1 steht für das schwächste Argument).

b) Welche Argumente würdest du weglassen? Warum?

c) Vergleicht eure Ergebnisse und tauscht eure Meinungen darüber aus.

eine Diskussion führen
› sich für ein Thema entscheiden
› sich informieren
› sich eine Meinung bilden
› Argumente und Beispiele notieren
› diskutieren

2 Wählt in der Kleingruppe eine der folgenden Fragestellungen für eine Diskussion aus.
- *Soll das Kaugummikauen im Unterricht erlaubt werden?*
- *Im Moment dürfen Inlineskater nur auf dem Gehweg fahren. Ist das nicht viel zu gefährlich?*
- *Ist es in Ordnung, wenn Eltern ihre Kinder allein im Internet surfen lassen?*

Geht so vor, wie ihr es in diesem Kapitel gelernt habt.

zu einer Aussage Stellung beziehen

der Kabarettist: jemand, der im Theater auf witzige Weise über aktuelle Ereignisse, z. B. die Politik, redet

3 Lies, was der Kabarettist* und Komiker Dieter Nuhr zum Thema „Meinung äußern" gesagt hat.
Diskutiert darüber, was er damit meint, und nehmt zu der Aussage Stellung.

„Wenn man keine Ahnung hat: Einfach mal die Klappe halten. Ist mir ganz wichtig, dass sich das mal rumspricht." *Dieter Nuhr*

schriftlich Stellung nehmen

4 Schreibe einen kurzen Artikel für die Schülerzeitung zum Thema „Hausaufgaben". Nutze die Argumente und Beispiele aus der Tabelle von Seite 17, Aufgabe 4 a). So kannst du beginnen:

Hausaufgaben abschaffen?
Das kennt jeder Schüler: Endlich Schule aus, du kommst müde zu Hause an – und dort warten die Hausaufgaben auf dich! Aber muss das sein? Meiner Meinung nach ...

Da gibt's (k)eine Diskussion!

Bei Meinungsverschiedenheiten diskutieren

Was weißt du schon?

- Was ist eine Diskussion?
- Über welche Themen hast du schon einmal diskutiert? Über welche Themen diskutierst du am häufigsten?
- Welche Ziele verfolgt man mit einer Diskussion?
- Hast du dich in einer Diskussion schon einmal über andere geärgert? Warum?
- Wie kann man sich einigen, wenn bei einer Diskussion eine Lösung gefunden werden soll?

Eine Diskussion führen

Gemeinsam diskutieren

Zu vielen Fragen oder Themen gibt es verschiedene Meinungen.
Das Ziel einer **Diskussion** kann sein:

- anderen seine eigene Meinung mitzuteilen und die Meinung anderer zum selben Thema kennen zu lernen,
- andere von der eigenen Meinung zu überzeugen,
- eine Einigung zu erzielen oder einen Kompromiss* zu finden, z. B. wenn eine Entscheidung getroffen werden muss.

der Kompromiss: Mittelweg; Lösung eines Problems, bei der beide Seiten auf die vollständige Durchsetzung ihrer Idee verzichten

1 Damit eine Diskussion fair verläuft, sind Gesprächsregeln wichtig, an die sich alle halten. Legt mit Hilfe der Entscheidungspyramide Regeln für eure Klasse fest.

In der Entscheidungspyramide diskutieren

1. Schritt (5 Minuten)
Notiere drei Regeln für Diskussionen, die deiner Meinung nach in deiner Klasse besonders berücksichtigt werden müssen.
2. Schritt (5 Minuten)
Suche dir eine Partnerin oder einen Partner.
Stellt euch gegenseitig eure Regeln für Diskussionen vor.
Einigt euch auf drei Regeln.
3. Schritt (5 Minuten)
Sucht euch eine andere Partnergruppe. Stellt euch gegenseitig eure Regeln vor und einigt euch wieder auf drei Regeln.
4. Schritt (5 Minuten)
Bildet mit einer anderen Vierergruppe eine Achtergruppe.
Einigt euch auf drei Regeln.
5. Schritt
Einigt euch zum Schluss in der Klasse auf drei Regeln, die für Diskussionen in der Klasse gelten sollen.

HILFEN
Eine Regel könnte z. B. lauten:
Man sollte auf die Argumente der anderen eingehen.

TIPP
Gestaltet ein Plakat mit den Regeln, die für eure Klasse gelten sollen.

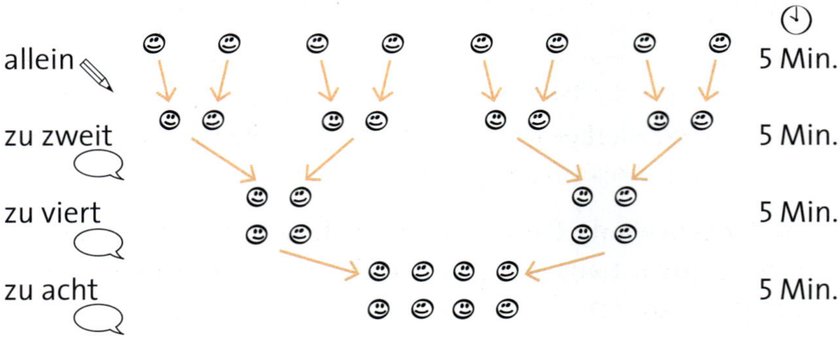

Auf die anderen Diskussionsteilnehmer eingehen

2 Setzt euch in Vierergruppen zusammen.

a) Ergänzt gemeinsam die folgende Tabelle mit Formulierungshilfen für Diskussionen.

überprüfen, ob man alles richtig verstanden hat	jemandem widersprechen	jemandem zustimmen
• Du meinst also, dass ..., weil ... • ...	• Das sehe ich anders, denn ... • ...	• Ich stimme dir zu ... • ...

b) Notiert eure Formulierungen einzeln auf Karteikarten.

3 **a)** Entscheidet euch in der Vierergruppe für eines der folgenden Beispiele für eine Diskussion.

- Ein 14-jähriger Junge möchte gern ein Nasenpiercing haben. Sein Vater ist dagegen.
- Eine 13-Jährige möchte einen Hund haben. Ihre Schwester wünscht sich eine Katze.

- Ein Schüler schlägt für den Wandertag den Besuch in einem Spaßbad vor. Seine Mitschülerin ist für den Besuch eines Freizeitparks, der allerdings teurer ist.

b) Einigt euch darauf, wer zuerst diskutiert (zwei Personen) und wer beobachtet (die anderen beiden Personen).
Dies sind eure Aufträge:

> **Diskutierende:** Übernehmt je eine der beiden Rollen aus eurem Beispiel und bereitet euch auf die Diskussion vor. Notiert Argumente, mit denen ihr die andere/den anderen überzeugen könntet.
> **Beobachtende:** Achtet besonders darauf,
> – ob die Diskussionsregeln eingehalten werden,
> – ob unterschiedliche Formulierungen benutzt werden.

c) Sprecht nach der Diskussion darüber, was gut gelungen ist und was ihr noch verbessern möchtet. Haben die Diskutierenden versucht, einen Kompromiss zu finden?

d) Jetzt wechseln die Beobachter und die Diskutierenden die Rollen. Probiert aus, wie die Diskussion anders verlaufen und ausgehen könnte.

sich auf einen Redebeitrag beziehen

HILFEN
- *Ich möchte noch etwas zu der Aussage von ... sagen.*
- *Ich möchte noch einmal auf ... Meinung eingehen.*
- *Da bin ich anderer Meinung ...*

TIPP
Ihr könnt beim Diskutieren die Karteikarten mit den Formulierungshilfen (Aufgabe 2 b) nutzen: Nach jeder benutzten Formulierung legt ihr die entsprechende Karte ab.

einen Standpunkt einnehmen/ Stellung beziehen: seine Meinung zu einem Thema sagen

Einen Standpunkt einnehmen

Meinungsbild vor der Diskussion ermitteln

1 ***Sollen Kinder im Haushalt helfen?***
Auf einer Positionslinie könnt ihr alle gleichzeitig zu dieser Frage Stellung beziehen*. So wird sichtbar, wie die Meinungen in eurer Klasse verteilt sind.

a) Betrachtet das Bild und lest, wie ihr vorgehen müsst:

! Auf der Positionslinie „Stellung beziehen"

- Stellt euch eine lange Linie im Klassenraum vor.
  Legt fest, welches Ende die „Ja-Position" ist und welches die „Nein-Position". Die Mitte bedeutet „unentschieden".

- Nehmt nun euren Standpunkt auf der Linie ein.
- Wertet die Positionslinie aus: Wie sind die Meinungen in der Klasse verteilt?

b) Erstellt eine Positionslinie zur Frage in dieser Aufgabe.

eine Diskussion führen und beurteilen

TIPP
Ihr könnt **eine Diskussionsleiterin / einen Diskussionsleiter** bestimmen, die/der das Wort erteilt.

2 Führt eine Diskussion zu der Frage in Aufgabe 1.

a) Teilt dazu die Klasse in zwei Gruppen. Eine Gruppe beginnt zu diskutieren. Die anderen sind Beobachter, die den Diskutierenden eine Rückmeldung geben. Dann wird gewechselt.
Die Beobachter achten darauf, ob die Diskutierenden
- ihre Meinung gut begründen,
- die vereinbarten Regeln beachten,
- die Formulierungshilfen auf den Karteikarten nutzen.

Meinungsbild nach der Diskussion ermitteln

b) Nehmt erneut einen Standpunkt auf der Positionslinie ein.

c) Hat sich das Meinungsbild in der Klasse durch die Diskussion verändert? Beschreibe.

3 **a)** Lies die folgenden Schülermeinungen zu dieser Frage:
Sollten Spickzettel bei Prüfungen erlaubt werden?

Ich finde, Spickzettel sollten auf jeden Fall eingeführt werden. Allerdings sollte die Menge, wie viel man auf den Spickzettel schreibt, begrenzt werden. Wir haben das ausprobiert und es hat super funktioniert. Nach der Arbeit haben alle gesagt, sie hätten den Spickzettel nicht gebraucht, aber man hatte mehr Sicherheit. *Sophia B. (13)*

Spickzettel sollten nicht erlaubt werden, da die Leute, die gelernt haben, betrogen werden. Es ist okay, wenn man Spickzettel schreibt, aber nicht in der Prüfung verwendet. Ich lerne so. Zwei Stunden vor der Arbeit werfe ich den Zettel weg. *Lasse F. (12)*

In einer Klassenarbeit sollten keine Spickzettel erlaubt sein, dann könnte man doch gleich das Schulbuch auf den Tisch legen. Mit einem Spickzettel prüft man nur, ob die Schüler wissen, wo das Entsprechende nachzuschauen ist.
Melanie (15)

---

b) Untersuche die Argumente (Begründungen) für (*pro*) und gegen (*kontra*) Spickzettel und notiere sie in Stichwörtern in eine Tabelle.

Argumente erkennen

c) Suche weitere Argumente und ergänze die Tabelle.

4 **a)** Ermittelt mit Hilfe einer Positionslinie das Meinungsbild eurer Klasse zu dieser Frage.

ein Meinungsbild ermitteln

b) Diskutiert die Frage in der Klasse.

eine Diskussion führen

c) Stellt euch erneut auf der Positionslinie auf. Besprecht, ob sich etwas verändert hat, und wenn ja, warum.

Meinungsbild nach der Diskussion ermitteln

Das habe ich gelernt

- Worauf sollte man bei einer Diskussion achten? Wiederholt zu zweit alle wichtigen Gesprächs- und Verhaltensregeln.
- Sammle geeignete Ausdrücke in einem Cluster:

- *Das ist mir an meinem Diskussionsverhalten aufgefallen: ...*
  Daran möchte ich arbeiten: ...
  Schreibe in dein Heft oder Portfolio.

Anwenden und vertiefen

eine Diskussion führen

1 **a)** Diskutiert in einer Gruppe (4–5 Teilnehmer) über ein selbst gewähltes Thema, z. B.:
- *Sollen Noten abgeschafft werden?*
- *Sollen Eltern die Fernsehzeiten der Kinder bestimmen?*

b) Beurteilt anschließend euer Diskussionsverhalten.

Bewertungsbögen entwickeln
→ S. 11

2 Entwickelt in Partnerarbeit einen Selbsteinschätzungsbogen für Diskussionen.
Mit Hilfe dieses Bogens soll jede Schülerin und jeder Schüler nach einer Diskussion bewerten können, wie ihr oder ihm das Einhalten der Regeln und das Argumentieren gelungen ist.

eine Rollendiskussion führen

INFO
In einer **Rollendiskussion** nehmen die Sprecher vorgegebene Rollen ein und diskutieren aus deren Sicht.

3 Führt in einer Gruppe (4–5 Teilnehmer) eine Rollendiskussion* zu der folgenden Behauptung durch:

Das Halten von Hunden in Großstädten ist Tierquälerei und sollte verboten werden.

Stellt euch vor, ihr wärt eine andere Person (Rolle) und diskutiert über die Streitfrage aus deren Sicht.

Folgende Rollen könnt ihr vergeben (je 1–2 Personen):
- Tierschützer(in),
- Hundebesitzer(in) aus einer Großstadt,
- Hundebesitzer(in) vom Land,
- Tierarzt/Tierärztin.

Achtung: Eure Argumente müssen zu eurer Rolle passen.
Es kann daher sein, dass sie nicht mit eurer persönlichen Meinung übereinstimmen!

Stellt eure Diskussion vor der Klasse vor und holt Rückmeldungen zu eurem Diskussionsverhalten ein.

HILFEN
So könntest du beginnen:
- „Als Tierarzt kenne ich sehr viele Hundebesitzer aus der Stadt. Ich habe die Erfahrung gemacht, dass …“
- „Ich bin schon seit 15 Jahren stolze Hundebesitzerin. Wir wohnen in Köln und mein Bello …“

Kaum zu glauben!

Lügengeschichten erzählen

Vor einigen Tagen ist mir etwas Seltsames passiert. Nach der Arbeit fuhr ich wie immer nach Hause. Als ich in die Steinstraße einbog, kam mir jemand auf einem Fahrrad entgegen. Zunächst konnte ich nicht genau erkennen, wer auf dem Fahrrad saß, aber dann konnte ich kaum glauben, was ich sah. Es war wirklich erstaunlich, aber …

Es war einmal ein Hase, der lebte in einer großen Stadt. Er arbeitete wie die anderen Menschen auch und fuhr jeden Tag mit seinem Fahrrad in seine Firma. Damit er nicht so auffiel, zog er sich die gleiche Kleidung an, die Menschen auch trugen, und sagte dieselben Dinge, die Menschen auch sagten. Eines Tages …

Was weißt du schon?

- Welcher Textanfang passt besser zu einer Lügengeschichte? Begründe deine Wahl.
- Warum werden Lügengeschichten erzählt?
- Was ist das Besondere an Lügengeschichten, z. B. von Baron Münchhausen oder Käpt'n Blaubär?
- Was weißt du schon über den Aufbau einer Erzählung?
- Welche Tipps können dir beim Schreiben einer eigenen Lügengeschichte helfen?

Eine Lügengeschichte lesen

Inti und Sandra besuchen regelmäßig ihren Bekannten Herrn P. Bei einem ihrer Besuche entdecken sie zwei kleine Stiefel in seiner Wohnung. Herr P. erzählt ihnen daraufhin die folgende Geschichte.

1 **a)** Lies die Überschrift der Erzählung und stelle Vermutungen darüber an, was Herr P. erzählen könnte.

b) Lies den Text und überprüfe deine Vermutungen.

Robert Gernhardt
Auf der Insel der weinenden Riesen

„[…] Vor etwa dreißig Jahren lief ich mit meinem Forschungsschiff Norwegen an und erhielt den Auftrag, von dort aus die sagenhaften* Inseln der Riesen anzusteuern, von denen man damals lediglich* wusste, dass es sie gab, nicht aber, wo sie lagen. Und auch ich wäre sicherlich achtlos an ihnen vorbeigefahren, hätte mich nicht ein Ruderschaden* gezwungen, in einer geschützten Bucht* einer der zahllosen kleinen Inseln vor der Küste Norwegens Zuflucht* zu suchen. Und schon als wir in die Bucht einliefen, hatte ich das Gefühl, dass diese Insel anders war als die anderen."

„Weil alles so riesig war?", fragte Inti.

„Im Gegenteil – weil alles so klein war", sagte Herr P. „Die höchsten Bäume reichten mir bis zu den Waden*, die Hasen hatten die Größe von Mäusen, und die Kühe waren nicht länger als mein Unterarm."

„Und die Menschen?", fragte Sandra. „Gab's da auch Menschen?"

„Ja", sagte Herr P., „die gab's. Und die waren riesig. Sie gingen mir bis zum Bauch."

„Aber dann waren es doch Zwerge!", rief Inti.

„Nein, Riesen", sagte Herr P. „Hier wären sie natürlich Zwerge gewesen, hier, wo die Bäume zehn Meter hoch und die Hasen achtzig Zentimeter lang sind. Aber auf ihrer Insel überragten sie jeden Baum und jedes Tier. Dort waren sie die Allergrößten, und da sie außer ihrer Insel nichts von der Welt kannten, glaubten sie, die Allergrößten überhaupt zu sein."

sagenhaft: nur aus Erzählungen bekannt
lediglich: nur
der Ruderschaden: ein kaputtes Ruder am Boot
die Bucht: Teil des Meeres, der in Form eines Bogens ins Land hineinragt
die Zuflucht: ein Ort, an dem man Schutz und Hilfe findet

die Wade: die hintere Seite des Unterschenkels (am Bein)

„Und was geschah, als sie dich und deine Leute sahen?“ „Ach, es war schrecklich“, seufzte Herr P. „Kaum dass sie uns erblickten, begannen sie zu jammern und zu wehklagen*. Würdige Männer mit langen Bärten zerstampften vor Verzweiflung darüber, dass es andere Wesen gab, die noch größer waren als sie, ganze Wälder. Greisinnen* im Silberhaar setzten sich fassungslos auf unschuldige Kühe, die vor Schmerz laut muhten – weinende Riesen, habt ihr schon mal weinende Riesen gesehen?“

„Und ihr, was habt ihr gemacht?“, wollte Inti wissen.

„Wir haben sie angelogen“, sagte Herr P. „Einfach angelogen. Wir sagten, wir seien weiße Götter aus dem Weltall, die zu einem Besuch auf der Erde weilten und noch nirgendwo, weder auf der Erde noch sonst wo im Weltall, so große, starke und schöne Riesen gesehen hätten wie auf dieser Insel. Und dann machten wir, dass wir davonkamen*. Das einzige Andenken, das ich mitgehen ließ, waren diese Stiefel.“

wehklagen: laut über seinen Kummer klagen

die Greisin: sehr alte Frau

machen, dass man davonkommt: so schnell wie möglich fliehen / sich beeilen, wegzukommen

c) Klärt zu zweit schwierige Textstellen.

d) Erzähle einer Lernpartnerin / einem Lernpartner, was in der Geschichte passiert. So könntest du beginnen:
„Herr P. erhält den Auftrag, die Insel der Riesen anzusteuern, aber das Schiff …“

den Inhalt einer Geschichte erfassen

2 **a)** Herr P. landet auf der Insel der Riesen. Worin liegt der Witz der Geschichte?

b) Innerhalb der Lügengeschichte wird noch einmal die Unwahrheit gesagt. Nenne die Textstelle.

c) Erkläre, warum Herr P. den Menschen auf der Insel erzählt, er und seine Mannschaft seien Götter aus dem Weltall.

3 Eine Lügengeschichte enthält Geschehnisse, die wahr sein könnten, und Geschehnisse, die eindeutig erfunden sind. Nenne für beides Beispiele aus dem Text.

Merkmale einer Lügengeschichte erarbeiten

! Lügengeschichten

- Lügengeschichten sind Fantasiegeschichten, die **zur Unterhaltung** erzählt oder gelesen werden.
- Sie enthalten Ereignisse, die **wirklich stattfinden** könnten, und Ereignisse, die **eindeutig erfunden** sind.
- Die Zuhörenden sollen nicht getäuscht werden, sondern dürfen merken, dass ihnen nicht die Wahrheit erzählt wird.
- Als Erzähler darf man deshalb **übertreiben** und die **Wirklichkeit verdreht darstellen.**

Merkmale einer Lügengeschichte

1 Herr P. versucht in seiner Erzählung den Eindruck zu erwecken, dass er alles wirklich selbst erlebt hat, z. B.:

„Und die [Riesen] waren riesig. Sie gingen mir bis zum Bauch.“ (S. 26, Z. 22 f.)
→ Herr P. verwendet seine eigene Körpergröße als Vergleich.

Nenne weitere Beispiele aus dem Text auf Seite 26 f.

den Aufbau einer Lügengeschichte kennen

2 Oft sind Lügengeschichten – wie andere Erzähltexte auch – nach einem roten Faden aufgebaut und lassen sich in Einleitung, Hauptteil und Schluss gliedern.

a) Zeichne einen roten Faden links in dein Heft und beschrifte ihn. Lass ausreichend Platz, um noch etwas daneben schreiben zu können.

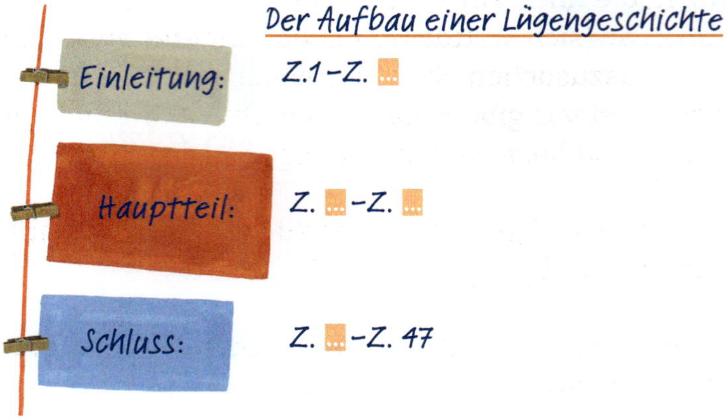

b) Lies die Geschichte noch einmal aufmerksam durch. Gliedere sie nach dem roten Faden und ergänze die Zeilenangaben in deiner Zeichnung.

Merkmale einer Lügengeschichte kennen

c) Welche Beschreibung aus den folgenden Kästen passt am besten zu welchem Teil?
Ordne zu und notiere die Beschreibungen auf die rechte Seite des roten Fadens.

Ein „Problem“ wird gelöst und ein Bezug zum Anfang der Geschichte hergestellt.

Etwas Besonderes passiert oder ein „Problem“ entsteht. Eine Lüge folgt auf die nächste. Es entsteht eine „Lügenkette“.

Hauptfiguren, Zeit und Ort werden eingeführt. Das Geschehen wirkt noch glaubwürdig.

Lügengeschichten schreiben

Um eine Lügengeschichte zu erzählen, brauchst du Fantasie. Je auffälliger und übertriebener deine Lügen sind, umso interessanter wird deine Geschichte.

fantasievolle Lügen erfinden

1 a) Lies die folgenden Entschuldigungen fürs Zuspätkommen.

Tut mir leid, dass ich zu spät bin! Aber ich bin völlig unschuldig: …

- Mein Auto ist heute Morgen nicht angesprungen, und dann kam auch noch der Bus nicht. Ich versuchte, die U-Bahn zu nehmen, die aber wegen eines Stromausfalls nicht mehr fuhr. Schließlich ging ich zu Fuß und konnte deswegen nicht pünktlich kommen!

- Heute Nacht sind Marsmenschen in meinem Zimmer gelandet, die mich entführen wollten. In meiner Panik bot ich ihnen an, sich stattdessen etwas anderes aus meinem Zimmer auszusuchen. Sie entschieden sich für meinen Wecker. So etwas gibt es nämlich in ihrer Welt nicht. Aus diesem Grund habe ich heute Morgen leider verschlafen.

b) Welche Entschuldigung eignet sich deiner Meinung nach besser für eine Lügengeschichte? Begründe.

2 a) Denkt euch weitere unglaubliche Entschuldigungen fürs Zuspätkommen aus. Tauscht euch aus.

b) Schreibe eine fantasievolle Entschuldigung fürs Zuspätkommen auf. Versuche dabei, verschiedene Ideen zu „Lügenketten" zu verbinden.

„Lügenketten" entwickeln
> mehrere Lügen miteinander verbinden

wirkungsvoll erzählen

3 Deine Lügengeschichte wird wirkungsvoller, wenn du Gedanken und Gefühle anschaulich beschreibst.

a) Wie kann man ausdrücken, dass etwas Ungewöhnliches passiert? Verbinde die linke und die rechte Seite sinnvoll und schreibe die Beispiele auf.

Ich blieb	die Worte.
Ich traute	nicht glauben!
Es war wirklich	meinen Augen nicht.
Ich konnte es	nicht zu fassen!
Mir fehlten	wie angewurzelt stehen.

Gefühle ausdrücken

b) Mit welchen Formulierungen kann man Gefühle ausdrücken? Lege in deinem Heft die folgende Übersicht an und ordne passende Begriffe aus den farbigen Kästen ein.

traurig	glücklich	wütend	ängstlich
...	*begeistert sein*	*böse sein*	...

ich war begeistert / böse / aufgebracht / bedrückt / zornig / niedergeschlagen	ohne Hoffnung / voller Freude / wutentbrannt / voller Zorn / freudestrahlend
mir war angst und bange / mir war zum Heulen zumute	ich bekam es mit der Angst zu tun / ich zitterte am ganzen Leib

HILFEN
Überraschung
War das ...?
Einfach ...!
Kopfschüttelnd ...
träumen
sich beherrschen
Mein Herz ...
Meine Hände ...

c) Ergänze die beiden Übersichten durch weitere Formulierungen.

d) Wähle fünf Begriffe aus und verwende sie sinnvoll in Sätzen, z. B.:
Schon wieder eine Fünf! Mir war zum Heulen zumute.
Niedergeschlagen lief ich nach Hause.

eine Schreibidee entwickeln

4 **a)** Wähle eines der drei folgenden Themen für eine eigene Lügengeschichte aus:
Die Hausaufgaben sind weg! *Mein neues Handy*
Ein seltsamer Hund

b) Übertrage den folgenden Cluster in dein Heft. Schreibe das Thema deiner Wahl in die Mitte und formuliere W-Fragen zur Handlung der Geschichte.

c) Beantworte die W-Fragen in Stichwörtern.

d) Zeichne einen roten Faden in dein Heft und ordne deine Ideen der Einleitung, dem Hauptteil und dem Schluss zu.

e) Ergänze Stichwörter zu den Erzählschritten.

einen roten Faden einhalten

5 Schreibe deine Lügengeschichte auf. Nutze dabei den roten Faden mit deinen Notizen (Seite 28, Aufgabe 2 a). Verwende passende Ausdrücke und Formulierungen, um Gefühle und Gedanken zu beschreiben (Seite 30, Aufgabe 3). Rechts findest du Hilfen, wie du beginnen könntest.

HILFEN
Der Einstieg
- *Es war eigentlich ein Tag wie jeder andere ...*
- *Eigentlich wollte ich niemals jemandem von diesem Erlebnis erzählen – es glaubt mir ja doch niemand!*

Checkliste: Lügengeschichte

- Macht die Überschrift neugierig auf die Geschichte?
- Wurde der rote Faden (Einleitung, Hauptteil, Schluss) eingehalten?
- Ist die Geschichte für die Leserinnen und Leser verständlich?
- Wurden Lügenketten entwickelt?
- Sind die Lügen fantasievoll?
- Wurde eine einheitliche Zeitform (Tempus, z. B. *Präteritum*) verwendet?
- Werden Gefühle und Gedanken der Hauptfigur deutlich?
- Wurden unterschiedliche Satzanfänge verwendet und Sätze sinnvoll miteinander verknüpft (z. B. durch Konjunktionen wie *nachdem, als, obwohl*)?

6 a) Suche dir eine Lernpartnerin / einen Lernpartner. Überprüft eure Texte mit Hilfe der Checkliste und macht Verbesserungsvorschläge.

b) Überarbeite deinen Text. Berücksichtige dabei die Verbesserungsvorschläge.

eine Lügengeschichte überarbeiten

Das habe ich gelernt

- Welche Merkmale weist eine Lügengeschichte meist auf? Nenne mindestens drei Merkmale.
- Die Lügen in einer Lügengeschichte unterscheiden sich von Lügen im wirklichen Leben, weil ...
- Das ist mir beim Schreiben meiner Lügengeschichte gelungen: ...
- Lügengeschichten gefallen mir (nicht), weil ...
- Daran muss ich beim Schreiben eigener Texte arbeiten: ...

Schreibe in dein Heft oder Portfolio.

Anwenden und vertiefen

Lügenketten entwickeln

1 Setze die folgenden Sätze so fort, dass sie in einer Lügengeschichte auftauchen könnten. Berücksichtige dabei, was du über Lügengeschichten gelernt hast.
- *Es war unglaublich! Im Cockpit des Flugzeugs saß kein gewöhnlicher Pilot …*
- *Zweimal rieb ich mir die Augen und doch: Mein Rucksack, den ich in der Ecke meines Zimmers abgestellt hatte, …*

2 In den folgenden Sätzen wird gelogen. Überarbeite sie so, dass du sie in einer Lügengeschichte verwenden könntest.
- *Ich fand meinen Schlüssel nicht, weil er mir gestohlen wurde.*
- *Ich konnte leider nicht pünktlich bei dir sein, weil mein Fahrrad kaputt war.*

3 Lies die Einleitung einer Lügengeschichte, die zu dem Bild geschrieben wurde.

Auf meinem Schreibtisch stand schon seit Jahren eine Schale aus Porzellan. Sie hatte keinen gewöhnlichen Deckel, sondern einen, der aussah wie eine kleine Maus. Eines Abends …

eine Lügengeschichte schreiben

a) Schreibe zur Einleitung einen Hauptteil und einen Schluss und gib der Geschichte eine passende Überschrift.

eine Rahmenhandlung entwickeln

INFO
Eine **Rahmenhandlung** ist eine Erzählung um eine andere Erzählung herum, z. B.:
Inti und Sandra besuchen Herrn P., (Rahmenhandlung) der ihnen eine Geschichte erzählt.

b) Erweitere deine Lügengeschichte: Entwickle eine Rahmenhandlung, die vor der Einleitung und nach dem Schluss der Lügengeschichte steht.
Die folgenden Fragen können dir helfen:
- Wem und warum erzählt der Ich-Erzähler von seinem Erlebnis mit der Porzellandose?
- Wie könnte er am Ende noch einmal auf seine Zuhörer und den Grund der Erzählung zurückkommen?

einen Text überarbeiten

4 Überarbeite deinen Text mit Hilfe der Checkliste von Seite 31 mit einer Lernpartnerin / einem Lernpartner oder in der Schreibkonferenz.

a) Berücksichtigt fünf Punkte für die Überarbeitung.

b) Berücksichtigt alle Punkte für die Überarbeitung.

Das Sofa in der Eissporthalle

Mit Fantasie erzählen

René Magritte: Die persönlichen Werte (1952)

Was weißt du schon?

- Welche Gegenstände erkennst du auf dem Bild von René Magritte?
- Was ist das Besondere an dem Bild? Beschreibe, wie die Gegenstände auf dich wirken.
- Stell dir vor, die abgebildeten Gegenstände könnten sprechen und handeln wie Menschen. Erzähle einer Lernpartnerin / einem Lernpartner eine Geschichte, die dir dazu einfällt.
- Was hat dir deine Lernpartnerin / dein Lernpartner erzählt? Wähle eine interessante oder lustige Information aus und teile sie der Klasse mit.
- Wie kann man eine ausgedachte Geschichte gut erzählen? Berichtet, welche Schreibtipps ihr schon einmal ausprobiert habt.

Gegenstände werden lebendig

Vermutungen anstellen und überprüfen

1 **a)** Lies die Überschrift und den ersten Satz der folgenden Erzählung.

b) Stelle Vermutungen an, um welche Art von Erzählung es sich handelt und was darin passieren könnte.

c) Lies die Erzählung und überprüfe deine Vermutungen.

Franz Hohler

Der Granitblock* im Kino

Ein Granitblock aus einem öffentlichen Park hatte lange gespart und wollte mit seinem Geld ins Kino, und zwar hatte er von einem lustigen Film gehört, „Zwei Tanten auf Abenteuer“. Er ging also an die Kasse und verlangte fünf Plätze. Zuerst wollte sie ihm die Kassiererin nicht geben, doch da sagte der Granitblock bloß „Oho“, und schon hatte er die Billette*. Er hatte erste Reihe gelöst, weil er seine Brille vergessen hatte. Als sich der Granitblock auf seine fünf Plätze setzte, krachten gleich alle Armlehnen zusammen, und dann fing das Vorprogramm an.

Der Granitblock schaute interessiert zu und bestellte in der Pause zehn Eiscremes, die er sofort hinunterschluckte. Jetzt fing der Hauptfilm an, und der Granitblock amüsierte sich sehr. Da er an Humor nicht gewöhnt war, musste er schon über jede Kleinigkeit lachen, zum Beispiel wenn eine Tante zur andern sagte: „Na, altes Haus*?“ Er schlug sich auf die Schenkel und lachte, dass das ganze Kino zitterte und die Leute durch die Notausgänge flüchteten. Als dann eine Tante der andern mit dem Schirm eins über den Kopf haute, war der Granitblock nicht mehr zu halten. Er hüpfte jaulend auf und ließ sich auf seine Sessel plumpsen, die sogleich zusammenbrachen, und damit nicht genug, stürzte er durch den Boden des Kinos in einen Keller und konnte den Rest des Films nicht mehr ansehen. Das Kino wurde vorübergehend geschlossen, der Granitblock musste mit einem Lastwagen in seinen Park zurückgebracht werden, und heute langweilen sich schon alle Spatzen, wenn er wieder mit seiner Geschichte von den Tanten kommt und kichernd erzählt, wie eine zur andern gesagt hat: „Na, altes Haus?“

der Granitblock: ein sehr großes, hartes, graues Gestein

das Billett (*sprich: „Billjett“*): die Eintrittskarte

altes Haus: (*Redensart, Begrüßung unter alten Freunden*) Grüß dich!

2 Der folgende Textanfang schildert die Erlebnisse im Kino aus der Sicht des Granitblocks.

a) Lies den Text und beschreibe, was sich gegenüber der Erzählung von Franz Hohler verändert hat.

Lange genug hatte ich nun in meinem Park gestanden. Als ich genug Geld gespart hatte, wollte ich endlich auch einmal ins Kino und den Film „Zwei Tanten auf Abenteuer“ sehen. Die Kassiererin wollte mir zunächst nicht die fünf Karten geben, die ich bestellt hatte. Darüber wunderte ich mich ein wenig, und plötzlich hatte ich die Eintrittskarten doch. Als ich mich dann auf die fünf Plätze setzte, …

b) Schreibe den Text in der Ich-Form weiter. Lies dazu noch einmal gründlich die Erzählung auf Seite 34.

c) Lest eure Texte einander vor und vergleicht sie mit der Erzählung von Franz Hohler.

3 Der Granitblock wird in der Erzählung nicht nur als Gegenstand dargestellt, sondern er wird vermenschlicht*.
Stelle in einem Cluster dar, welche menschlichen Eigenschaften und Handlungen des Granitblocks deutlich werden:

4 Obwohl der Granitblock nicht genau beschrieben wird, kann man ihn sich durch seine Eigenschaften und sein Verhalten gut vorstellen.

a) Übertrage die folgende Tabelle in dein Heft.

b) Trage weitere Beispiele aus dem Text ein und notiere daneben, was man durch sie über den Granitblock erfährt.

Beispiele aus dem Text	**Das erfährt man dadurch über den Granitblock**
Der Granitblock bestellt im Kino fünf Plätze. (Z. 8)	*Er ist sehr groß und breit.*
Er bekommt die Karten, als er „Oho“ sagt. (Z. 10)	*Er hat eine laute Stimme und …*
…	…

Erzählformen kennen
- Ich-Erzähler
- Er/Sie-Erzähler

die Erzählperspektive verändern

einen Gegenstand vermenschlichen

vermenschlichen: einen Gegenstand wie einen Menschen darstellen

Zu Gegenständen erzählen

eine Schreibidee suchen

1 In Franz Hohlers Erzählung befindet sich ein vermenschlichter Gegenstand (der Granitblock) an einem Ort, an dem man ihn eigentlich nicht vermutet (im Kino).
Diese Schreibidee kannst du für eigene Erzählungen nutzen.

a) Überlege dir, welchen Gegenstand und welchen Ort du so zusammenbringen möchtest, dass daraus eine Geschichte entstehen kann, z. B.:

das Sofa | *der Kühlschrank* | ...

im Schwimmbad | *in der Eissporthalle* | *im ...* | ...

b) Schreibe, wenn du dich entschieden hast, eine passende Überschrift für deine Geschichte auf, z. B.:
Das Sofa in der Eissporthalle

einen Gegenstand vermenschlichen

2 **a)** Erstelle einen Cluster zu dem Gegenstand, der in deiner Erzählung eine Rolle spielen soll. Notiere Eigenschaften und Handlungen, mit denen du den Gegenstand vermenschlichen kannst, z. B.:

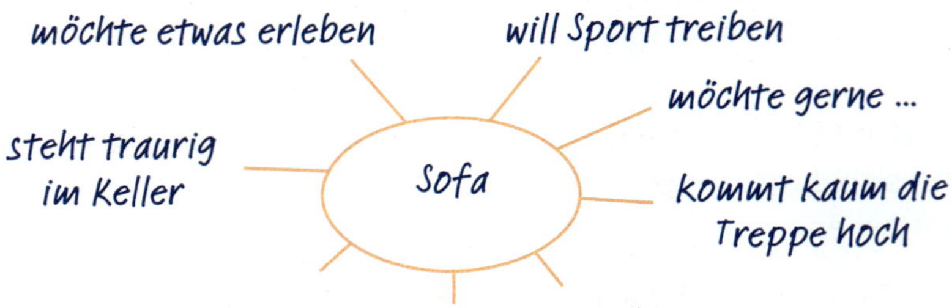

einen roten Faden entwickeln

3 Entwickle einen roten Faden für deine Erzählung und notiere die wichtigsten Handlungsschritte.

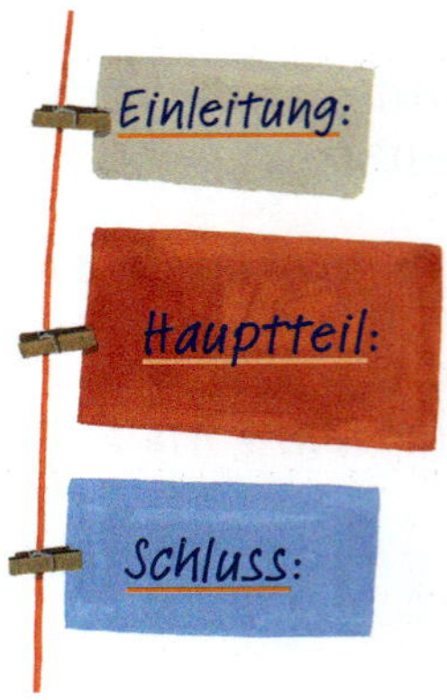

– *Sofa steht im Keller*
– *langweilt sich*
– ...

4 Mit Hilfe der wörtlichen Rede kannst du Situationen lebendig darstellen.

a) Vergleiche die beiden Beispiele. Wie unterscheiden sie sich?

Das Sofa ärgerte sich darüber, dass es nur zwei Schlittschuhe erhielt.	„Frechheit!", ärgerte sich das Sofa. „Wieso bekomme ich nur zwei Schlittschuhe?"

b) Suche weitere Textstellen und prüfe, wie du sie durch wörtliche Rede verändern könntest.

die wörtliche Rede als Erzählmittel nutzen

HILFEN
- *sagte, erzählte, sprach, rief aus, teilte mit, fragte*
- *erwiderte, entgegnete*
- *dachte, überlegte, fand*

→ S. 207

5 Wähle nun eine Erzählform (Ich-Form oder Er/Sie-Form) und schreibe deine Erzählung.

die Erzählung schreiben

Eine Erzählung wirkungsvoll vorlesen

6 Schreiben kann man üben, Vorlesen auch!

a) Übe das Lesen deiner Erzählung zunächst für dich.

b) Unterstreiche schwierige Wörter und übe diese besonders.

c) Notiere farbige Hinweise zum Vorlesen, z. B.:

Als er die Parkbank im Schwimmbad entdeckte, | fragte er schüchtern: „Entschuldigen Sie, müssten Sie nicht um die Ecke im Park stehen?" ↗

d) Lies langsam vor und mache genügend Pausen. Achte auf dein Publikum und halte Blickkontakt.

TIPP
Betonungszeichen
- Betonungen: __
- Pausen: |
- Stimme heben: ↗
- Stimme senken: ↘

→ S. 89

7 **a)** Erstellt zu viert eine Checkliste für das Überarbeiten einer Erzählung.

b) Lest in der Schreibkonferenz eure Erzählungen vor. Gebt euch Tipps zur Überarbeitung der Texte.

eine Checkliste erstellen

→ S. 31

eine Schreib-konferenz durchführen
- sich zu dritt oder zu viert zusammensetzen
- die Erzählungen vorlesen
- gemeinsam über die Texte sprechen
- Tipps zur Verbesserung von Inhalt und Sprache geben

Das habe ich gelernt

Ergänze die folgenden Sätze in deinem Heft oder Portfolio.

- Das hat mir an diesem Kapitel Spaß gemacht: ...
- Das hat mir beim Schreiben der Erzählung geholfen: ...
- Das ist mir beim Überarbeiten aufgefallen: ...
- Beim Schreiben von Erzählungen möchte ich noch üben: ...
- Beim Vorlesen möchte ich noch üben: ...

Anwenden und vertiefen

Betrachte das Bild genau. Lies dann die Aufgaben 1 und 2 und wähle eine davon zur Bearbeitung aus.

eine Geschichte schreiben

1 Denke dir eine Erzählung aus, die zu dem Bild passt. Beachte beim Planen, Schreiben und Überarbeiten deines Textes alles, was du in diesem Kapitel über das Vermenschlichen von Gegenständen und das Geschichtenschreiben gelernt hast.

2 **a)** Lies den folgenden Ausschnitt aus einer Erzählung, die aus Sicht der Handys zu dem Bild erzählt wurde.

… Da standen wir nun vor der Haustür und warteten und warteten. „Ich kann schon gar nicht mehr klingeln!“, klagte mein Freund, „alles ist eingefroren.“ In diesem Moment kamen zwei Menschen aus dem Haus. Sie blickten uns mit einem seltsamen Gesichtsausdruck an, so als ob unser Anblick sie sehr verwundern würde. Schließlich fasste ich mir ein Herz und sprach sie einfach an: „ …“

b) Wie könnte die Erzählung angefangen haben, wie geht sie wohl weiter? Erstelle dazu einen roten Faden.

c) Schreibe die Erzählung auf.

Texte in der Schreibkonferenz überarbeiten

3 Besprecht eure Texte in der Schreibkonferenz und überarbeitet sie.

Teste dich selbst!

Eine Lügengeschichte weitererzählen

1 **a)** Lies den folgenden Anfang einer Lügengeschichte.

> **Der König der Kartoffeln**
>
> „Wo bist du denn so lange gewesen?“, fragte meine Mutter mich ein wenig genervt. Ein paar Stunden zuvor hatte sie mich zum Kartoffelnholen in den Keller geschickt.
>
> Natürlich hatte ich mich gleich auf den Weg die Kellertreppe hinab gemacht.
>
> Normalerweise ging das Kartoffelnholen ja ziemlich schnell, aber an diesem Tag war alles ganz anders als sonst. Ich …

b) In welcher Erzählform ist diese Geschichte geschrieben?

c) In welcher Zeitform (Tempus) ist die Geschichte erzählt? Schreibe die drei markierten Verbformen heraus und bestimme die Zeitform.

2 **a)** Richtig oder falsch? Notiere die Großbuchstaben und notiere ein ***r*** für richtig oder ein ***f*** für falsch dahinter.

A	Eine Lügengeschichte enthält meist eine Lügenkette, also mehr als eine einzige Lüge.
B	Was in einer Lügengeschichte erzählt wird, ist wirklich passiert.
C	Eine Lügengeschichte darf keine ungewöhnlichen Lügen enthalten.
D	Die Leserinnen und Leser dürfen merken, dass das Erzählte frei erfunden oder stark übertrieben ist.
E	Eine Lügengeschichte muss immer in der Er/Sie-Form geschrieben sein.

b) Lege eine Checkliste für das Erzählen einer Lügengeschichte mit mindestens fünf Merkmalen an, z. B.:

Checkliste: Lügengeschichte
- *Habe ich in meinem Schreibplan eine Einleitung, einen Hauptteil und einen Schluss (den roten Faden) geplant?*
- *Habe ich …*
- *Ist die Geschichte …*

3 Lies noch einmal den Geschichtenanfang auf Seite 39 (Aufgabe 1 a). Welche der folgenden Sätze könnten in der Lügengeschichte „Der König der Kartoffeln“ stehen, welche nicht? Begründe deine Entscheidungen.

A	Als ich mich umsah, stand eine Riesenkartoffel hinter mir und schaute mich aus großen Augen an.
B	Der Junge öffnete die Tür zum Kartoffelkeller.
C	Ich ging einfach zum Fernsehen in mein Zimmer statt in den Keller.
D	Ich ging los und war zwei Minuten später wieder zurück. Meine Mutter bedankte sich und begann die Kartoffeln zu schälen.
E	„Du wirst es nicht glauben, aber die Kartoffeln in unserem Keller haben einen König!“, sprudelte es aus mir hervor.
F	Ich komme zurück zu meiner Mutter. „Mama, mir ist etwas Unglaubliches passiert“, sage ich.

4 Schreibe die Lügengeschichte „Der König der Kartoffeln“ von Seite 39 weiter.

a) Lege dazu zuerst einen Schreibplan (einen roten Faden) an und plane Einleitung, Hauptteil und Schluss.

b) Schreibe deinen Text. Denke daran, auch die Gedanken und Gefühle des Erzählers darzustellen, und verwende wörtliche Rede.

5 Der folgende Abschnitt aus einer anderen Lügengeschichte muss noch überarbeitet werden.

a) Lies den Textabschnitt.

> Dann gehe ich in den Geräteschuppen. Da war es dunkel und unheimlich. Dann machte ich die Tür hinter mir zu und es wird ganz dunkel. Ich setzte mich dann auf eine Kiste und wartete, bis Mama kam.

b) Was könnte verbessert werden? Nenne drei Verbesserungsvorschläge.

c) Schreibe den Textabschnitt mit Hilfe deiner Verbesserungsvorschläge neu, sodass er in einer wirkungsvollen Lügengeschichte stehen könnte.

Tutanchamun

Über Ereignisse berichten

Was weißt du schon?

- Was weißt du über Tutanchamun und das alte Ägypten?
- Stell dir vor, du könntest eine der Personen auf dem Bild zu den Ereignissen im Tal der Könige befragen. Was würdest du gerne wissen?
- Wo findest du Texte, die über Ereignisse wie das auf dem Foto berichten?
- Wer liest solche Texte und aus welchem Grund?
- Woran erkennt man einen Bericht? Tauscht euch aus.

Was ist ein Bericht?

1 **a)** Lies den Text.

Nach jahrelangen Vorbereitungen und strapaziösen* Ausgrabungsarbeiten gelang dem englischen Forscher Howard Carter eine archäologische* Sensation: Er und seine Mitarbeiter entdeckten im Jahr 1922 den Eingang zu der lange gesuchten Grabkammer* von König Tutanchamun. Der Pharao* regierte vor über 3000 Jahren im alten Ägypten und starb bereits im Alter von 19 Jahren. Viele Gräber der Pharaonen* wurden im Laufe der Jahrtausende von Grabräubern geplündert, die kostbaren Grabschätze wurden geraubt. Die Kammer des Tutanchamun enthielt aber noch alle Schätze, die dem jungen König mit ins Grab gelegt worden waren, denn Carter war der erste Entdecker des Grabes. Gold, Edelsteine und wertvolle Kunstgegenstände, aber auch Wandmalereien und die Mumie* des Tutanchamun fand er in der Kammer. Diese Entdeckung brachte ihm großen wissenschaftlichen Ruhm. Tutanchamuns Grabschatz hat heute seinen festen Platz im Ägyptischen Museum in Kairo. Ganz selten gehen die alten Kunstwerke aber auch auf Wanderschaft durch Museen überall auf der Welt.

strapaziös: anstrengend

die Archäologie: Forschung über vergangene Zeiten mit Hilfe von Ausgrabungen

die Grabkammer: ein Raum, in dem Tote beerdigt werden

der Pharao (*Plural*: die Pharaonen): König im alten Ägypten

die Mumie: Körper eines Toten, der durch besondere Methoden vor dem Verfall geschützt wurde

b) Worum geht es in diesem Text? Nenne das Thema.

das Thema nennen

c) Kläre schwierige Textstellen durch Nachdenken, Nachfragen oder Nachschlagen.

unbekannte Wörter klären

2 Ein Bericht gibt Antworten auf die wichtigsten W-Fragen zu einem Ereignis.

W-Fragen formulieren

a) Auf welche Fragen antwortet der Text? Schreibe sie auf.

b) Ergänze die Antworten mit Hilfe des Textes, z. B.:
Wann wurde das Grab entdeckt? –> 1922 wurde das Grab entdeckt.

HILFEN
W-Fragen:
Wer? Was? Wann? Wo? Wie? Wie lange? Warum? Welche Folgen?

3 Die Überschrift eines Berichts soll knapp, sachlich und informativ sein. Welche der folgenden Überschriften passt aus deiner Sicht am besten zum Bericht oben? Begründe deine Wahl.

- *Besonderer Fund im „Tal der Könige"*
- *Eine unheimliche Entdeckung*
- *Englischer Forscher entdeckt das Grab des Tutanchamun*
- *Grab gefunden*

eine passende Überschrift finden

4 Auf die richtige Zeitform kommt es an!

a) Schreibe alle Verben aus dem Bericht in dein Heft.

b) Benenne die Zeitform, die verwendet wurde.

c) Begründe, warum diese Zeitform in den meisten Berichten verwendet wird.

d) Der letzte Absatz dieses Berichts steht im Präsens. Warum?

die Zeitform eines Berichts erkennen

INFO
Zeitformen des Verbs
- Gegenwart: **Präsens,** z. B.: *sie forscht*
- Vergangenheit: **Perfekt,** z. B.: *sie hat geforscht* Präteritum, z. B.: *sie forschte*
- Zukunft: **Futur,** z. B.: *sie wird forschen*

! Ein Bericht ist ein informierender Sachtext

- Ein Bericht **informiert** über ein vergangenes Ereignis.
- Er beantwortet die wichtigsten **W-Fragen** und ist **sachlich** geschrieben.
- Berichte stehen fast immer in der Zeitform **Präteritum** (einfache Vergangenheit).
- Die **Überschrift** eines Berichts soll knapp, sachlich und informativ sein.

Ägyptens versunkene Schätze

Der französische Archäologe Franck Goddio und sein Team führten von 1992 bis 2004 Unterwasserexpeditionen* im südlichen Mittelmeer durch und entdeckten dabei versunkene Städte und faszinierende Schätze aus dem alten Ägypten.
Jahrtausendelang waren die antike* Stadt Thonis und der alte Hafen von Alexandria* unter Wasser verschwunden. Durch die Ausgrabungen wurden sie wieder an die Oberfläche gebracht. Über zwölf Jahre lang suchten die Forscher um Franck Goddio nach den versunkenen Schätzen.
Sie entwickelten auch neue Methoden, die kostbaren Gegenstände aus dem Wasser zu bergen.
Mit Hilfe aufwändiger technischer Hilfsmittel gelang es, die riesigen Figuren aus Marmor ohne Schäden an Land zu bringen.
Die Ausstellung mit dem Namen „Ägyptens versunkene Schätze“ reist mittlerweile durch die Museen der ganzen Welt und zeigt den Besucherinnen und Besuchern viele bisher unbekannte Dinge aus der ägyptischen Vergangenheit.

die Expedition: Forschungsreise

antik: aus alter Zeit

Alexandria: Stadt in Ägypten

5 **a)** Formuliere W-Fragen zum Text aus den folgenden Fragewörtern:
Was? Wer? Wann? Wie? Wie lange? Welche Folgen?

b) Beantworte die W-Fragen mit Hilfe des Textes.

W-Fragen formulieren

den Aufbau eines Berichts kennen
- Einleitung
- Hauptteil
- Schluss

6 W-Fragen werden in Berichten oft in einer bestimmten Reihenfolge beantwortet. Finde diese heraus.

a) Gliedere den Text auf Seite 43 dazu zuerst in die folgenden drei Abschnitte: Einleitung, Hauptteil, Schluss.

b) Schreibe die Tabelle ab und ordne die W-Fragen den drei Teilen des Berichts zu.

c) Schreibe die Antworten in Stichwörtern dazu, z. B.:

Einleitung (Z. 1– ▒)	**Hauptteil (Z. ▒ – ▒)**	**Schluss (Z. ▒ – ▒)**
Wer? *der französische ...*	...	...

! **Der Aufbau eines Berichts**

Ein Bericht besteht aus: **Einleitung, Hauptteil** und **Schluss.**
In diesen drei Teilen werden die **W-Fragen** häufig in **folgender Reihenfolge** beantwortet:
- **Einleitung:** *Wer? Was? Wann?* (manchmal auch: *Wo?*)
- **Hauptteil:** *Wie?* (manchmal auch: *Wie lange?*) *Warum?*
- **Schluss:** *Welche Folgen?*

Einen Bericht schreiben

TIPP
Texte schreiben
- Plane deinen Text.
- Schreibe deinen Text.
- Überprüfe deinen Text, z. B. mit Hilfe einer Checkliste: Hat er alle wichtigen Merkmale, die ein Text dieser Art haben muss?
- Notiere, wie du deinen Text noch verbessern kannst.
- Überarbeite deinen Text. Achte auch auf Rechtschreibung und Zeichensetzung.

1 Die alten Ägypter schrieben nicht in Buchstaben, sondern in anderen Schriftzeichen, den Hieroglyphen.
Lange Zeit konnte niemand diese Schrift lesen. Wie kam es, dass sie entziffert werden konnte? Bereite einen Bericht vor. Die folgenden Stichwörter helfen dir dabei.
- *1799: „Stein von Rosette" wurde im Niltal gefunden*
- *beschriftet mit alten ägyptischen Schriftzeichen (Hieroglyphen)*
- *1822: der französische Gelehrte Jean-François Champollion entzifferte sie*
- *Text in drei verschiedenen Sprachen auf dem Stein eingeritzt*
- *Champollion verglich die Schriften*
- *konnte dadurch die Hieroglyphen entschlüsseln*
- *Text in alter ägyptischer Schrift wurde erstmals übersetzt*
- *weitere Zeichen konnten entschlüsselt werden*

a) Lege eine Tabelle wie in Aufgabe 6 auf Seite 44 an.

b) Ordne den drei Teilen deines geplanten Berichts die passenden W-Fragen zu.

c) Ordne die Stichwörter den entsprechenden W-Fragen zu.

d) Schreibe nun mit Hilfe der Tabelle einen Bericht.

den Text planen
- die Reihenfolge beachten
- die richtige Zeitform wählen

den Bericht formulieren

2 Lies den folgenden Entwurf eines Berichts für die Schülerseite einer Tageszeitung.

Voll aufgestylt

Dass Museen echt cool sein können, haben wir am zweiten Schultag 2008 im Ägyptischen Museum erlebt. Da war ich bestimmt nicht das letzte Mal. Klasse fand ich das Make-up der Königin Nofretete. Absolut in war es vor über 3000 Jahren, die Augen krass zu schminken. Das Augen-Make-up sollte nicht nur heiß aussehen, sondern auch vor einer Augenkrankheit (Bindehautentzündung) schützen. Die Tussis bewahren ihre Schminke oft in flachen Schalen in Tierform auf. Die Schminke für Augenbrauen und den Lidstrich, der über die Schläfen hinaus gezogen wurde, wird mit feinen Holzstiften aufgemalt. Noch heute schminken sich auch bei uns Frauen so – zum Beispiel meine Tante.

a) Was findest du gelungen, was sollte verbessert werden? Mache dir zu den folgenden Punkten Notizen und schreibe Verbesserungsvorschläge auf.

- Überschrift?
- Zeitform?
- Unwichtiges?
- Reihenfolge der W-Fragen?
- sachlicher Schreibstil?
- Gliederung in Abschnitte?
- alle W-Fragen?

b) Vergleicht zu zweit eure Ergebnisse. Formuliert gemeinsam weitere Verbesserungsvorschläge.

c) Überarbeite den Textentwurf.

einen Bericht überarbeiten

HILFEN
So könntest du beginnen:
Überschrift
unklar, worum es geht, nicht sachlich
Verbesserungsvorschlag:
Schön wie Nofretete

Das habe ich gelernt

- *Was muss ich beim Schreiben eines Berichts beachten?* Schreibe dazu einen Merkzettel in Stichwörtern.
  Einen Bericht schreiben:
  – *W-Fragen in die richtige ...*
  – *W-Fragen beantworten*

Anwenden und vertiefen

die Büste:
Darstellung eines Menschen bis zur Schulter aus Stein oder anderem Material

Im Spätherbst des Jahres 1912 fand der Berliner Ägyptenforscher und Architekt Ludwig Borchardt in Tell-el-Amarna am Ostufer des Nils eine Büste* der ägyptischen Königin Nofretete. Die Ausgrabungen, die mehrere Jahre dauerten, wurden von der Deutschen Orient-Gesellschaft und von einem reichen Berliner Baumwollhändler unterstützt und von Borchardt geleitet. Die Büste der Nofretete entdeckten die Forscher dabei eher zufällig.
Nofretete regierte an der Seite ihres Mannes, des Pharaos Echnaton, und nach seinem Tod vermutlich allein viele Jahre im alten Ägypten.
Heute kann man das berühmte Kunstwerk aus Ägypten in einem Museum in Berlin ansehen.

einen Bericht erarbeiten

1 **a)** Worum geht es in diesem Bericht? Gib ihm eine Überschrift.
b) Gliedere den Text in Einleitung, Hauptteil und Schluss.
c) Welche W-Fragen werden beantwortet? Ordne die Fragen und die Antworten den drei Teilen des Berichts (Aufgabe b) zu.

das Präteritum verwenden

2 Berichte schreibt man meistens im Präteritum.
Bilde die Präteritumformen folgender Verben, z. B.:
sie liest → sie las

sie liest   wir gehen   ich laufe   Marek springt
die Kinder rennen   er ruft   wir fahren
die Schülerinnen und Schüler essen   Jolanda singt

einen Bericht planen

3 **a)** Auch in eurem Alltag gibt es Erlebnisse, über die ihr berichten könnt. Sammelt Themen, z. B.:

Lesenacht   *Klassenausflug*   *Sportfest*

b) Wähle ein Ereignis aus, über das du dann berichtest.
c) Plane deinen Text: Welche W-Fragen sollen in der Einleitung, im Hauptteil und im Schlussteil deines Berichts beantwortet werden?

den Bericht formulieren

d) Schreibe den Bericht über das Ereignis.

den Text überarbeiten
→ S. 37, 209

e) Überarbeitet eure Entwürfe in der Schreibkonferenz. Erstellt dazu eine Checkliste mit Hilfe der Stichpunkte auf Seite 45, 2 a).

Wie sieht er denn aus?

Personen beschreiben

Was weißt du schon?

- Wann und warum werden Personen beschrieben?
- Was ist besonders wichtig, wenn du eine Person beschreibst? Worauf musst du achten?
- *Die Person hat braune Haare und trägt ein Trainingsshirt ...* Das reicht noch nicht! Beschreibt euch gegenseitig Personen auf diesem Foto ganz genau und ratet, wer jeweils gemeint ist.

Eine Person genau beschreiben

In den Gängen und auf den Treppen der Erich-Kästner-Schule herrscht reges Treiben. Aus den Klassenräumen tönt Musik. Die Schule feiert ein Schulfest mit allen Klassen. Lina und Anna aus der 6c treffen sich an der Saftbar.
Lina: „Ich hab einen total tollen Typen gesehen, oben in der Hip-Hop-Disco!"
Anna: „Echt? Wen denn?"
Lina: „Keine Ahnung… Hab mich nicht getraut, ihn zu fragen. Ich glaub, er ist eine oder zwei Klassen höher."
Anna: „Wie sieht er denn aus?"
Lina: „Also, er hat ein gestreiftes Shirt an. Ach ja, er hat süße Haare und Augen! Er trägt keine Brille, aber einen Ohrring. Er ist ungefähr einen Kopf größer als ich, ziemlich groß also, und er hat braune Haare, nicht lang, und eine kleine Nase."

eine Person beschreiben

1 **a)** Kannst du auf Grund von Linas Beschreibung sagen, welchen der Jungen auf dem Foto sie meint? Begründe.

b) Suche dir einen der Jungen aus und beschreibe ihn so, dass deine Lernpartnerin oder dein Lernpartner sagen kann, wen du dir ausgesucht hast.

einen Steckbrief erstellen

2 **a)** Welche Merkmale der Person erwähnt Lina und welche Angaben macht sie dazu? Erstelle einen Steckbrief.
- *Kleidung: gestreiftes Shirt, …*
- *Haare: braun, …*
- …

b) Welche weiteren Angaben zu welchen Merkmalen hast du in deiner Beschreibung in Aufgabe 1b) gemacht? Ergänze deinen Steckbrief.

Anschaulich und genau beschreiben

3 **a)** Wie kann man Merkmale einer Person anschaulich und genau beschreiben? Schreibe die folgende Liste ab und ergänze jeweils zwei bis drei Angaben.

Gesamteindruck Alter (geschätzt): *etwa, zwischen ... und ...* Größe (geschätzt): *ca. ..., ungefähr* Figur: *schlank, füllig, dünn, ...*	**Gesicht** Gesichtsform: *rund, oval, herzförmig, ...* Augenfarbe: *blau, blaugrau, ...* Augenbrauen: *buschig, ...* Lippen: *voll, ...* Nase: *schmal, ...*
Haare Haarfarbe: *blond, dunkelbraun, ...* Frisur: *kurze Locken, geflochtener Zopf, ...*	**Kleidung** Kleidung: *sportliche Jacke, elegantes Hemd, ...* Schmuck: *Ohrring, Armreifen, ...*
	Besondere Kennzeichen *Sommersprossen, ...*

b) Tauscht euch in kleinen Gruppen über eure Ergebnisse aus und notiert für jedes Merkmal eine oder zwei weitere Ideen.

anschaulich beschreiben

TIPP
Besondere Kennzeichen sind Dinge, die an einer Person besonders auffallen oder an denen man sie gut erkennen kann, z. B.: *Narbe, Tätowierung, Sommersprossen*

! **Eine Person beschreiben**

- In einer Personenbeschreibung beschreibt man eine Person so **anschaulich** und **genau,** dass sich jemand, der die Person nicht sieht, diese Person gut vorstellen und wiedererkennen kann. Passende **Adjektive** helfen dir dabei.
- Zu folgenden **Merkmalen** sollten dabei Angaben gemacht werden: **Alter, Größe, Figur/Körperbau, Haare, Gesicht, Kleidung, besondere Kennzeichen.**

eine Beschreibung überarbeiten

4 **a)** Erkläre, warum diese Beschreibung nicht gut gelungen ist.

Das kleine Kind ist niedlich. Es ist winzig klein und hat so süße blaue Augen. Die Sommersprossen sind witzig und passen irgendwie gut zu den roten Haaren. Die Zöpfe sehen zwar doof aus, aber so kleine Kinder können sich das ja noch nicht selber aussuchen. Das gilt auch für die total hässliche Hose, dieses Karomuster geht ja gar nicht! Das T-Shirt sieht aber okay aus, obwohl Rosa ja auch nicht mehr in Mode ist.

b) Überarbeite die Beschreibung so, dass sie anschaulich und genau ist.

TIPP
Vermeide persönliche Wertungen!
Beschreibungen wie *schön, hässlich, doof* oder *süß* helfen nicht dabei, anschaulich und genau zu beschreiben, weil nicht alle das Gleiche darunter verstehen. Achte darauf, dass deine Beschreibung sachlich und nicht beleidigend klingt.

Die Zeitform beachten

Verbformen im Präsens verwenden

5 Personenbeschreibungen werden meist im Präsens verfasst.

a) Setze folgende Verben in die 3. Person Singular Präsens und in die 3. Person Plural Präsens, z. B.:
haben – er/sie hat, sie haben

haben	tragen	aussehen	besitzen
auffallen	sein	wirken	umgeben

INFO
trennbare Verben:
weggehen → ich gehe weg

b) Beschreibe, was du an den Formen der Verben *aussehen* und *auffallen* bemerkst, und erkläre die Besonderheit.

passende Verben wählen

c) Schreibe die folgende Personenbeschreibung ab und setze die Verben aus dem Kasten in der richtigen Form ein.

Anna ...... ungefähr 13 Jahre alt. Sie ...... mittelgroß und eher schlank. Rötliche Locken ...... Annas rundes Gesicht. Ihre Augen ...... mandelförmig und grün. Sie ...... eine Brille. Anna ...... eine kleine Nase und schmale Lippen. Außer einer blauen Jeans ...... sie einen roten Pullover und weiße Turnschuhe. Sie ist schlank und ...... sportlich. Anna hat eine Tasche bei sich. Diese Tasche ...... wie eine graue Stoffmaus .... Als besonderes Kennzeichen ...... ihre vielen Sommersprossen ....

Die Reihenfolge einhalten

eine sinnvolle Reihenfolge einhalten

6 **a)** Lies noch einmal Linas Beschreibung des Jungen aus der Saftbar.

„Also, er hat ein gestreiftes Shirt an. Ach ja, er hat süße Haare und Augen! Er trägt keine Brille, aber einen Ohrring. Er ist ungefähr einen Kopf größer als ich, ziemlich groß also, und er hat braune Haare, nicht lang, und eine kleine Nase."

b) Welche Angaben enthält die Beschreibung? Schreibe die Tabelle ab und ordne die Angaben ein.

ganze Person	Haare	Gesicht	Kleidung/Schmuck
...	...	...	*gestreiftes Shirt, ...*

c) Schreibe Linas Beschreibung so um, dass zusammengehörige Angaben beisammenstehen. Beginne mit dem Gesamteindruck der Person (siehe Aufgabe 3, Seite 49).

! Eine sinnvolle Reihenfolge einhalten

Beim Beschreiben von Personen ist es wichtig, eine **sinnvolle Reihenfolge** einzuhalten.

- Beginne mit dem **Gesamteindruck** der Person.
- Beschreibe die Person dann **von oben nach unten,** also vom **Kopf** (Haare, Gesicht) bis zur **Kleidung** (auch Schmuck, Kopfbedeckung).
- Nenne am Schluss **besondere Kennzeichen.**

7 **a)** Beschreibe eine weitere Person auf dem Foto auf Seite 48 oder eine Person deiner Wahl. Lege dazu einen Schreibplan an und ergänze passende Angaben.

einen Schreibplan anlegen

Gesamteindruck	**Kopf (Haare)**	**Kopf (Gesicht)**	...
– *Alter*: ...	– ...	– *Form*: ...	
– *Größe*: ...	– ...	– *Augen*: ...	
– ...		– ...	

b) Verfasse nun die Personenbeschreibung.

eine Personenbeschreibung verfassen

8 **a)** Erstellt in Kleingruppen eine Checkliste für das Überarbeiten einer Personenbeschreibung. Nutzt die Schritte in den Randspalten und die Informationen in den Merkkästen als Hilfe.

eine Checkliste erstellen

b) Überarbeitet eure Texte mit Hilfe der Checkliste.

den Text überarbeiten

Das habe ich gelernt

- *Was habe ich in diesem Kapitel über das Beschreiben von Personen gelernt?* Schreibe das Wichtigste in Stichwörtern in dein Heft oder Portfolio.
- Schreibe die Mindmap ab. Ergänze Merkmale und mögliche Angaben für eine Personenbeschreibung.

- *Was möchte ich bei der Personenbeschreibung noch verstärkt üben?* Tausche dich mit einer Lernpartnerin / einem Lernpartner aus.

Anwenden und vertiefen

Personen anschaulich beschreiben

TIPP
Manche der Wörter kannst du mehrfach verwenden!

1 Schreibe die folgenden Merkmale untereinander in dein Heft und ordne ihnen Wörter aus dem Kasten zu:
Figur, Gesichtsform, Stirn, Augenbrauen, Augen, Nase, Mund, Kinn, Haare und Kleidung

blass blau breit buschig dick drahtig dunkel
dünn dürr elegant eng stehend flach geschwungen
gewölbt glatt groß grün hell hoch klein
kräftig krumm kurz lang länglich lässig lockig
modern nachlässig niedrig ordentlich oval rund
rundlich schlank schmal schulterlang spitz
sportlich tief liegend wellig zurückgekämmt

eine Personenbeschreibung verfassen

2 Suche dir eine Person auf einem Foto in einer Zeitschrift aus und beschreibe sie anschaulich und genau.
a) Lege einen Schreibplan an: In welcher Reihenfolge willst du die Merkmale der Person beschreiben?
b) Notiere zu allen Merkmalen der Person anschauliche Beschreibungen.
c) Formuliere die Beschreibung aus.
d) Überarbeitet eure Beschreibungen in Schreibkonferenzen.

eine Beschreibung überarbeiten

HILFEN
gestreift
gemustert
der Flicken

3 Überarbeite die folgende Personenbeschreibung mit Hilfe des Bildes.

Paul hat sich im Freizeitpark verlaufen und wird von seinen Eltern gesucht. Er ist 5 Jahre alt. Er hat kurzes Haar. Paul trägt einen Pullover und eine Jeans. Außerdem hat er Turnschuhe und eine Mütze an.

eine Personenbeschreibung verfassen

HILFEN
der Ellenbogen
die Fühler
gemustert
die Latzhose

4 Stell dir vor, du bist mit dem Raumschiff unterwegs und landest auf einem fremden Planeten. Beschreibe den Außerirdischen auf dem Bild rechts in deinem Bericht an die Kommandozentrale auf der Erde so genau und so anschaulich wie möglich.

Alles nur ein Trick?

Vorgänge beschreiben

Von: Jonas@mail.de
An: Johannes@mail.de

Hallo Johannes,
nächste Woche soll unsere erste Klassenparty steigen! Unsere Klassenlehrerin gibt aber nur ihre Erlaubnis, wenn jeder einen besonderen Beitrag vorbereitet.
Mir ist eingefallen, dass du eine Menge Zaubertricks auf Lager hast – verrätst du mir einen? Die anderen würden staunen, denn mit so etwas rechnen die bestimmt nicht.
Lass mich bitte, bitte nicht im Stich!
Viele Grüße von
Jonas

Was weißt du schon?

- Hast du schon einmal eine Zaubervorführung gesehen? Erzähle.
- Kennt ihr Zaubertricks? Erklärt sie euch gegenseitig.
- Wo spielen Beschreibungen und Anleitungen in eurem Alltag sonst noch eine Rolle?
- Worauf musst du beim Beschreiben eines Vorgangs oder eines Ablaufs besonders achten?

Einen Vorgang beschreiben

1 **a)** Lies den Brief von Johannes an Jonas.

Neustadt, 20.12.09

Lieber Jonas,
eigentlich darf ich ja keinen Zaubertrick verraten, aber bei dir mache ich eine Ausnahme, wenn du mir versprichst, niemandem zu sagen, von wem du die Zaubernummer hast.
Alles, was du brauchst, sind zwei Schlingen in unterschiedlichen Farben (z.B. rot und weiß), etwa 80 cm lang und daumendick.
Der Schlingentrick geht so:

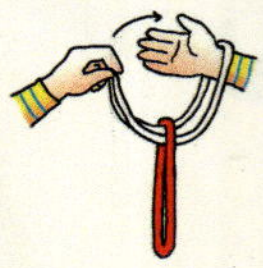

ein Ende der weißen Schlinge → rechtes Handgelenk
rote Schlinge → über weiße Schlinge

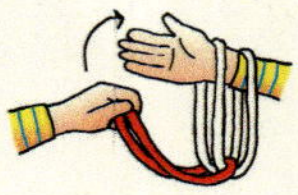

beide Enden der weißen Schlinge über das rechte Handgelenk

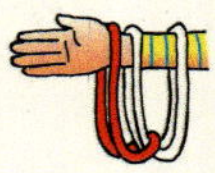

rote Schlinge → hinter die weißen Schlingen

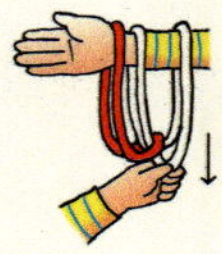

mit einem Ruck → weiße Schlinge nach unten

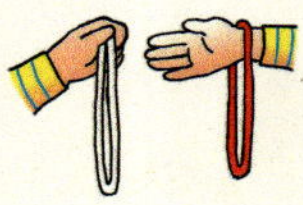

Fertig ist das Kunststück!

Übe den Trick oft, damit du nicht ständig auf deine Hände schauen musst. Noch ein Tipp zum Schluss: Lenke dein Publikum ab, dann kommt es nicht hinter das Geheimnis. Viel Erfolg!
Johannes

eine Materialliste anlegen

b) Was brauchst du alles für den Zaubertrick, den Johannes in seinem Brief beschreibt? Notiere in Stichwörtern.

2 Prüfe, ob die Beschreibung in Johannes' Brief gelungen ist.

a) Besorge dir das Material und probiere den Trick aus.

b) Hattest du Schwierigkeiten? Begründe.

3 **a)** Schreibe die ersten Teile des folgenden Schreibplans ab.
Die Bilder in Johannes' Brief helfen dir dabei.

Materialliste:
– rote ...
– ...

1. Schritt:
ein Ende der weißen Schlinge über das rechte Handgelenk hängen

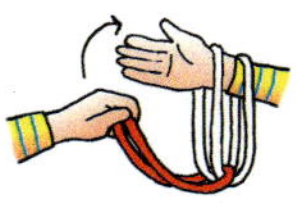

2. Schritt:
...

b) Ergänze die weiteren Schritte mit Hilfe von Johannes' Brief in Stichwörtern. Achte auf die Verwendung passender Verben.

c) Überprüft eure Schreibpläne in Kleingruppen. Sind sie vollständig?

einen Schreibplan anlegen

HILFEN
Diese Verben helfen dir:
› *hängen*
› *ziehen*

4 Schreibe zu jedem Schritt einen vollständigen Satz, der erklärt, was an dieser Stelle des Tricks gemacht wird, z. B.:

Vorbereitung:
Lege dir zwei Schlingen in unterschiedlichen Farben zurecht (z. B. rot und weiß). Sie sollen etwa ...

1. Schritt:
Du hängst dir die weiße Schlinge über das rechte Handgelenk.

2. Schritt:
...

Einen Vorgang beschreiben

- Am Anfang einer Vorgangsbeschreibung steht die **Materialliste,** eine Liste mit den Dingen, die man für den Vorgang braucht.
- Eine **Vorgangsbeschreibung** ist ein sachlicher Text. Ein Vorgang wird darin **genau** und **Schritt für Schritt** beschrieben, sodass sich die Leserin oder der Leser gut vorstellen kann, wie der Vorgang abläuft.
- Viele Vorgangsbeschreibungen sind **Anleitungen.** Die Leserin oder der Leser soll den beschriebenen Vorgang **nachmachen können,** z. B.: *Bastelanleitung, Gebrauchsanweisung, Kochrezept*

Die richtige Reihenfolge einhalten

eben: glatt und gerade

dünnwandig: mit einer dünnen Wand

A 2-Euro-Münze auf ihren Rand auf eine ebene* Fläche stellen
B mit einem Plastikkamm 10x durchs Haar kämmen
C Zuschauer bitten, das Streichholz zu bewegen, ohne am Tisch oder am Glas zu wackeln
D den Kamm an das Glas halten
E Material: 2-Euro-Münze, Streichholz, dünnwandiges* Glas, Plastikkamm
F ein Streichholz auf den oberen Rand der Münze legen
G Das Streichholz fängt an zu wackeln.
H ein dünnwandiges Glas über die Münze stülpen
I Das Streichholz fällt herunter.
J einen geheimnisvollen Zauberspruch murmeln

Informationen in der richtigen Reihenfolge wiedergeben

1 **a)** Ordne die Schritte des Zaubertricks. Schreibe dafür die Buchstaben in der richtigen Reihenfolge in dein Heft.

b) Probiere den Trick aus und erkläre: Warum fällt das Streichholz herunter?

Sätze passend einleiten

2 Wie kannst du die Reihenfolge der Schritte ausdrücken?

a) Schreibe die Tabelle ab und ergänze sie mit weiteren Wörtern.

Anfang	Mittelteil	Schluss
zunächst ...	*dann* ...	*zuletzt* ...

b) Beschreibe die Schritte des Tricks in ganzen Sätzen, z. B.:
Du brauchst eine 2-Euro-Münze, ein Streichholz, ein dünnwandiges Glas und einen Plastikkamm. Zuerst stellst du die Münze aufrecht auf ihren Rand auf eine ebene Fläche. Als Nächstes ...

! Die richtige Reihenfolge einhalten

- Bei einer Vorgangsbeschreibung ist die **richtige Reihenfolge der einzelnen Schritte** besonders wichtig.
- So kannst du die Reihenfolge ausdrücken:
  - *zuerst, zunächst, als Erstes*
  - *dann, danach, als Nächstes, anschließend*
  - *zum Schluss, schließlich, zuletzt*

Die richtigen Verbformen verwenden

3 **a)** Es gibt verschiedene Möglichkeiten, eine Vorgangsbeschreibung zu formulieren. Vergleiche die beiden Texte.

Zuerst stellst du eine 2-Euro-Münze aufrecht auf ihren Rand auf eine ebene Fläche. Als Nächstes legst du ein Streichholz auf den oberen Rand der Münze. Danach stülpst du ein dünnwandiges Glas über die Münze mit dem Streichholz.

Stelle zuerst eine 2-Euro-Münze aufrecht auf ihren Rand auf eine ebene Fläche. Lege als Nächstes ein Streichholz auf den oberen Rand der Münze. Stülpe danach ein dünnwandiges Glas über die Münze mit dem Streichholz.

Verbformen unterscheiden
- 2. Pers. Sgl. Präsens (du)
- Imperativ (Befehlsform)
- 3. Pers. Sgl. Präsens (man)

b) Lege eine Tabelle an, in der du die Verbformen aus den beiden Beschreibungen oben auflistest.

2. Person Sgl. Präsens	Imperativ (Befehlsform) Sgl.
(du) stellst	*stelle*
...	...

INFO
Sgl. ist die Abkürzung für **Singular** (Einzahl).

c) Bilde die 2. Person Singular Präsens und den Imperativ Singular von folgenden Verben und ordne die Verbformen in deine Tabelle ein.

behalten	schlagen	zaubern	anfangen
verbergen	lassen	murmeln	
sagen	nehmen	behaupten	

4 Eine Vorgangsbeschreibung kann auch in der 3. Person Singular geschrieben sein. Dazu verwendet man das Pronomen „man“. Schreibe ab und setze fort:
Man stellt eine Münze aufrecht auf ihren Rand ...

Das habe ich gelernt

- Erkläre einer Lernpartnerin / einem Lernpartner, was eine Vorgangsbeschreibung ist und was du dabei beachten musst. Gehe dabei auf die folgenden Punkte ein:
- – *Welchen Zweck hat eine Vorgangsbeschreibung?*
- – *Wozu hilft mir ein Schreibplan?*
- – *In welcher Zeitform werden Vorgänge beschrieben?*
- – *Welche Verbformen kann ich verwenden?*
- – *Durch welche Wörter kann ich eine Reihenfolge ausdrücken?*
- – *Wo war ich unsicher und wie könnte ich weiter üben?*

Anwenden und vertiefen

1 **a)** Die folgende Vorgangsbeschreibung ist noch nicht geglückt. Lies sie gründlich durch.

Der Trick mit der Streichholzschachtel

Du zeigtest dem Publikum die zweite Streichholzschachtel mit nur einem Streichholz und sagtest, dass sie noch ganz voll sei.
Achtung: Du musst natürlich etwas Langärmliges anziehen, sonst können alle die Streichholzschachtel an deinem Arm sehen!
Als Beweis zeigst du die leere Schachtel.
Du pustest das Streichholz aus.
Man nimmt das Streichholz heraus und zündet es an.
Als Vorbereitung befestigst du eine halbvolle Streichholzschachtel mit einem Gummiband an deinem rechten Unterarm.
Du murmelst einen geheimnisvollen Zauberspruch.
Als „Beweis“ dafür, dass die Schachtel voll ist, schüttelst du die Schachtel mit der rechten Hand. Das Publikum hört deutlich das Klappern der Streichhölzer in der Schachtel an deinem Arm und glaubt, dass du eine volle Schachtel in der Hand hältst.
Du behauptest, dass alle Streichhölzer weggezaubert seien.

eine Schreibkonferenz durchführen → S. 37

b) Bildet Schreibkonferenzen und macht Vorschläge, wie der Text verbessert werden kann.

eine Vorgangsbeschreibung überarbeiten

2 Überarbeite die Vorgangsbeschreibung mit Hilfe der Verbesserungsvorschläge aus der Schreibkonferenz.

eine Checkliste anlegen

3 **a)** Lege eine Checkliste für das Beschreiben von Vorgängen an.

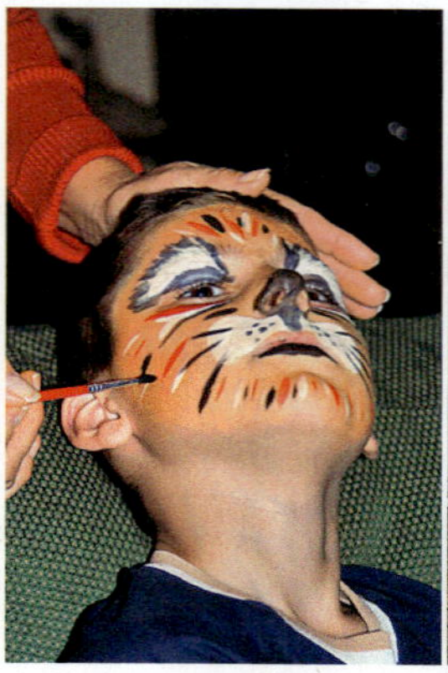

einen Vorgang beschreiben

b) Wähle einen der abgebildeten Vorgänge aus, beschreibe ihn und überprüfe den Text mit Hilfe der Checkliste.

Ach, du liebe Zeit!

Sachtexte und Schaubilder erschließen

Was weißt du schon?

- Was ist ein Sachtext? Erkläre.
- Wo findet man Sachtexte und worüber informieren sie?
- Wie gehst du vor, wenn du einen Sachtext lesen und ihm Informationen entnehmen willst? Erkläre.
- Wo hast du schon Schaubilder wie z. B. auf Seite 63 gesehen? Was war darauf abgebildet?
- Warum messen Menschen die Zeit?
- Welche Rolle spielt Zeit in deinem Leben?

Sachtexten Informationen entnehmen

Vermutungen anstellen und überprüfen

1 a) Lies die Überschrift des folgenden Textes und betrachte die Abbildung. Stelle Vermutungen an, worum es im Text gehen könnte.

b) Überfliege den Text und überprüfe deine Vermutungen.

Wie die Menschen lernten, nach der Uhr zu leben

Uhren begannen nur langsam, die Zeit unserer Vorfahren zu ordnen. Vor rund 5000 Jahren fingen die frühen Ägypter an, die Stunden grob an Sonnenuhren abzulesen. Und vor 2500 Jahren pflegten* die Athener ihre Redezeit vor Gericht mit Wasseruhren zu überwachen. Während der Ansprache strömte durch ein kleines Loch Wasser aus einem Krug. War das Gefäß leer, hieß es: Stopp! Deine Zeit ist abgelaufen!
[…] Richtig in Mode kamen Uhren erst gegen Ende des Mittelalters. Wer war dafür verantwortlich? Zum Beispiel die Mönche und Nonnen. […] Im Kloster von Dunstable in England weckte schon 1283 eine mechanische Uhr die Gläubigen. Zu den strengsten Zeitordnern wurden aber die Händler. Sie wollten ihre Waren schneller produzieren und zu den Kunden bringen, um den Gewinn zu steigern. Im 18. Jahrhundert wurden in England die ersten Fabriken eröffnet. Nun mussten die Arbeiter zu festen Zeiten in Hallen sitzen und schuften*.
Bald richteten alle Menschen ihren Tag nach dem Gang der Zeiger aus. Besonders, seit 1850 Taschenuhren in Massen hergestellt wurden und sich die Zeit bequem „herumtragen" ließ. Trotzdem konnte man vor 150 Jahren beim Blick auf die Uhr leicht durcheinanderkommen.
Denn, unglaublich, aber wahr: Fast jeder Staat und jede Region in Europa hatte ihre eigene Zeit! War es in Wien etwa 12.00 Uhr, so standen die Zeiger in München erst auf 11.49 Uhr und in Stuttgart auf 11.39 Uhr! Allein zwischen Ulm und Straßburg musste ein Lokführer dreimal seine Uhr umstellen. Das nervte natürlich enorm. 1884 beschlossen die Staaten deshalb, die Welt in 24 Zeitzonen zu unterteilen. […] In Deutschland ticken seit 1893 alle Uhren in der Mitteleuropäischen Zeit (MEZ).

etwas zu tun pflegen: etwas regelmäßig tun

schuften: hart arbeiten

2 Lies den Text noch einmal gründlich und formuliere das Thema des Textes in einem Satz.

das Thema nennen

3 Kläre unbekannte Wörter, z. B.:

Redezeit (Z. 6) *mechanisch* (Z. 16)
produzieren (Z. 19) *enorm* (Z. 33)

unbekannte Wörter klären
- Nachdenken,
- Nachfragen oder
- Nachschlagen

4 **a)** Stelle die wichtigen Informationen des Textes in einem Zeitstrahl dar. Die folgenden Schritte helfen dir dabei:
- Betrachte den angefangenen Zeitstrahl unten. Welche W-Fragen werden beantwortet?
- Schreibe wichtige Schlüsselwörter aus dem Text heraus.
- Gliedere den Text in Abschnitte, z. B.: *Abschnitt 1: Z. 1–5.*
- Formuliere zu jedem Abschnitt Antworten auf die W-Fragen.
- Ordne diese Informationen in den Zeitstrahl ein.

HILFEN
W-Fragen:
Wer? Was? Wann? Wo? Wie? Warum? Welche Folgen?

einen Zeitstrahl erstellen
- eine Linie zeichnen
- Daten eintragen
- Ereignisse in der richtigen Reihenfolge eintragen

b) Welchen Abschnitt aus dem Text konntest du für den Zeitstrahl nicht nutzen?

5 Fasse die für dich interessanteste oder überraschendste Aussage des Textes zusammen. Beginne z. B. so:
Mich überrascht, dass ... / Ich finde interessant, ... / Spannend ist, ...

die Informationen bewerten

6 Welche Funktion hat der Text?

A über etwas informieren **B** von etwas überzeugen
C mit etwas unterhalten **D** zu etwas auffordern

die Funktion eines Textes verstehen

! **Sachtexten Informationen entnehmen**
- Lies die **Überschrift** und betrachte die **Abbildungen.** Stelle **Vermutungen** zum Inhalt des Textes an.
- Lies den Text und überprüfe, welche deiner Vermutungen zutreffen. Benenne das **Thema.**
- Kläre unbekannte Wörter.
- Schreibe **Schlüsselwörter** auf, gliedere den Text in **Abschnitte**, stelle **W-Fragen**, beantworte sie mit Hilfe des Textes und gib jedem Abschnitt eine passende **Überschrift**.

einen Text überfliegen
> den Text schnell mit den Augen nach Schlüsselwörtern absuchen

7 **a)** Überfliege den folgenden Text. Worum geht es darin?

Wer jeden Morgen um 6.30 Uhr aufsteht, um zur Schule zu gehen, dem kann es passieren, dass er auch am ersten Ferientag um halb sieben aufwacht – und das ganz ohne Wecker! Schuld daran ist die innere Uhr.
In der Mitte deines Gehirns befinden sich zwei stecknadelkopfgroße Ansammlungen von Nervenzellen. Diese Nervenzellen überwachen die Stärke des Lichts, das auf die Augen trifft. Sobald es hell wird, signalisieren die Nervenzellen deinem Körper, dass ein neuer Tag beginnt. [...]
Probleme macht die innere Uhr immer dann, wenn sie von heute auf morgen verstellt wird – zum Beispiel bei einer Reise über mehrere Zeitzonen. Wer von Deutschland nach Australien fliegt, dem kann es schon mal passieren, dass er in den ersten Nächten nicht schlafen kann und dafür mitten am Tag todmüde wird. Dieses Phänomen wird „Jetlag*“ genannt. Normalerweise gewöhnt sich der Körper schon nach wenigen Tagen an den neuen Rhythmus – es gibt aber Menschen, die bis zu zwei Wochen unter dem „Jetlag“ leiden.
Ein Tag besteht aus ungefähr zwei Drittel Helligkeit und ein Drittel Dunkelheit [...] Diesem natürlichen Tages-Rhythmus hat sich dein Körper angepasst. In verschiedenen Versuchen haben Wissenschaftler aber herausgefunden, dass sich die innere Uhr ganz einfach „umprogrammieren“ lässt: Mit Hilfe von künstlichem Licht dehnten sie den Tag auf 31 Stunden aus oder verkürzten ihn auf 19 Stunden. In beiden Fällen wurde der natürliche Tagesablauf von zwei Drittel Helligkeit und einem Drittel Dunkelheit beibehalten.

der Jetlag: Das Wort kommt aus dem Englischen und wird „Dschätläg“ ausgesprochen.

das Thema nennen

b) Nenne das Thema des Textes.

c) Gib dem Text eine passende Überschrift.

unbekannte Wörter klären

8 Lies den Text noch einmal gründlich. Kläre unbekannte oder schwierige Wörter.

9 Welche der folgenden Aussagen zum Text ist richtig?
- *Die innere Uhr macht nie Probleme.*
- *Manche Menschen leiden bis zu 2 Wochen unter Jetlag.*
- *Die innere Uhr kann man nicht umprogrammieren.*

den Text in Abschnitte gliedern

10 **a)** Gliedere den Text in Abschnitte.

Schlüsselwörter notieren

b) Notiere wichtige Schlüsselwörter zu jedem Abschnitt.

Schaubildern Informationen entnehmen

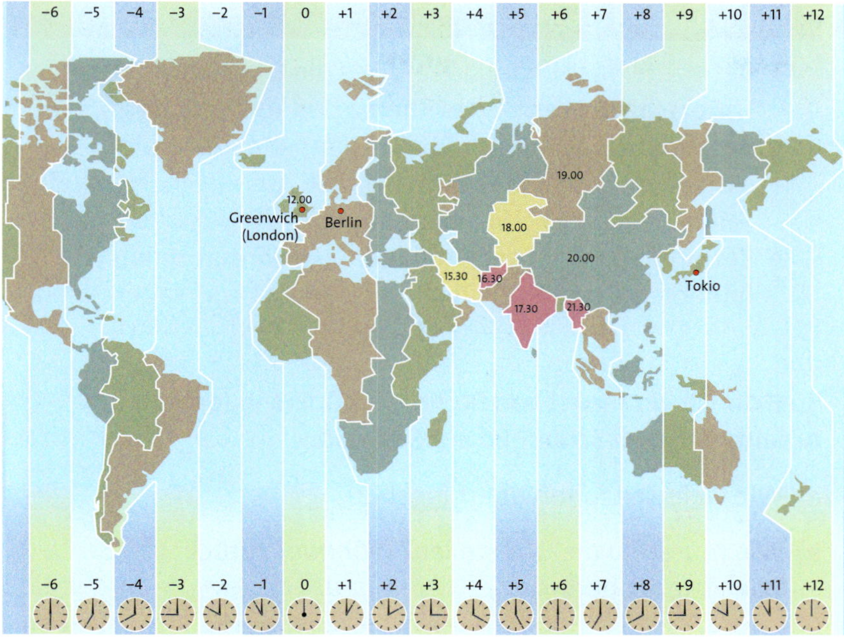

Gestreifte Welt – Zeitzonen der Erde

1 **a)** Lies die Bildunterschrift. Worüber informiert das Schaubild?

b) Beschreibe, was alles in dem Schaubild zu sehen ist.

2 Schaubilder können verschiedene Funktionen haben. Welche treffen hier zu? *Dieses Schaubild ...*

A *... erklärt, wie etwas funktioniert.*
B *... gibt Größen-, Mengen- oder Zeitverhältnisse an.*
C *... zeigt die Lage oder den Verlauf von etwas.*
D *... gibt an, wie oder wann etwas entstanden ist.*

3 Erkläre, was die einzelnen Teile des Schaubildes bedeuten.

a) Was zeigt die Karte im Schaubild?

b) Was bedeuten die Linien, die von oben nach unten laufen?

c) Was kann man an den Uhren unten im Bild ablesen?

4 Erkläre den Begriff „Zeitzone" mit Hilfe des Schaubildes.

a) Wie ist eine Zeitzone im Schaubild gekennzeichnet?

b) Wie viele Zeitzonen sind auf dem Schaubild abgebildet?

c) Wie muss man die Uhr umstellen, wenn man Richtung Osten reist? Und wie, wenn man Richtung Westen reist?

das Thema nennen

ein Schaubild beschreiben

HILFEN
- *Das Schaubild zeigt ...*
- *Ich erkenne ...*
- *Auf dem Bild ist/sind ... dargestellt.*
- *... ist eingeteilt in ...*

einem Schaubild Informationen entnehmen

die Informationen bewerten

5 **a)** Was fällt dir an dem Schaubild auf Seite 63 besonders auf?

b) Welche Angaben überraschen dich? Begründe.

Ein Schaubild lesen

- Betrachte das Schaubild und lies die **Überschrift oder Unterschrift:** Was ist das **Thema** des Schaubilds?
- **Beschreibe** das Schaubild: Was kannst du erkennen?
- Untersuche das Schaubild genauer: Aus welchen **einzelnen Teilen** besteht es? Was bedeuten sie?
- Entnimm dem Schaubild folgende **Informationen:** Wie hängen die einzelnen Teile zusammen? Was sagen sie aus?

über die Informationen nachdenken

6 Stell dir vor, du fliegst von Berlin nach Tokio in Japan. Arbeite mit dem Schaubild auf Seite 63.

a) Wie viele Zeitzonen überfliegst du?

b) Wie musst du die Uhr stellen? (Vor oder zurück? Wie viele Stunden?)

Das habe ich gelernt

- *Wie gehe ich beim Erschließen eines Sachtextes vor?* Schreibe die folgenden Schritte in einer sinnvollen Reihenfolge untereinander auf.

den Text überfliegen

das Thema des Textes nennen

Abschnitten passende Überschriften geben

einen Text in Abschnitte gliedern

unbekannte und schwierige Wörter klären

Vermutungen anstellen

die Überschrift lesen

Schlüsselwörter markieren

- Vergleiche deine Ergebnisse mit einer Lernpartnerin / einem Lernpartner. Geht die Schritte einzeln durch und erlärt, warum sie euch beim Verstehen eines Textes helfen.
- *Was fällt mir beim Erschließen von Schaubildern noch schwer? Was erleichtert mir das Verstehen?* Gebt einander dazu Tipps.

Anwenden und vertiefen

1 Lies die folgende Überschrift und betrachte die Abbildung: Worum könnte es in diesem Text aus einer Zeitschrift gehen?

Vermutungen anstellen

Gestohlene Zeit, geschenkte Zeit

Der Sonntag ist ein toller Tag: keine Schule, keine Arbeit – ganze 24 Stunden Zeit für sich! Es gibt aber eine Ausnahme: Der letzte Sonntag im März ist in Deutschland nur 23 Stunden lang. Schuld daran ist die so genannte Sommerzeit.
Seit 1980 gibt es in Deutschland die Sommerzeit. Dadurch soll das Tageslicht besser ausgenutzt und der Stromverbrauch während der Sommermonate gesenkt werden. Das klingt eigentlich ziemlich einleuchtend – denn wenn es abends eine Stunde länger hell ist, muss das Licht auch erst eine Stunde später eingeschaltet werden. Ob die Zeitumstellung aber wirklich beim Energiesparen hilft, ist bei Energie-Experten umstritten. Einige von ihnen glauben nämlich, dass der Energieverbrauch seit Einführung der Sommerzeit nicht zurückgegangen, sondern sogar gestiegen ist! Der Grund: Im April ist es früh am Morgen noch ziemlich kalt, sodass viele Menschen die Heizung aufdrehen und dadurch eine große Menge Energie verbrauchen.
Außerdem nutzen sie die langen Sommerabende häufig für Ausflüge mit dem Auto, sodass auch der Benzinverbrauch steigt. Vielen Menschen macht die Sommerzeit auch ganz schön zu schaffen! Noch Tage nach der Zeitumstellung schlafen sie schlecht, weil ihre innere Uhr auf Grund der verlorenen Stunde durcheinandergekommen ist.
Einen unbestreitbaren Vorteil hat die Sommerzeit aber auf alle Fälle: Am letzten Sonntag im Oktober bekommen wir die „gestohlene“ Stunde wieder geschenkt. Und so ein Herbstsonntag mit 25 Stunden ist doch wirklich eine tolle Erfindung.

2 Lies den Text. Überprüfe deine Vermutung und nenne das Thema.

das Thema … Textes nennen

3 Kläre unbekannte Wörter.

unbekann… klären

den Text in Abschnitte gliedern

4 **a)** Gliedere den Text in Abschnitte.
b) Formuliere für jeden Abschnitt eine passende Überschrift.

dem Text Informationen entnehmen

5 **a)** Schreibe für jeden Abschnitt wichtige Schlüsselwörter auf.
b) Erkläre, warum man 1980 die Sommerzeit eingeführt hat.
c) Senkt die Sommerzeit den Energieverbrauch? Begründe.

den Text genau lesen

INFO
Multiple-Choice-Fragen: Bei diesen Fragen musst du aus mehreren Antwortmöglichkeiten die richtige auswählen.

6 **a)** Lies die folgende Multiple-Choice-Frage. Welche der vier Antworten trifft zu?

Wann wird die Uhr auf Sommerzeit umgestellt?

A am letzten Sonntag im Jahr
B am letzten Sonntag im März
C am ersten Sonntag im März
D am ersten Sonntag im Jahr

b) Formuliere drei eigene Multiple-Choice-Fragen zum Text.
c) Tausche diese mit deiner Lernpartnerin / deinem Lernpartner aus und beantwortet die Fragen.

7 Welche Information aus dem Text findest du überraschend oder besonders interessant? Begründe.

ein Diagramm beschreiben
› Säulendiagramm
› Balkendiagramm
› Kreisdiagramm
› Kurvendiagramm

8 Beschreibe das folgende Diagramm. Folgende Fragen helfen dir:
– *Um was für ein Diagramm handelt es sich?*
– *Was zeigt der obere Balken, was zeigt der untere?*
– *Wofür stehen die verschiedenen Farben?*

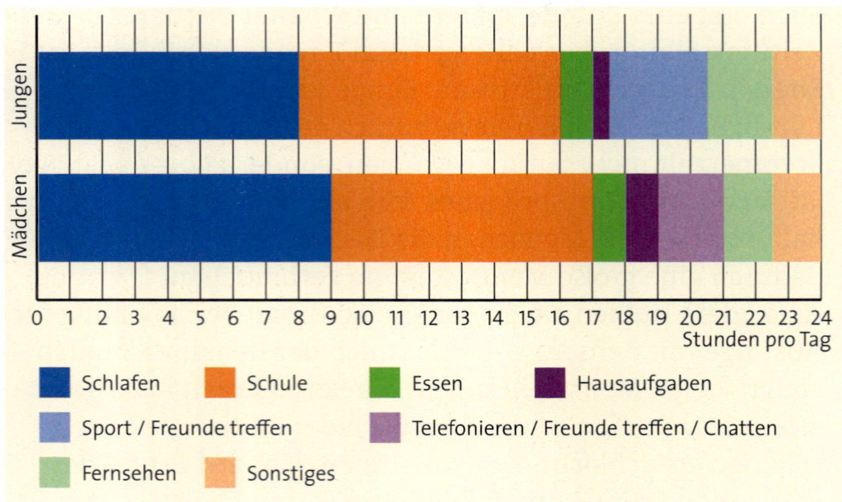

einem Diagramm Informationen entnehmen

9 **a)** Sieh dir das Diagramm genau an und gib ihm eine passende Überschrift.
b) Vergleiche die Angaben für Jungen und für Mädchen: Wie viele Stunden verbringen die Mädchen und Jungen mit den verschiedenen Tätigkeiten?
c) Welche Gemeinsamkeiten und Unterschiede stellst du fest?
d) Mit welchen Werten hast du gerechnet, welche überraschen dich? Begründe.

Erfindungen

Plakate gestalten und präsentieren

Was weißt du schon?

- Archimedes war ein berühmter Erfinder. Was könnte er erfunden haben? Sieh dir dazu das Bild genau an.
- Hast du schon einmal ein Plakat gestaltet? Berichte.
  – Was hast du dabei präsentiert?
  – Wie bist du dabei vorgegangen?
- Woher bekommst du deine Informationen, wenn du etwas auf einem Plakat präsentieren willst?
- Wie muss ein Plakat gestaltet sein, damit es die Betrachter anspricht?

Informationen sammeln und ordnen

1 Eine Klasse möchte an ihrem nächsten Projekttag verschiedene Erfinderinnen und Erfinder auf Plakaten vorstellen.

Ideen sammeln

a) Zu welchen Bereichen kann ein Plakat über eine Erfinderin / einen Erfinder Informationen enthalten? Liste sie auf, z. B.:
Kindheit, ...

Informationsquellen nutzen

b) Wo und wie kannst du nach Informationen über Erfinderinnen oder Erfinder suchen? Fertige eine Liste an.

c) Wie musst du bei der Recherche (Informationssuche) vorgehen? Verfasse eine Anleitung.

Recherche-Anleitung
1. *Überlege, zu welchem Thema, zu welchem Bereich oder zu welcher Ausgangsfrage du Informationen suchen willst.*
2. *Entscheide, welche Informationsquellen du nutzen willst, z. B.: Lexika, ...*
3. *...*

HILFEN
Informationsquellen
Internet:
- Suchmaschinen
- Online-Lexika
- Homepages von Museen
- ...

2 Die folgenden Texte und Schaubilder enthalten Informationen über den Mathematiker und Erfinder Archimedes.
Verschaffe dir einen ersten Überblick über alle Texte, indem du sie überfliegst.

sich einen Überblick verschaffen

TIPP
Nutze bei der ersten Auswahl die Lesetechnik des Überfliegens. Entscheide dann:
- Passen die Informationen zu den ausgewählten Bereichen des Themas oder zur Ausgangsfrage?
- Sprechen die Informationen meine Leserinnen/Leser an?

Archimedes – Erfinder mit Glück und Genie

Noch heute, mehr als 2200 Jahre später, sind Forscher verblüfft, wenn sie die Leistungen des Archimedes betrachten: Der antike Denker hat die Zahl Pi berechnet, den Flaschenzug und Kriegsmaschinen erfunden, erklärt, weshalb Schiffe schwimmen, und vieles mehr.

Wie wird man ein solches Allroundgenie? Archimedes hatte natürlich Talent. Aber auch großes Glück. Denn er wird um 287 vor Christus in Syrakus geboren, einem griechischen Stadtstaat auf Sizilien.

Die Griechen sind zu jener Zeit das wohl gebildetste Volk der Welt. […] So erhält Archimedes eine hervorragende Ausbildung: Privatlehrer unterrichten ihn in Philosophie und Sternenkunde. Schon als Kind verschlingt er die Lehren des Mathematikers Pythagoras. Später schickt ihn sein Vater Phidias sogar zum Studium nach Alexandria. In der ägyptischen Hafenstadt steht die damals größte Bibliothek der Welt. Zwischen Bergen von Schriftrollen* diskutiert der Jugendliche jeden Tag mit Wissenschaftlern. […]

die Schriftrolle: Zur Zeit des Archimedes gab es noch keine Bücher. Man schrieb auf Schriftrollen, große gerollte Bögen aus Pergament oder Papyrus.

Das archimedische Prinzip

Schiffe wiegen oft Tausende Tonnen und schwimmen trotzdem im Wasser. Wie kann das sein? Archimedes führte das auf eine Kraft zurück, die Gegenstände im Wasser nach oben drückt. Diese „Hebekraft" nannte er Auftrieb. Archimedes fand heraus, dass der Auftrieb umso größer ist, je mehr Wasser ein Körper verdrängt. Diese Regel nennt man „archimedisches Prinzip". Seht euch dazu die Zeichnung an:

Der untere Teil des Schiffes liegt im Meer und verdrängt dort das Wasser zur Seite. Der Auftrieb ist gerade so groß wie das Gewicht des Schiffes – es schwimmt. Ein schwereres Schiff braucht einen stärkeren Auftrieb und sinkt tiefer ein.

Eine Geschichte aus Archimedes' Leben

Einmal steht Archimedes vor einer kniffligen Aufgabe: Er muss das Volumen* einer Krone ausrechnen. Der Denker kommt beim Baden auf die Lösung. Er erkennt, dass ein Gegenstand beim Eintauchen in Wasser exakt sein Volumen verdrängt. Man muss also nur die Menge des übergeschwappten Wassers messen! Archimedes ruft: „Heureka!" (Ich hab's!). Und rennt nackt auf die Straße hinaus.

das Volumen: der Rauminhalt eines Körpers, z. B. einer Flasche

Archimedes von Syrakus – Lebenslauf

- griechischer Mathematiker, Physiker und Ingenieur
- geboren um 287 v. Chr. vermutlich in Syrakus auf Sizilien
- Sohn des Phidias, eines Astronomen am Hof von Syrakus
- gestorben 212 v. Chr. ebenda*
- Studium in Alexandria
- an der Verteidigung von Syrakus gegen die Römer im Zweiten Punischen Krieg* beteiligt
- wurde bei der Eroberung von Syrakus durch Rom von einem römischen Soldaten getötet

ebenda: am selben Ort, also auch in Syrakus

Zweiter Punischer Krieg: Krieg zwischen Karthago und Rom (218–201 v. Chr.)

Wie Flaschenzüge arbeiten

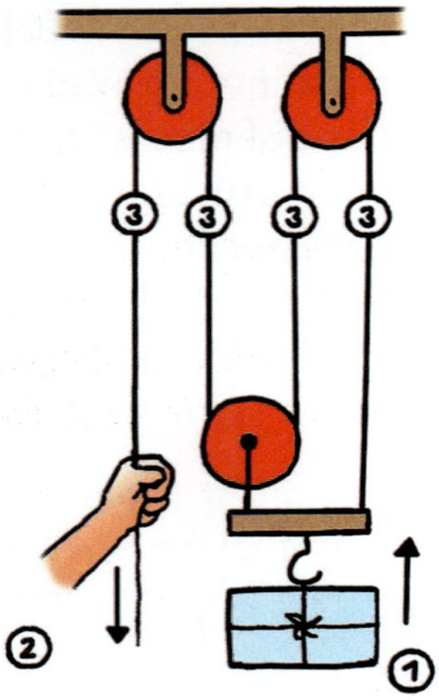

Mit Flaschenzügen könnt ihr Lasten mit wenig Kraft heben. Allerdings müsst ihr beim Ziehen eine größere Strecke einplanen. Stellt euch vor, ihr wolltet das Gewicht in der Zeichnung unten (1) um 20 Zentimeter heben. Dann müsst ihr links (2) so lange ziehen, bis alle vier Seile (3), an denen es hängt, 20 Zentimeter kürzer sind. Das wären also: 4 × 20 = 80 Zentimeter! Nun geschieht etwas Überraschendes: Durch den vierfachen Zugweg verringert sich die benötigte Kraft auf ein Viertel! Das Gewicht erscheint also leichter.

3 Lies die Texte noch einmal genau.

unbekannte Wörter klären

a) Was bedeuten folgende Wörter? Kläre die Bedeutung durch Nachdenken, Nachfragen oder Nachschlagen.

das Allroundgenie (Text 1, Z. 8)	exakt (Text 3, Z. 4)
das Prinzip (Text 2, Z. 7)	der Ingenieur (Text 4, Z. 1)

b) Klärt zu zweit alle weiteren unbekannten Wörter.

c) Welche Erfindungen werden in den Texten beschrieben? Erklärt sie einander zu zweit mit euren eigenen Worten.

Informationen auswählen

4 **a)** Welche Informationen aus den Texten hältst du für geeignet für ein Plakat über Archimedes? Begründe.

b) Welche Informationen würdest du eher nicht für das Plakat verwenden? Begründe ebenfalls.

5 **a)** Schreibe geeignete Informationen zum Thema oder zur Ausgangsfrage in Stichwörtern auf.

Lebensdaten:
- **ca. 287 v. Chr. in Syrakus*
- *† ...*

Erfindungen:
- *archimedisches Prinzip*
- *Flaschenzug*
- *...*

b) Lege zu jedem Bereich eine Karteikarte an. Ordne die Stichwörter auf deinen Karteikarten in einer sinnvollen Reihenfolge. Du kannst sie z. B. nummerieren.

Lebensdaten:
1. ** ca. 287 v. Chr. in Syrakus*
2. *Studium in Alexandria*
3. *kämpfte im 2. Pun. Krieg*

Erfindungen:
- *archimedisches Prinzip*
- *Flaschenzug*

Informationen sammeln

TIPP
* bedeutet *„geboren"*,
† bedeutet *„gestorben"*.

Informationen ordnen
> auf Karteikarten schreiben

6 **a)** Welche Bilder (Fotos, Zeichnungen, Schaubilder) in diesem Kapitel sind für dein Plakat geeignet? Wähle aus.

b) Zu welchen Bereichen könnte man darüber hinaus noch Bilder zeigen? Liste auf, z. B.:
- *die Stadt Syrakus auf der Insel Sizilien*
- *...*

Anschauungsmaterial auswählen

! Informationen sammeln und ordnen

- Überlege dir genau, zu welchem **Thema** und zu welcher **Ausgangsfrage** du Informationen suchen willst.
- Nutze verschiedene **Informationsquellen**, z. B. ein Lexikon oder das Internet.
- **Ordne** die Informationen, die du findest, zuerst grob: Welche sind geeignet für dein Plakat? Welche nicht?
- **Sortiere** dann die geeigneten Informationen: Zu welchen Bereichen gehören sie?

Ein Plakat gestalten

Merkmale eines Plakats erarbeiten

1 „Auf einem Plakat hast du alles im Blick!"

a) Erkläre mit Hilfe der beiden Abbildungen, wie ein gelungenes Plakat gestaltet sein sollte und was man vermeiden sollte.

b) Worauf musst du besonders achten, wenn du ein Plakat gestaltest? Sammelt Tipps.

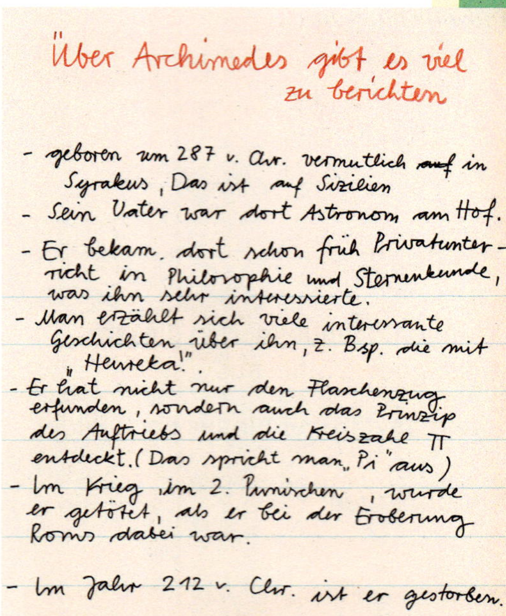

Über Archimedes gibt es viel zu berichten

- geboren um 287 v. Chr. vermutlich ~~auf~~ in Syrakus, Das ist auf Sizilien
- Sein Vater war dort Astronom am Hof.
- Er bekam dort schon früh Privatunterricht in Philosophie und Sternenkunde, was ihn sehr interessierte.
- Man erzählt sich viele interessante Geschichten über ihn, z. Bsp. die mit „Heureka!".
- Er hat nicht nur den Flaschenzug erfunden, sondern auch das Prinzip des Auftriebs und die Kreiszahl π entdeckt. (Das spricht man „Pi" aus)
- Im Krieg, im 2. Punischen, wurde er getötet, als er bei der Eroberung Roms dabei war.
- Im Jahr 212 v. Chr. ist er gestorben.

c) Welche Funktionen haben die einzelnen Teile des Plakats?

INFO
Schreibe Texte nicht einfach ab, sondern verwende eigene Formulierungen, die gut verständlich sind.

! Ein Plakat gestalten

- Der **Titel** des Plakats muss deutlich ins Auge springen.
- Die **Texte** dürfen nicht zu lang sein.
- Schreibe **gut lesbar** und so groß, dass man die Texte auch aus ein paar Schritten Entfernung noch lesen kann.
- Verwende nicht nur Texte, sondern auch **Zeichnungen, Diagramme, Fotos** oder **Bilder.**

2 Ordne die Informationen, die du den Texten entnommen hast (Karteikarten aus Aufgabe 5, Seite 71). Diese Fragen helfen dir:
- *Was sollte in der Mitte des Plakats stehen?*
- *Welche Informationen gehören zusammen und sollten daher nahe beieinanderstehen?*
- *Welche Bilder passen zu welchen Informationen?*

3 Suche weiteres Material im Internet und in der Bibliothek, wenn du noch mehr brauchst.

4 **a)** Gib deinem Plakat einen Titel und gestalte ihn in einer gut lesbaren Schrift und in einer auffälligen Farbe.

b) Gestalte dein Plakat und stelle es in der Klasse vor.

5 **a)** Erstellt in Partnerarbeit einen Bewertungsbogen für die Beurteilung eurer Plakate.

b) Beurteilt eure Plakate mit Hilfe der Bewertungsbögen.

Informationen ordnen

TIPP
Schiebe die einzelnen Texte und Bilder auf dem Plakat hin und her, bevor du sie aufklebst. Probiere aus, wie es am übersichtlichsten und wirkungsvollsten aussieht.

ein Plakat gestalten

Bewertungsbögen verwenden

Bewertungsbogen für ein Plakat

	sehr gut	**gut**	**könnte verbessert werden**	**Verbesserungs-vorschlag**
Wie gut konnte man das Thema erkennen?			x	größere Schrift
Wie gut konnte man die Texte lesen?	...	...	...	...

Das habe ich gelernt

- *Was habe ich in diesem Kapitel Neues gelernt?*
  Sprich mit einer Lernpartnerin / einem Lernpartner.
- *Was muss ich beim Gestalten von Plakaten beachten?*
  Lege dazu eine Checkliste an.

  Checkliste: Plakat
  – Kann man das Thema des Plakats sofort erkennen?
  – Habe ich gut lesbar geschrieben?
  – ...

- *Was würde ich beim nächsten Mal anders oder besser machen?*
  Markiere es in der Liste und notiere daneben deine Ideen.

Anwenden und vertiefen

Veranstaltet einen Info-Markt zum Thema „Erfinderinnen/ Erfinder und ihre Erfindungen“. Bearbeitet dazu die Aufgabe 1 allein, in Partnerarbeit oder in der Kleingruppe.

ein Plakat gestalten

1
a) Wähle eine Erfinderin oder einen Erfinder für dein Plakat aus.
b) Gehe auf Informationssuche: Suche passende Texte und Anschauungsmaterial (z. B. Zeichnungen, Fotos, Diagramme, Schaubilder). Nutze dazu die Bibliothek und das Internet.
c) Welche Informationen zu dieser Person möchtest du deinen Mitschülerinnen und Mitschülern auf dem Plakat präsentieren? Benenne die Bereiche, z. B.:
- *Lebenslauf*
- *„Was ist aus der Erfindung heute geworden?“*
- ...

d) Entscheide, welche Materialien du für dein Plakat verwenden kannst und welche nicht geeignet sind.
e) Lies die Texte, die du gefunden hast, und notiere wichtige Informationen zu deinen Bereichen in Stichwörtern, z. B. auf Karteikarten.
f) Gestalte dein Plakat. Es soll informativ, übersichtlich, gut lesbar und interessant gestaltet sein.

dem Plakat Informationen entnehmen

2 Gestalte ein kleines Quiz zu deinem Plakat für deine Mitschülerinnen und Mitschüler, z. B. mit W-Fragen oder Multiple-Choice-Aufgaben.

ein Plakat beurteilen

3 Beurteilt die Plakate mit Hilfe eurer Bewertungsbögen (Seite 73).

Teste dich selbst!

Sachtexte und Schaubilder erschließen

1 Lies den Text gründlich durch und sieh dir die drei Diagramme auf dieser und der nächsten Seite an.

Jedes zweite Kind war schon im Netz

Über die Hälfte der befragten Kinder zwischen sechs und 13 Jahren hat bisher mit dem Internet Erfahrungen gemacht. Zwei Drittel davon sind regelmäßig einmal pro Woche und öfters online.
Am häufigsten surfen Kinder spezielle Kinderangebote im Internet an, suchen Informationen für die Schule und schreiben sich E-Mails. Etwa ein Viertel der jungen Internetbenutzer loggt sich regelmäßig in Chat-Räume ein.
Nach den Ergebnissen der KIM-Studie* haben Eltern zu Computern und Internet ein unterschiedliches Verhältnis: Während sie die Beschäftigung der Kinder mit dem Computer als nützlich einschätzen, wird das Internet negativer gesehen. Die meisten Eltern sind der Ansicht, dass das Internet für Kinder gefährlich ist und sie nur surfen sollten, wenn ein Schutzprogramm** auf dem Computer installiert ist. Die Wirklichkeit sieht dann aber ganz anders aus: Nur etwa ein Viertel der Eltern hat zu Hause ein Schutzprogramm im Einsatz.
Spiele zählen noch zu den häufigsten Tätigkeiten am Computer. Kinder nutzen den Computer aber auch immer häufiger zum Lernen. Im Vergleich zu 2003 hat das Spielen mit dem Computer etwas an Bedeutung verloren, während der Computer als Lernmittel immer mehr Platz im Alltag der Kinder einnimmt. Die Hälfte der Nutzer arbeitet mindestens einmal pro Woche am Computer für die Schule. Die Studie zeigt auch, dass den Kindern das Lernen am Computer viel Spaß macht.

* **die KIM-Studie:** Untersuchung zum Umgang von Kindern mit Medien
** **das Schutzprogramm:** ein Programm, das dafür sorgt, dass Kinder und Jugendliche nur solche Seiten besuchen können, die für sie geeignet sind

1 Kinder und Computer: Häufigkeit der Nutzung

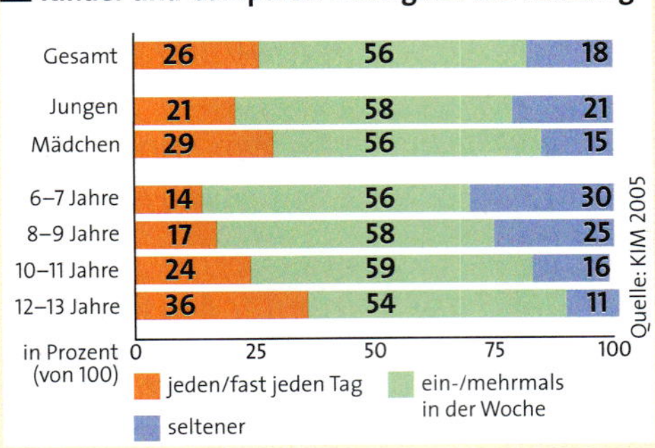

2 Internet-Nutzer 2005 (nutze zumindest selten)

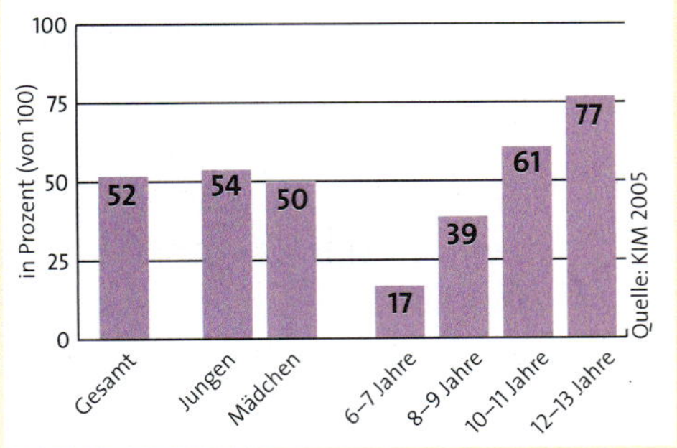

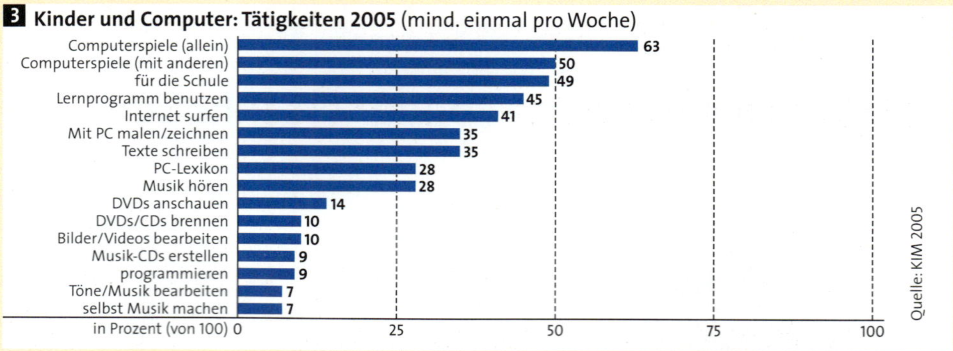

2 Richtig oder falsch – was steht im Text? Schreibe die Großbuchstaben ab und notiere daneben jeweils *r* für *richtig* oder *f* für *falsch*.

A Im Alter von sechs bis 13 Jahren macht jedes Kind Erfahrungen mit dem Internet.

B Die Hälfte der Befragten besucht regelmäßig Chat-Räume.

C Die Eltern finden den Umgang der Kinder mit dem Computer nützlich.

D Die meisten Eltern haben ein Schutzprogramm auf ihrem Computer.

E Im Vergleich zu 2003 nutzen Kinder den Computer häufiger zum Lernen und etwas weniger zum Spielen.

3 Was bedeuten die folgenden Begriffe im Text? Notiere die Begriffe und dahinter die richtige Bedeutung.

- *online sein* (Z. 3): den Computer anschalten / mit mehreren Leuten gleichzeitig telefonieren / mit dem Computer arbeiten / mit dem Internet verbunden sein
- *(an)surfen* (Z. 4–5): Wassersportart / von einem Fernsehprogramm zum anderen schalten / im Internet verschiedene Seiten besuchen / Trendsportart
- *installieren* (Z. 14): aufkleben / auswechseln / ausschalten / auf den Computer überspielen

4 **a)** Bestimme die Art der Diagramme 1–3.

b) Vergleiche die Diagramme 1 und 2. Worüber informieren sie?

c) Worüber informiert Diagramm 3? Schreibe einen Satz.

5 Beantworte die Fragen schriftlich mit Hilfe der drei Diagramme.

- *Wie viele Kinder (von 100) im Alter von 10 bis 11 Jahren nutzten 2005 jeden Tag den Computer?*
- *Wie viele Internet-Nutzer (von 100) zwischen 6 und 13 Jahren waren Mädchen?*
- *In welchem Alter wurde das Internet 2005 am häufigsten genutzt?*
- *Wie viele Kinder (von 100 Befragten) spielten 2005 mit anderen Personen Computerspiele?*
- *Wie viele (von 100 Befragten) hörten 2005 am Computer Musik?*

6 Welches der drei Diagramme passt am besten zum ersten Satz im Text (Z. 1–2) auf Seite 75? Begründe deine Antwort.

Tiere sind auch nur Menschen!

Fabeln lesen und verstehen

Was weißt du schon?

- Welche kurzen Tiererzählungen oder Fabeln kennst du?
- Welche Tiere aus Erzählungen kennst du, die wie Menschen sprechen und handeln?
- Welche Eigenschaften haben die Tiere in den Erzählungen?

Merkmale von Fabeln kennen lernen

Vermutungen anstellen

HILFEN
Mit diesen Adjektiven kannst du die Figuren beschreiben:
klug
dumm
eitel
leichtgläubig
schlau
listig
schmeichelnd
aufdringlich
...

1 **a)** Lies die Überschrift des folgenden Textes.

b) Welche Eigenschaften werden diesen Tieren oft zugeschrieben? Mache dir Notizen.

2 **a)** Lies die Fabel.

Nach Äsop
Rabe und Fuchs

Ein Rabe hatte einen Käse gestohlen, flog damit auf einen Baum und wollte dort seine Beute in Ruhe verzehren*. Da es aber der Raben Art* ist, beim Essen nicht schweigen zu können, hörte ein vorbeikommender Fuchs den Raben über dem Käse krächzen*. Er lief eilig hinzu und begann den Raben zu loben: „O Rabe, was bist du für ein wunderbarer Vogel! Wenn dein Gesang ebenso schön ist wie dein Gefieder*, dann sollte man dich zum König aller Vögel krönen.“ Dem Raben taten diese Schmeicheleien so wohl, dass er seinen Schnabel weit aufsperrte, um dem Fuchs etwas vorzusingen. Dabei entfiel ihm der Käse. Den nahm der Fuchs behänd* auf, fraß ihn und lachte über den törichten* Raben.
Hüte dich vor Schmeichlern.

verzehren: essen
der Raben Art (*altes Deutsch*): die Eigenschaft der Raben
über dem Käse krächzen: Er krächzte, während er den Käse aß.
das Gefieder: die Federn
behänd: schnell
töricht: dumm

den Inhalt einer Fabel erarbeiten

b) Was erfährst du im Text über die Eigenschaften und Verhaltensweisen von Rabe und Fuchs? Vergleiche sie mit deinen Notizen.

die Figuren beschreiben

c) Notiere für jedes Tier ein Adjektiv, das sein Verhalten am besten beschreibt, und begründe deine Wahl.

3 **a)** Was ist eine Schmeichelei (Z. 14)? Welche anderen Wörter aus der gleichen Wortfamilie kennst du?

b) Mit welchen Aussagen schmeichelt der Fuchs dem Raben? Gib sie in eigenen Worten wieder.

c) Mit welcher Absicht tut er das?

INFO
Verwandte Wörter, die den gleichen Wortstamm haben, gehören zu einer **Wortfamilie,** z. B.: *fahren, der Fahrer, abfahren*
→ S. 201

Merkmale von Fabeln

- Fabeln sind kurze Texte, in denen Tiere, Gegenstände oder Pflanzen denken, handeln und sprechen wie Menschen.
- Den Tieren sind bestimmte menschliche Eigenschaften (z.B. *stark, dumm, hinterlistig*) zugeordnet.

Merkmale von Fabeln kennen

4 a) Am Ende der Fabel steht die Lehre (Moral) „Hüte dich vor Schmeichlern". Schreibe auf, was damit wohl gemeint ist.

b) Vergleicht eure Ergebnisse.

die Lehre einer Fabel verstehen

Die Lehre (Moral) einer Fabel

- Viele Fabeln enden mit einer **Lehre (Moral).** In wenigen Worten wird zusammengefasst, was man aus der Fabel lernen soll.
- Manchmal müssen die Leserinnen und Leser selbst überlegen, welche Lehre in der Fabel enthalten ist.

5 Übertrage die folgende Figurenskizze in dein Heft und ergänze sie.

eine Figurenskizze erstellen

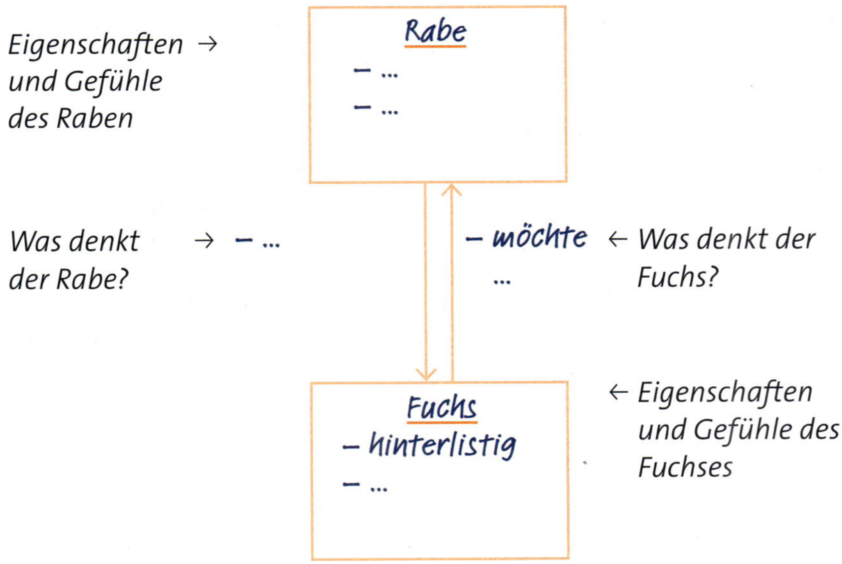

6 Lest die Fabel zu zweit mit verteilten Rollen (ein Erzähler, ein Fuchs). Probiert aus, wie die schmeichelnde Stimme des Fuchses klingen sollte.

Texte vortragen

7 Spielt die Fabel zu zweit nach. Überlegt, an welchen Stellen ihr noch ergänzen könnt, was Rabe und Fuchs sprechen.

Texte szenisch darstellen

Fabeln erschließen und vergleichen

Vermutungen anstellen und überprüfen

1 Lies die Überschrift der folgenden Fabel.

a) Welche Eigenschaften werden diesen Tieren oft zugeschrieben?

b) Welche Situation stellst du dir vor, wenn Löwe und Maus einander begegnen?

c) Lies die Fabel. Welche deiner Vermutungen treffen zu?

La Fontaine
Der Löwe und die Maus

Gerade zwischen den Tatzen* eines Löwen kam eine leichtsinnige Maus aus der Erde. Der König der Tiere aber zeigte sich wahrhaft* königlich und schenkte ihr das Leben. Diese Güte wurde später von der Maus belohnt – so unwahrscheinlich es zunächst klingt. Eines Tages fing sich der Löwe in einem Netz, das als Falle aufgestellt war. Er brüllte schrecklich in seinem Zorn – aber das Netz hielt ihn fest. Da kam die Maus herbeigelaufen und zernagte einige Maschen*, sodass sich das ganze Netz auseinanderzog und der Löwe frei davongehen konnte.

die Tatze: der Fuß (die Pfote) eines Raubtiers
wahrhaft: wirklich

die Masche: die Schlinge in einem Netz

den Inhalt einer Fabel erarbeiten

2 Löwe und Maus begegnen sich in zwei verschiedenen Situationen.

a) Beschreibe die beiden Situationen mit eigenen Worten.

b) Formuliere Überschriften für die beiden Teile der Fabel.

3 a) Ordne den beiden Tieren die Eigenschaften *stark* und *schwach* in den beiden Situationen zu. Mache dir dazu Notizen in einer Tabelle:

	Löwe	Maus
1. Situation	stark, weil …	…
2. Situation	…	…

b) Begründe deine Zuordnung.

4 Ordne Löwe und Maus weitere Eigenschaften zu, die du in der Fabel findest, und ergänze sie in der Tabelle.

die Figuren beschreiben

5 Lies die folgende Fabel. Worin unterscheidet sich der Text von den anderen beiden Fabeln?

Texte vergleichen

Josef Guggenmos
Der Kürbis und der Apfelkern

Ein Kürbis und ein Apfelkern gingen zusammen auf die Reise. Sie waren noch nicht ganz aus dem Dorf, da saßen auf einem Baum zwei Elstern*.

Die eine Elster sagte zur andern: „Siehst du sie wandern? Sprich, wie findest du dieses Paar?“

Drauf sagte die andere: „Sonderbar.“

Da stieß der Apfelkern den Kürbis an: „Hörst du sie reden?“

Doch der Kürbis entgegnete: „Lass sie reden, die beeden*! Wenn wir auf alle Leute hören wollten, kämen wir nie ans Ziel!“

Und sie wanderten fröhlich weiter in die Welt. Der Kürbis und der Apfelkern, sie hatten einander von Herzen gern.

Und das war die Hauptsache. Oder?

die Elster: ein großer, schwarz-weißer Vogel

die beeden: (*Dialekt*) die beiden

6 Was könnten die Elstern noch über das „sonderbare Paar“ gesagt haben? Spielt das Gespräch zu zweit nach.

Texte szenisch darstellen

7 „Wenn wir auf alle Leute hören wollten, kämen wir nie ans Ziel.“ Überlege, was mit diesem Satz gemeint ist. Nenne Beispiele für Situationen, auf die der Satz zutrifft.

die Lehre einer Fabel verstehen

8 Die Fabel enthält vier Reime. Suche sie und schreibe die Reimpaare auf.

die Sprache untersuchen

Das habe ich gelernt

- Welche Merkmale haben Fabeln? Ergänze den Lückentext:
  - *In einer Fabel denken, handeln und sprechen ......, ... oder ...... an Stelle von Menschen.*
  - *Das Ziel einer Fabel ist, dass die Leserinnen und Leser ...*
- Präsentiere deine Lieblingsfabel. Du kannst sie vorlesen, mit Hilfe von Stichwörtern nacherzählen oder zusammen mit anderen vorspielen.
  Erkläre, warum du diese Fabel ausgewählt hast und welche Fabelmerkmale auf sie zutreffen.

Anwenden und vertiefen

Vermutungen anstellen und überprüfen

1 Lies die Überschrift, stelle Vermutungen über den Inhalt der Fabel an und überprüfe sie am Text.

Max Bolliger
Von einem Fuchs, einem Löwen und einem Bären

Auf der Suche nach einer Beute trafen sich der Löwe und der Bär. Gemeinsam jagten sie ein Hirschkalb*. Als sie es zerlegt hatten, wollte jeder den größeren und besseren Teil. Sie fingen an zu streiten, zuerst mit Worten, dann mit ihren Pranken* und Zähnen. Ein Fuchs, der zufällig in der Nähe war, sah den Kämpfenden begeistert zu. Einmal schien der Bär, dann der Löwe zu siegen. Am Ende aber lagen beide erschöpft am Boden und konnten sich kaum mehr rühren. Auf diesen Augenblick hatte der Fuchs gewartet. Er lief hinzu, packte das Kalb und machte sich damit aus dem Staub. Als der Bär und der Löwe sich wieder erholt, aber noch nicht die Kraft hatten, den Fuchs zu verfolgen, schauten sie sich verdutzt* an.
Doch dann begannen sie, laut zu lachen. „... Und dafür haben wir Dummköpfe uns halb totgeschlagen.“

das Hirschkalb: ein junger Hirsch

die Pranke: der Fuß eines Löwen oder Bären

verdutzt: überrascht

die Lehre einer Fabel erschließen

2 a) Wie verhalten sich die Tiere? Suche passende Adjektive.

b) In der vorletzten Zeile fehlt die Lehre (Moral) der Fabel. Welche Lehre passt? Begründe deine Entscheidung.
- *Wer anderen eine Grube gräbt, fällt selbst hinein.*
- *Der Klügere gibt nach.*
- *Wer nicht wagt, der nicht gewinnt.*
- *Wenn zwei sich streiten, freut sich der Dritte.*

eine Textstelle neu schreiben

3 Stelle dir den Fuchs in der Rolle des Richters vor. Schreibe auf, was er zum Löwen und zu dem Bären sagen könnte, um den Streit zu schlichten.

einen Paralleltext schreiben

4 Wähle eine der beiden folgenden Schreibaufgaben aus:

a) Schreibe einen anderen Schluss der Fabel. Beginne nach dem Satz „... und konnten sich kaum noch rühren.“ (Z. 8)

b) Schreibe die Fabel neu. Wähle drei andere Tiere dafür aus. Überlege dir vor dem Schreiben:
- Worüber streiten die Tiere?
- Welche Rolle nehmen die einzelnen Tiere ein?
- Wie wird der Streit gelöst?
- Wie könnte die Moral (Lehre) der Fabel lauten?

Bücher öffnen Welten

Ein Buch vorstellen

„Ich möchte wissen", sagte er vor sich hin, „was eigentlich in einem Buch los ist, solang es zu ist. Natürlich sind nur Buchstaben drin, die auf Papier gedruckt sind, aber trotzdem – irgendwas muss doch los sein, denn wenn ich es aufschlage, dann ist da auf einmal eine ganze Geschichte. Da sind Personen, die ich noch nicht kenne, und es gibt alle möglichen Abenteuer und Taten und Kämpfe – und manchmal ereignen sich Meeresstürme, oder man kommt in fremde Länder und Städte. Das ist doch alles irgendwie drin im Buch. Man muss es lesen, damit man's erlebt, das ist klar. Aber drin ist es schon vorher …"

Aus: ***Michael Ende:*** *„Die unendliche Geschichte"*

Was weißt du schon?

- Krimis, Tiergeschichten, Abenteuerromane ... – was für Bücher kennst du noch?
- Welche Bücher liest du gern, welche magst du gar nicht? Begründe.
- Wie und woher kannst du Lesetipps für interessante Bücher bekommen?
- Welches Buch kannst du anderen empfehlen? Weshalb empfiehlst du dieses Buch?

Ein Buch auswählen

Vom Buchdeckel zum Schmökern

die Funktion des Titelbilds kennen

1 „Das Titelbild ist der Türöffner ins Buch."
Überlege, was mit dieser Aussage wohl gemeint ist.

den Aufbau einer Buchtitelseite kennen

2 Schau dir den Titel und das Titelbild des folgenden Buches an.

a) Beschreibe, was du darauf siehst.

b) Was verrät das Titelbild über den Inhalt des Buches?

c) Wie heißt das Buch? Wer ist die Autorin / der Autor?

d) Wie gefällt dir das Titelbild? Begründe.

INFO
Der **Klappentext** ist ein Informationstext, der auf den Umschlagklappen oder auf der Rückseite eines Buches abgedruckt ist.

3 Lies den folgenden Klappentext zu dem Jugendbuch.

a) Was erfährst du?

„Mein Name ist Matthias Loerke. Ich wohne in der Krugallee 72, DDR-1193 Berlin. Ich bin fast zwölf Jahre alt und gehe in die sechste Klasse. Wer diese Flaschenpost findet, soll mir schreiben. Ich schreibe garantiert zurück." Matze wirft seine Flaschenpost in die Spree und hofft insgeheim*, dass sie bis nach Afrika oder Australien treibt. Doch dann antwortet ihm Lika, ein Mädchen aus West-Berlin, dem Teil der Stadt, der Matze so unbekannt ist wie ein fremdes Land.
Das ist die Geschichte von Matze (Ost) und Lika (West), als durch Berlin noch eine Mauer ging.

insgeheim: heimlich, im Stillen

die Funktion eines Klappentextes kennen

b) Welche Funktion hat der Klappentext eines Buches?

c) Welche Informationen sollten in einem Klappentext stehen, welche nicht? Begründe.

! Ein Buch auswählen

- Auf der **Titelseite** des Buches findest du Angaben zum Titel und zur Autorin / zum Autor.
- Das **Titelbild** verrät etwas über den Inhalt der Geschichte.
- Im **Klappentext** stehen Informationen zur Handlung, die Interesse wecken sollen, das Buch zu lesen. Der genaue Inhalt und das Ende werden aber noch nicht verraten.

4 Lies die erste Seite aus dem Jugendbuch „Die Flaschenpost". Was erfährst du über das Thema des Buches? Notiere dazu deine Gedanken und Fragen.

sich einen ersten Eindruck verschaffen

Klaus Kordon

Die Flaschenpost

[...] Die Stadt bestand aus zwei Hälften. Die eine lag nach Osten hin, die andere nach Westen. Matze lebte im Ostteil der Stadt, Lika im Westteil. Zwischen Ost und West aber war eine Grenze, viel Gerede und viel Feindlichkeit. Die Stadt hieß Berlin. Durch die geteilte Stadt floss ein Fluss. Er floss im Südosten in die Stadt hinein und im Nordwesten wieder hinaus. Der Fluss hieß Spree und an seinem Ufer gab es viel Grün, aber auch viele Fabriken und Häuser. Und da der Fluss mitten durch die Stadt hindurchfloss, war auch er zweigeteilt. Matze wohnte nicht weit von der Spree entfernt. Nur ein kleiner Wald war zwischen der Straße und dem Flussufer – der Plänterwald, in dem die Kinder sich nach der Schule trafen, um Fußball zu spielen, Verstecken oder Fangen. Meistens spielte Matze mit, manchmal aber war er lieber allein. Dann setzte er sich an die Uferböschung*, stützte die Ellenbogen auf die Knie und den Kopf in die Hände und sah ins Wasser. Und dabei träumte er. Immer dem Fluss nach träumte Matze. Er wusste ja, die Spree floss in die Havel und die Havel durch viele Seen und Kanäle in die Elbe. Und die Elbe floss in die Nordsee, ins Meer. Eines Tages aber träumte Matze nicht nur, sondern schnitzte sich aus Borke* ein Schiffchen und ließ es auf dem Wasser treiben. Und dann malte er sich aus*, wie es an der Liebesinsel vorübertrieb und unter der Treptower Brücke hindurch bis in den Osthafen und immer weiter bis unter der Weidendammbrücke hindurch. Was danach kam, konnte er sich nicht mehr vorstellen. Hinter der Weidendammbrücke begann West-Berlin und West-Berlin kannte er nur aus dem Fernsehen.

INFO
Von 1949 bis 1989 war Deutschland geteilt in BRD und DDR. Durch die Stadt Berlin verlief eine Grenze: Der Westteil gehörte zur BRD, der Ostteil zur DDR.

die Uferböschung: Abhang am Flussufer

die Borke: Rinde eines Baumes
sich etwas ausmalen: sich etwas in allen Einzelheiten ausdenken

5 Macht dich der Anfang neugierig oder eher nicht? Begründe deine Meinung.

6 Welche Hinweise aus dem Klappentext (Seite 84, 3 a) finden sich im Textanfang wieder? Notiere sie in Stichwörtern.

7 Um welche Probleme wird es in dem Buch gehen? Stelle Vermutungen an, wie die Geschichte weitergehen könnte.

Vermutungen anstellen

Das Buch vor der Klasse präsentieren

Eine Einführung geben

Bei einer Buchvorstellungsrunde stellst du deiner Klasse ein interessantes Buch vor und bekommst selbst Ideen für neues „Lesefutter“.

1 Damit deine Zuhörerinnen und Zuhörer wissen, worum es in deinem Buch geht, solltest du zuerst eine kurze Einführung geben.

eine Einführung geben

a) Lies die folgende Einführung eines Schülers zu einem Jugendroman. Was erfährst du über das Buch?

„Die Detektive von Cismar und der Bankraub“ ist ein spannender Krimi von Simone Klages. Es geht darin um die Jagd nach einem Bankräuber – und 35 000 Euro! Die Hauptfigur ist ein Mädchen namens Franzi. Sie verbringt ihre Herbstferien in Cismar an der Ostseeküste. Kaum ist sie aus Hamburg in diesem scheinbar harmlosen Dorf angekommen, beginnt das Abenteuer: Die Bank wird überfallen. Ein klarer Fall für die Detektive von Cismar! Franzi macht sich mit ihren Freunden Hein und Hinnerk und dem Hund Aldi auf die Suche nach dem flüchtigen Bankräuber und seiner Beute.
Mir hat das Buch gefallen, weil es spannend, aber auch lustig ist und man sich die Handlung gut vorstellen kann.

einen Buchsteckbrief erstellen

b) Ein Buch-Steckbrief hilft dir, alle Informationen für deine Einführung auf einen Blick zusammenzuhaben. Übertrage den Steckbrief in dein Heft und ergänze ihn für das Jugendbuch in Aufgabe 1a).

Mein Buchtipp

Titel: Die Detektive von Cismar
Autor/Autorin: ...
Hauptfiguren: ...
Ort der Handlung: ...
Was passiert? ...
Warum mir das Buch gefallen hat: ...

Eine Leseprobe geben

2 Damit deine Zuhörerinnen und Zuhörer sich eine bessere Vorstellung von dem Buch machen können, liest du bei der Buchvorstellung einen Textausschnitt als „Leseprobe" vor.

a) Worauf sollte man bei der Auswahl des Textes für eine Leseprobe achten? Sammelt Tipps.

b) Lies den folgenden Textauszug auf dieser und der nächsten Seite zuerst leise.

Kriterien für eine Leseprobe erarbeiten

Simone Klages
Die Detektive von Cismar ... und der Bankraub

„Was hast du da gerade eben gesagt, Lotte Hopps?", fragte Franzi, die glaubte, sich verhört zu haben. „Ich habe gefragt, ob ihr schon mitbekommen habt, dass einer der Bankräuber geflüchtet ist?"
Obgleich Franzi eben noch fast im Stehen eingeschlafen war, war ihr nun schlagartig* klar, was das Licht im Postwald zu bedeuten hatte: Der Bankräuber war nach Cismar zurückgekommen und morgen würde er sich die Beute holen. Franzi quetschte Lotte Hopps aus*. Aber die wusste nur, dass der Bankräuber über Zahnschmerzen geklagt hatte. Auf dem Weg vom Lübecker Untersuchungsgefängnis zum Zahnarzt sei ihm dann trotz starker Bewachung die Flucht gelungen. Seit heute Vormittag fehle jede Spur.
„Meinst du, der kommt zurück nach Cismar?", fragte Franzi Lotte Hopps. „Nein, der ist doch nicht so blöd und kommt hierher zurück. Was soll der denn hier?", sagte Lotte Hopps, „der kennt hier doch niemanden." [...]
In der Ferienwohnung schnappte sich Franzi die Fernbedienung und schaltete den Fernseher ein. Sie hatte Glück, denn gerade eben wurde in den Nachrichten über die Flucht des Bankräubers berichtet. Soviel Franzi behalten konnte, notierte sie schnell auf einer der doofen Karteikarten, die sie noch von Grungo hatte:

Alter: 35 Jahre Größe: 1,80 m schlank
Haare: mittelblond und kurz / gepflegte Erscheinung
Besondere Kennzeichen: Narbe am linken Oberschenkel

„Da der Entflohene über keinerlei Bargeld verfügt", sagte der Nachrichtensprecher, „wird angenommen, dass er sich umgehend an Freunde, Bekannte oder Verwandte wenden wird. Daher wird vermutet, dass er sich auf der Fahrt in Richtung Süddeutschland befindet."

schlagartig: schnell, ganz plötzlich

ausquetschen: ausfragen

INFO
Das **Auslassungszeichen [...]** bedeutet, dass der Text an dieser Stelle gekürzt wurde.

der Tramper (*engl.*, sprich: Trämper): Person, die kostenlos mit anderen Autofahrern reist/ „per Anhalter" fährt

verfluchte: (*hier*) ärgerte sich über

das Käuzchen: eine kleine Eule (Waldvogel)

halbwegs: einigermaßen, mehr oder weniger

Vor dem Mitnehmen von Trampern* werde deshalb dringend gewarnt. Auch wenn der Mann nicht bewaffnet sei, gelte er als höchst gefährlich.

„Gute Nacht, ich gehe schlafen", rief Franzi ihren Eltern noch zu, bevor sie ins Seeräuberzimmer hochging. [...] Als ihr Wecker am Freitagmorgen um fünf Uhr klingelte, hatte sie das Gefühl, kaum geschlafen zu haben. Leise schlich sich Franzi die Treppen hinunter, um ja nicht durch das Knarren jemanden aufzuwecken. Erleichtert, es geschafft zu haben, zog Franzi die Haustür hinter sich zu.

Als sie sich dem Klosterhof näherte, verfluchte* Franzi schon ihre eigene Aktion. Denn kaum etwas fand sie gruseliger, als im Dunkeln allein über den Klosterhof zu gehen, in dem es von Fledermäusen nur so wimmeln sollte.

Vom Klostergraben her quakte verschlafen eine Ente. Irgendwo bellte ein Hund. Franzi nahm allen Mut zusammen und rannte los. Um halb sechs stand Franzi im Garten von Hein und probierte verzweifelt, so etwas wie einen Käuzchenruf* hinzubekommen. Franzi brauchte ewig, bis sie Hein endlich dazu überreden konnte, sich anzuziehen. Dann rannten sie zu Hinnerk, den sie weckten, indem sie Steinchen ans Fenster warfen. [...]

Müde trotteten sie gemeinsam die Bäderstraße entlang. Hinnerk schleppte die Tasche mit der Ausrüstung für die Spurensicherung mit sich. Es begann schon langsam Tag zu werden. Franzi versuchte sich zu erinnern, an welcher Stelle es ungefähr gewesen sein könnte, wo sie vom Bus aus das Licht im Postwald gesehen hatte. Als sie sich halbwegs* sicher war, verließen sie die Straße und bogen in den Wald ein. Sie brauchten nicht länger als eine halbe Stunde, dann hatten sie etwas Oberverdächtiges gefunden.

den Text erarbeiten

3 Sprecht in kleinen Gruppen über den Textausschnitt.

a) Was erfährt man über den Räuber?

b) Welchen Plan hat Franzi?

c) Wie könnte die Geschichte weitergehen?

d) In welcher Zeitform (Tempus) ist der Text geschrieben?

e) In welcher Erzählform wird erzählt?

INFO
Erzählformen:
- Ich-Erzähler
- Er/Sie-Erzähler

Merkmale für eine Leseprobe überprüfen

4 Ist der Textausschnitt deiner Meinung nach als Leseprobe geeignet, um das Buch näher kennen zu lernen? Gehe auf den Inhalt und die Textlänge ein.

Einen Text sicher und flüssig vorlesen

5 Betonungszeichen helfen dir, verständlich und ausdrucksvoll vorzulesen. Lies dazu die folgenden Informationen:

Betonungszeichen
Erstelle eine Kopie deines Textes und ergänze darin Kennzeichnungen mit Bleistift.
- Betonungen: ______
- Pausen: |
- Hebungen der Stimme, z. B. bei einer Frage: ↗
  Senkungen der Stimme, z. B. am Satzende: ↘

Am Rand dieser Seite findest du weitere Tipps.

Betonungszeichen verwenden

TIPP
- Verwende die Markierungen sparsam. Nicht jedes wichtige Wort muss auch besonders betont werden.
- Sprich dir halblaut verschiedene Möglichkeiten vor. Entscheide dich dann für die, die dir am passendsten erscheint.
- Nicht jedes Komma bedeutet auch eine Sprechpause. Über viele Kommas kannst du flüssig hinweglesen.

6 **a)** Übe das Vorlesen mit Hilfe der Betonungszeichen mehrmals anhand der folgenden Textstelle. Probiere verschiedene Möglichkeiten der Betonung aus.

„Was hast du da eben gesagt, Lotte Hopps?“ ↗ |, fragte Franzi, die glaubte, | sich verhört zu haben. ↘ | „Ich habe gefragt, ob ihr schon mitbekommen habt, dass einer der Bankräuber | geflüchtet ist? ↘“.

b) Übe das Vorlesen zusammen mit einer Lernpartnerin / einem Lernpartner an einer anderen Textstelle.

! Eine Leseprobe geben

- Anhand einer Leseprobe aus einem der Kapitel kann man sich Figuren und Handlung des Buches besser vorstellen.
- Als Leseprobe eignet sich eine **kurze, interessante Textstelle,** in der die **Hauptfiguren** vorkommen und das **Thema** des Buches deutlich wird.
- Damit die Zuhörenden gern zuhören und alles verstehen, solltest du deinen Lesevortrag **mehrmals üben,** bis du die Textstelle sicher und flüssig vorlesen kannst. Als Hilfe kannst du **Betonungszeichen** setzen.

Das habe ich gelernt

- *Wie kann ich vorgehen, um ein Buch für eine Buchvorstellung auszuwählen?*
- *Wie bereite ich eine Buchvorstellung vor?*

Erstelle zu diesen Fragen eine Merkliste.

Anwenden und vertiefen

eine Buchvorstellung vorbereiten

Dieses Buch ist lesenswert!
Wähle ein Buch aus, das dir gefällt und das du anderen gern vorstellen möchtest, und bereite einen Buchvortrag vor.

1 **a)** Erstelle einen Buch-Steckbrief mit den wichtigsten Informationen zum Buch. Der Klappentext kann dir dabei helfen.
b) Untersuche den Text und bestimme die Erzählform.
c) Wähle eine Textstelle für eine Leseprobe aus.
d) Übe das Vorlesen mehrmals. Erstelle eine Kopie deines Textes und notiere Betonungszeichen mit Bleistift.

die Zuhörenden einbeziehen

2 Überlege dir drei Fragen, die du den Zuhörerinnen und Zuhörern vor oder nach deinem Vortrag stellen könntest, z. B.:
- *„Habt ihr schon einmal ein Buch von ... gelesen?"*
- *„Wer von euch kennt die Verfilmung von ...?"*
- *„Habt ihr noch Fragen?"*
- *„Was denkt ihr, wie die Geschichte wohl weitergeht?"*

anschaulich präsentieren

3 Überlege dir, mit welchem Gegenstand du deinen Vortrag anschaulich machen kannst, z. B.:

4 Zu welchen Bereichen kannst du den Vortragenden Rückmeldung geben? Notiert zu zweit Ideen, z. B.:
- *Interessante Einführung?*
- *Inhalt ...?*

eine Rangliste erstellen

5 Erstellt eine Rangliste mit den fünf Lieblingsautorinnen und -autoren und Lieblingsbüchern eurer Klasse, z. B.:

TOP FIVE der Bücher	TOP FIVE der Autor/innen
1. Harry-Potter-Bände (Joanne K. Rowling)	*1. Cornelia Funke*
2. Tintenherz (Cornelia Funke)	*2. R. L. Stine*
3. Sams-Geschichten (Paul Maar)	*3. Joanne K. Rowling*
4. ...	*4. ...*
5. ...	*5. ...*

Es war ein Tänzer auf dem Seil

Erzählgedichte lesen

Was weißt du schon?

- Welche langen Gedichte kennst du?
- Welche Gedichte kennst du, in denen wörtliche Rede vorkommt?
- Was stellst du dir unter einem „Erzählgedicht“ vor?
- Was bedeuten die Begriffe Vers, Strophe und (Paar-)Reim?

Ein Erzählgedicht kennen lernen

Vermutungen anstellen und überprüfen

1 **a)** Das folgende Gedicht erzählt eine Geschichte. Lies die Überschrift. Wovon könnte es handeln?

b) Lies das Erzählgedicht. Worum geht es? Treffen deine Vermutungen zu?

Michael Ende
Die Ballade vom Seiltänzer Felix Fliegenbeil

Es war ein Tänzer auf dem Seil
mit Namen Felix Fliegenbeil,
der größte aller Zeiten,
das kann man nicht bestreiten.
Ihm lag nicht viel an Gut* und Geld,
nichts an der Menge Gunst*,
ihm ging's nicht um den Ruhm* der Welt,
ihm ging es um die Kunst.

Schon in der Seiltänzerschule war
er bald der Beste in der Schar,
und als ein Jahr vorüber,
war er dem Lehrer über*.
Da sagte der in mildem Ton:
„Du Wunderkind, ade!
Ich kann dich nichts mehr lehren, Sohn,
drum geh mit Gott – doch geh!"

So zog er in die Welt hinaus,
wohin er kam, erscholl* Applaus.
Die ganze Welt bereist' er
und suchte seinen Meister.
Doch keiner tanzte so genial*
die Sprünge des Balletts
hoch droben auf dem Seil aus Stahl
und immer ohne Netz!

Da er den Meister nirgends fand,
beschloss er endlich kurzerhand,
statt andre zu begeistern,
sich selber zu bemeistern*.
„Mein Tanz", sprach Felix Fliegenbeil,
„ist noch kein Meisterstück.
Zwar kann ich alles auf dem Seil,
doch ist das Seil zu dick!"

ihm lag nicht viel an …: ihm war … nicht so wichtig
das Gut: (*hier*) Besitztümer; Dinge, die man für Geld kaufen kann
der Menge Gunst: die Beliebtheit bei seinen Zuschauern
der Ruhm: Erfolg, Berühmtheit
war er … über: war er besser als …

erscholl (*Präteritum von* erschallen): laut zu hören sein
genial: perfekt, überragend

sich bemeistern: (*hier*) sich selbst unterrichten/sich verbessern

Drum spannte er von Haus zu Haus
nun einen Draht anstatt des Taus*
und übte, drauf zu springen.
Das sollte bald gelingen.
Dann nahm er einen dünnern Draht
und einen dünnsten noch –
es dauerte zwei Jahre grad,
dann konnte er's jedoch.

Und schließlich kam das siebte Jahr,
da tanzte er auf einem Haar,
gespannt von Turm zu Turme,
dort schritt er hin im Sturme.
Das Publikum sah schweigend zu
und hielt die Hüte fest.
Dann aber kam der letzte Clou*,
der sich kaum glauben lässt:

Denn eines Tags um acht Uhr früh,
da spannt er *nichts* mehr zwischen sie:
Er tanzte auf der Leere,
als ob dort etwas wäre!
Hoch überm Abgrund ging er zwar
mit leichtem Tänzerschritt,
doch weil er ohne Halt nun war,
nahm ihn ein Windstoß mit.

Wer weiß, wohin der Wind ihn trieb?
Ein Astronom* allein beschrieb,
was er im Fernrohr schaute,
im Sternbild Argonaute*:
Es sei, sprach er, gewiss kein Traum.
Er habe ihn gesehn,
von Stern zu Stern im Himmelsraum
wie einen Tänzer gehn!

das Tau: dickes Seil

der Clou: Höhepunkt

der Astronom: Wissenschaftler, der die Sterne erforscht

das Sternbild Argonaut: eine Gruppe von Sternen in einer bestimmten Anordnung

2 Wie wirkt das Erzählgedicht auf dich? Nenne Stimmungen, z. B.: *heiter, nachdenklich, ernst, traurig*
Begründe deine Meinung.

die Wirkung des Gedichts beschreiben

3 Lies das Erzählgedicht noch einmal. Kläre Wörter, die du nicht verstanden hast, durch Nachdenken, Nachschlagen oder Nachfragen.

unbekannte Wörter klären
→ S. 209

den Inhalt zusammenfassen

4 **a)** Entwickle zum Erzählgedicht einen roten Faden: Notiere zu jeder Strophe wichtige Stichwörter auf einem Kärtchen.

den Inhalt mündlich wiedergeben

b) Erzähle einer Lernpartnerin / einem Lernpartner mit Hilfe deiner Kärtchen den Inhalt des Erzählgedichts flüssig und anschaulich mit deinen eigenen Worten.

eine neue Überschrift suchen

5 Gib dem Erzählgedicht eine neue Überschrift.

den Aufbau des Gedichts untersuchen

6 **a)** Aus wie vielen Strophen besteht das Erzählgedicht? Wie viele Verse haben die einzelnen Strophen?

b) Lies erneut die erste Strophe. Welche Verse reimen sich?

c) Lies die Informationen im Merkkasten.

! Reimformen

- Wenn sich zwei direkt aufeinanderfolgende Verse reimen, dann nennt man dies *Paarreim*.
- Wenn sich das Wort am Ende des Verses mit dem übernächsten Vers reimt, spricht man von *Kreuzreim*.

Paarreim	**Kreuzreim**
Es war ein Tänzer auf dem Seil	*Ihm lag nicht viel an Gut und Geld,*
mit Namen Felix Fliegenbeil.	*nichts an der Menge Gunst.*
Der größte aller Zeiten.	*Ihm ging's nicht um den Ruhm der Welt,*
Das kann man nicht bestreiten.	*ihm ging es um die Kunst.*

die Reimform bestimmen

d) Bestimme die Reime in der zweiten Strophe des Erzählgedichts. Was fällt dir auf?

Merkmale von Erzählgedichten kennen

7 Was ist ein Erzählgedicht? Lies den folgenden Text und notiere die wichtigsten Informationen in Stichwörtern in dein Heft.

! Merkmale eines Erzählgedichts

- Ein **Erzählgedicht** (eine Ballade) ist meist gereimt und in Strophen unterteilt.
- Es erzählt normalerweise eine Geschichte, oft über ein spannendes Ereignis.
- Erzählgedichte enthalten oft wörtliche Rede.
- Erzählgedichte sind unterhaltsam, manchmal auch belehrend.

8 Prüfe, welche Merkmale eines Erzählgedichts auf die „Ballade vom Seiltänzer Felix Fliegenbeil" zutreffen.

Merkmale eines Erzählgedichts überprüfen

9 Bereite dich auf den Vortrag des Erzählgedichts vor.
Achte besonders auf den Vortrag der wörtlichen Rede (Z. 14–16, Z. 29–32). Beachte auch die Fragen in der Checkliste.

einen Gedichtvortrag vorbereiten

10 Setzt euch zu dritt zusammen. Tragt nacheinander das Erzählgedicht vor und bewertet die Vorträge mit Hilfe der folgenden Checkliste.

ein Erzählgedicht vortragen

Checkliste: Einen Gedichtvortrag bewerten
Folgende Fragen helfen dir, den Vortrag eines Erzählgedichts einzuschätzen:
- War der Vortrag sicher und flüssig?
- War das Tempo angemessen?
- Wurden an passenden Stellen Pausen gemacht?
- Wurden einzelne Wörter und Verse passend betont?
- Wurde die wörtliche Rede so gesprochen, dass man sich die Figuren gut vorstellen konnte?
- Stand die/der Vortragende sicher und hielt Blickkontakt zum Publikum?

! Bänkelgesang

Erzählgedichte kann man nicht nur vortragen, man kann sie auch singen – oder rappen.
Fahrende Sänger zogen früher zu Märkten und Plätzen und trugen dort zur Unterhaltung Geschichten in Liedform vor. Sie zeigten oftmals zu den Strophen große Bilder, um ihren Vortrag anschaulich zu machen. Dabei standen sie oft auf einer kleinen Bank. Daher kommt auch die Bezeichnung **Bänkelgesang** (oder kurz **Bänkelsang**).

Zu einem Erzählgedicht malen, singen, rappen ...

Vermutungen anstellen und überprüfen

1 **a)** Auch im folgenden Gedicht wird eine Geschichte erzählt. Lies die Überschrift. Wovon könnte der Text handeln?

b) Lies das Erzählgedicht. Worum geht es darin? Treffen deine Vermutungen zu?

Peter Hacks
Ballade vom schweren Leben des Ritters Kauz vom Rabensee

Es war ein alter Ritter,
Herr Kauz vom Rabensee.
Wenn er nicht schlief, dann stritt er.
Er hieß: der Eiserne.

Sein Mantel war aus Eisen,
Aus Eisen sein Habit*.
Sein Schuh war auch aus Eisen.
Sein Schneider war der Schmied.

Ging er auf einer Brücke
Über den Rhein – pardauz!
Sie brach in tausend Stücke.
So schwer war der Herr Kauz.

Lehnt er an einer Brüstung,
Es macht sofort: pardauz!
So schwer war seine Rüstung.
So schwer war der Herr Kauz.

Und ging nach solchem Drama
Zu Bett er, müd wie Blei:
Sein eiserner Pyjama*
Brach auch das Bett entzwei.

Der Winter kam mit Schnaufen,
Mit Kälte und mit Schnee.
Herr Kauz ging Schlittschuh laufen
Wohl auf dem Rabensee.

Er glitt noch eine Strecke
Aufs stille Eis hinaus,
Da brach er durch die Decke
Und in die Worte aus:

Potz Bomben und Gewitter,
Ich glaube, ich ersauf!
Dann gab der alte Ritter
Sein schweres Leben auf.

der Pyjama: Schlafanzug

der Habit: das Gewand (Kleidung)

die Wirkung des Gedichts beschreiben

2 Wie wirkt das Erzählgedicht auf dich? Nenne Stimmungen, z. B.:
heiter, ernst, nachdenklich, traurig
Nenne Textstellen zur Begründung deiner Meinung.

unbekannte Wörter klären

3 Lies das Erzählgedicht noch einmal. Kläre Wörter, die du nicht verstanden hast.

4 Um welche „Schwere" geht es im Leben des Ritters Kauz?

den Inhalt mündlich wiedergeben

5 Erzähle den Inhalt des Erzählgedichts kurz einer Lernpartnerin oder einem Lernpartner.

6 Prüfe, welche Merkmale eines Erzählgedichts auf das Gedicht von Peter Hacks zutreffen.

Merkmale eines Erzählgedichts überprüfen
→ S. 94

7 Untersuche den Aufbau und die Form des Gedichts.

a) Aus wie vielen Strophen besteht es? Wie viele Verse haben die einzelnen Strophen?

b) Benenne die Reimform und erkläre, woran du sie erkannt hast.

Aufbau und Form des Gedichts untersuchen

8 Vergleiche die beiden Figuren Felix Fliegenbeil und Ritter Kauz vom Rabensee.

a) Suche für beide Figuren jeweils fünf Adjektive, die sie treffend beschreiben.

b) Notiere Gemeinsamkeiten und Unterschiede der beiden Figuren in Stichwörtern.

die Figuren untersuchen

9 Arbeitet zu zweit oder zu dritt.

a) Übt gemeinsam den Gedichtvortrag der „Ballade vom schweren Leben des Ritters Kauz vom Rabensee".

b) Wählt eine oder mehrere der folgenden Aufgaben zur besonderen Gestaltung eures Vortrags aus:

Malt zu allen Strophen des Gedichts große Bilder, die passend zu den Strophen präsentiert werden.	Tragt das Gedicht als Sprechgesang oder Rap mit passenden Gesten* vor.
Singt das Gedicht mit einer erfundenen Melodie vor.	Tragt das Gedicht mit verteilten Rollen vor.

einen Gedichtvortrag in der Gruppe vorbereiten

die Geste: Bewegung mit den Armen und Händen

TIPP
Teilt die Strophen vorher untereinander auf und lernt sie auswendig.

Das habe ich gelernt

- *Das hat mir bei der Arbeit mit diesem Kapitel gut gefallen: ...*
- *Damit hatte ich Schwierigkeiten: ...*
- *Das weiß ich jetzt über Erzählgedichte: ...*
- *Wenn ich ein Gedicht untersuche, gehe ich so vor: ...*
- *Diese Reimformen kenne ich: ...*

Schreibe in dein Heft oder dein Portfolio.

Anwenden und vertiefen

ein Erzählgedicht untersuchen
- Vermutungen über den Inhalt anstellen
- Gedicht lesen
- Wirkung beschreiben
- Gedicht nochmals lesen, unbekannte Wörter klären
- Inhalt zusammenfassen, mündlich erzählen
- Aufbau untersuchen (Verse, Strophen)
- Reimform bestimmen (Paarreim, Kreuzreim)

Robert Gernhardt
Heut singt der Salamanderchor

Heut singt der Salamanderchor
die allerschönsten Lieder.
Doch da er gar nicht singen kann,
hallt es entsetzlich wider.

Rings um das Haus ist's warm und still,
drin schrein die Salamander.
Sie brüllen, lärmen, plärrn, krakeeln
und alle durcheinander.

Die Katze schaut ins Zimmer rein,
da wird's auf einmal leiser.
„Ich bitt' euch", sagt sie, „schreit nicht so!
Ihr seid ja schon ganz heiser!"

Die Katze geht. Es ist sehr still.
Man hört die Hummeln brummen.
Ein Kuckuck ruft. Fern bellt ein Hund.
Doch dann ertönt ein Summen.

Ein Summen erst, und dann ein Schrein –
das sind die Salamander.
Schon sind sie wieder voll in Fahrt
und brüllen durcheinander:

„Hier singt der Salamanderchor
die allerschönsten Lieder.
Auch wenn es manchem gar nicht passt:
Wir singen immer wieder!"

ein Erzählgedicht untersuchen

1 Lies das Gedicht und untersuche es. Gehe so vor, wie du es in diesem Kapitel gelernt hast.

den Inhalt mündlich wiedergeben

2 Entwickle einen roten Faden und erzähle einer Lernpartnerin / einem Lernpartner den Inhalt des Gedichts.

eine neue Überschrift suchen

3 Erfinde eine neue Überschrift für das Gedicht.

einen Gedichtvortrag vorbereiten

4 Übt zu zweit einen Vortrag, z. B. als Rap, als Bänkelsang mit Bildern, auswendig oder mit verteilten Rollen.

Merkmale eines Erzählgedichts überprüfen

5 Prüfe, welche Erzählgedicht-Merkmale (Seite 94) auf das Gedicht zutreffen.

Sich mit Sprache verständigen

Sich angemessen ausdrücken

Was weißt du schon?

- Lest die Unterhaltungen mit verteilten Rollen vor.
- Bei welchem Gespräch „verstehen“ sich die beiden Personen gar nicht? Begründe.
- Verhalten sich die Personen in den Gesprächen angemessen? Begründe.
- Hast du ähnliche Situationen selbst schon einmal erlebt? Berichte davon.

Miteinander sprechen – mit Erfolg?

Gespräche untersuchen

1 Oft tauchen in Gesprächen Probleme auf, weil sich die Personen nicht „verstehen“. Untersuche die Schwierigkeiten bei diesen Gesprächen.

Lehrerin: Tragt ihr heute bitte die Bücher zurück?
Tom und Ali: Wieso immer wir? Die anderen kommen nie dran!
Lehrerin: …

Emil: Könntest du bitte die Tür hinter dir zumachen?
Laila: Du hast sie gestern auch aufgelassen!
Emil: …

a) Wie könnten die Gespräche weitergehen? Wähle einen der beiden Anfänge aus und setze ihn in deinem Heft fort.

b) Wie kann die Verständigung deiner Meinung nach gelingen? Schreibe eines der beiden Gespräche neu.

c) Spiele deinen neuen Gesprächsanfang gemeinsam mit einer Lernpartnerin / einem Lernpartner in der Klasse vor.

Sich mündlich entschuldigen – angemessen?

Ein Mann kommt in die Arztpraxis: „Ey, sorry, Doc! Den Termin habe ich total verpennt!“

Eine Schülerin erscheint im Unterricht: „Entschuldigen Sie, Herr Paulsen, dass ich zu spät bin. Ich habe Frau Alt geholfen, Wörterbücher in die Bibliothek zu tragen.“

Eine Frau kommt zu einer Freundin ins Restaurant: „Ich grüße dich! Es ist mir unangenehm, dir mitzuteilen, dass mich das Verkehrsaufkommen daran gehindert hat, pünktlich am Tisch zu erscheinen. Ich bitte dich um Verzeihung.“

Am Bahnhof gibt es eine Lautsprecherdurchsage: „Hallo Fahrgäste! Der Zug kommt heute später! Tut uns echt leid!“

angemessene Formulierungen verwenden

2 Hier entschuldigen sich vier Personen in vier verschiedenen Situationen für eine Verspätung.

a) Nur eine der vier Entschuldigungen ist angemessen. Welche? Begründe deine Meinung.

b) Schreibe die anderen Entschuldigungen so um, dass sie deiner Meinung nach angemessen sind.

Sich schriftlich entschuldigen – angemessen?

3 Auch bei einer schriftlichen Entschuldigung kommt es darauf an, sich angemessen auszudrücken.

a) Lies Claras Entschuldigung und überlege, was gelungen ist und was nicht. Begründe deine Meinung.

> 26. März 2009
>
> Hallo Herr Kunze,
> morgen Nachmittag kann ich nicht zur Theaterprobe kommen. Sorry! Aber ich habe einen superwichtigen Arzttermin. Welche Texte werden wir diese Woche denn üben? Wenn ich Zeit habe, kann ich das ja dann vielleicht noch vor der Aufführung nacharbeiten.
> Tschüs dann
>
> Ihre Clara

b) Überarbeite die Entschuldigung und schreibe sie neu. Diese Textbausteine können dir dabei helfen:

> Neustadt, 26. März 2009
> Sehr geehrter Herr Kunze,

> da ich morgen einen wichtigen Arzttermin habe, ... / wegen eines wichtigen Arzttermins ...

> kann ich morgen leider nicht an der Theaterprobe teilnehmen, ... / verpasse ich leider ...

> Bitte entschuldigen Sie ... / Entschuldigen Sie, dass ich ...

> Selbstverständlich werde ich ...

> Mit freundlichen Grüßen
> Clara Schmidt

eine Entschuldigung schreiben

HILFEN
sich angemessen entschuldigen:
- *Hiermit möchte ich mein Fehlen / meine Verspätung entschuldigen ...*
- *Ich konnte gestern leider nicht kommen, weil ...*
- *Ich war gestern leider verspätet, weil ...*
- *Bitte entschuldigen Sie mein Fehlen / meine Verspätung ...*

Das habe ich gelernt

Sprich mit einer Lernpartnerin / einem Lernpartner und schreibe in dein Heft oder Portfolio.

- Sich angemessen auszudrücken heißt, ...
- In diesen Situationen muss man sich angemessen entschuldigen: ...
- Das muss ich bei einer mündlichen/schriftlichen Entschuldigung beachten: ...
- Darin möchte ich mich noch verbessern: ...

Anwenden und vertiefen

eine Entschuldigung beurteilen

1 a) Arbeitet zu zweit. Lest die folgende E-Mail und nennt Stellen, die überarbeitet werden müssen.

Achtung: Fehler!

```
Betreff: Alles klar??!
hi herr meier!
sie wollten heute die anmeldung für den ausflug
haben. hatte ich leider vergessen ;-(((((
hab total viel zu tun …
ich komme aber mit, freu mich!!!!!
Tschüssss!
```

eine Entschuldigung überarbeiten

b) Überarbeite die E-Mail und schreibe sie neu. Beachte dabei auch die richtige Groß- und Kleinschreibung. Diese Textbausteine können dir dabei helfen:

Betreff: Anmeldung zum ...

Sehr geehrter Herr Meier,

---

leider habe ich heute ...
als Sie heute die Anmeldungen einsammeln wollten, ...
da wir in einer Woche einen Ausflug machen und ich heute ...

Es tut mir leid, dass ich ...
Bitte entschuldigen Sie ...
Entschuldigen Sie, dass ich ...

Ich möchte Ihnen mitteilen, dass ich am Ausflug ...
Meine Eltern geben mir die Erlaubnis, ...

Mit freundlichen Grüßen
Ihr/Ihre ...

---

eine Entschuldigung schreiben

2 a) Du hast eine schriftliche Hausaufgabe zu spät abgegeben. Schreibe dafür eine Entschuldigung.

b) Überarbeite die Entschuldigung zum Schluss und überprüfe die Rechtschreibung und Zeichensetzung.

eine E-Mail schreiben

3 Schreibe eine E-Mail für einen der beiden Anlässe:
- *Du bittest eine Lehrkraft, den Termin für einen Gedichtvortrag um eine Unterrichtsstunde zu verschieben.*
- *Für die Planung eines Ausflugs erfragst du bei der Schwimmhalle, ob die Reparaturen schon beendet sind.*

Mit Wörtern umgehen

Wortarten und ihre Funktion kennen

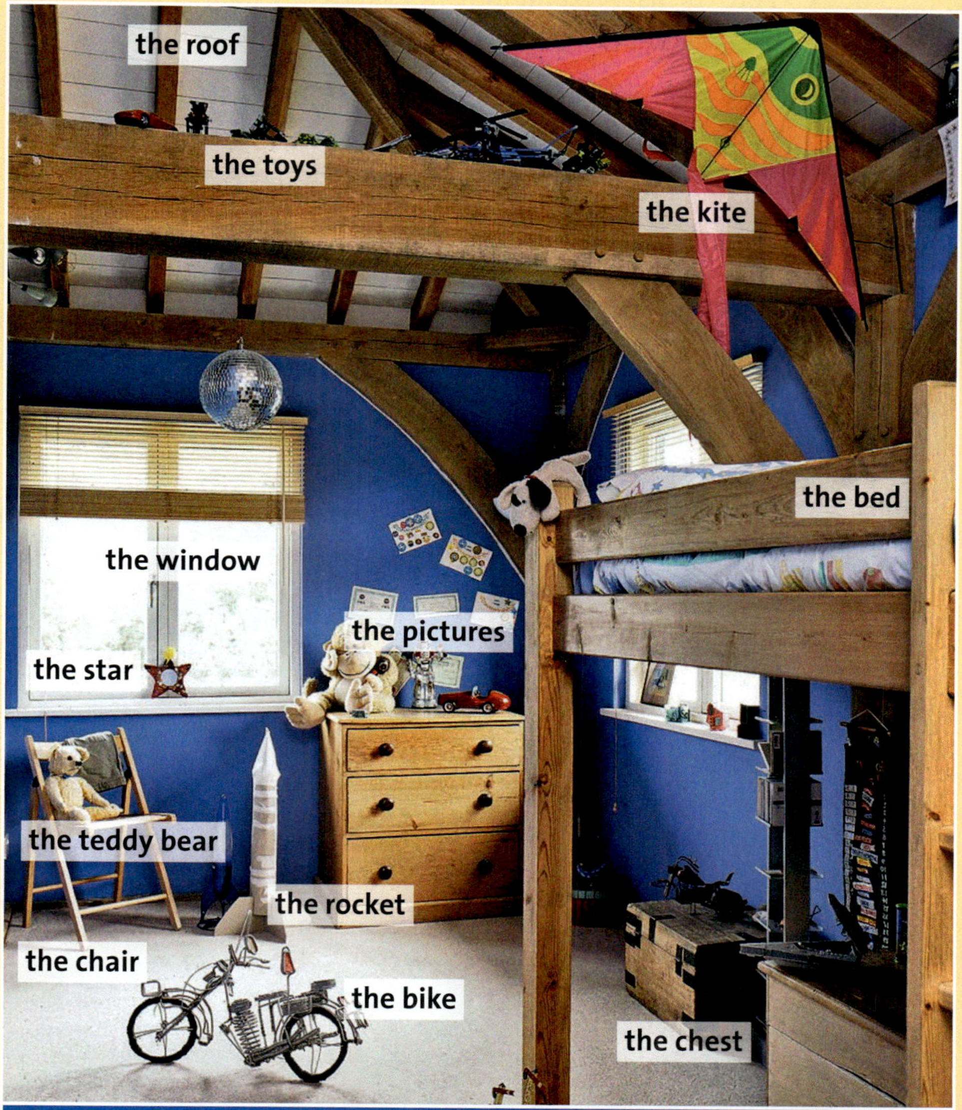

Was weißt du schon?

- Versuche, einige dieser Wörter ins Deutsche zu übersetzen.
- Schreibe fünf englische Nomen mit ihren Artikeln und ihrer deutschen Übersetzung auf, z. B.:
  the roof – das Dach
- Wie unterscheidet sich der Artikel in der deutschen Sprache von dem in der englischen Sprache?
- Wer ist „der beste Freund“ des Artikels? Nenne die Wortart.

Nomen, Pronomen und Adjektiv

Nomen und ihre Bedeutung

INFO
das Nomen
(Plural: die Nomen)
- Nomen bezeichnen Dinge, Lebewesen, Gedanken und Gefühle.
- Man verwendet sie im Singular (Einzahl) oder im Plural (Mehrzahl), z. B.: *das Kind – die Kinder*
- Nomen werden großgeschrieben.

1 Peter Bichsel erzählt in „Ein Tisch ist ein Tisch" von einem Mann, der sich über die Namen der Dinge Gedanken macht.

a) Lies diesen Ausschnitt aus der Geschichte.

Peter Bichsel
Ein Tisch ist ein Tisch

„Immer derselbe Tisch", sagte der Mann, „dieselben Stühle, das Bett, das Bild. Und dem Tisch sage ich Tisch*, dem Bild sage ich Bild, das Bett heißt Bett und den Stuhl nennt man Stuhl. Warum denn eigentlich?" Die Franzosen sagen dem Bett ‚li', dem Tisch ‚tabl', nennen das Bild ‚tablo' und den Stuhl ‚schäs', und sie verstehen sich. Und die Chinesen verstehen sich auch."

dem Tisch sage ich Tisch: (*schweizerisch*) den Tisch nenne ich Tisch

b) Peter Bichsel schreibt in diesem Text die französischen Nomen so, wie man sie spricht. Ordne ihnen die Schreibfassung zu: *tableau, lit, table, chaise*.

c) Welche Gemeinsamkeiten und Unterschiede zwischen den Sprachen stellst du fest?

2 **a)** Schreibe fünf deutsche Nomen mit ihrem Artikel aus dem Text heraus.

b) Erkläre, woran man Nomen im Deutschen erkennen kann.

die Funktion von Nomen verstehen

3 Hier gehören jeweils drei Nomen in eine Gruppe.

Idee	Flughafen	Vogel	Angst	Telefon
Kind	Wunsch	Wal	Wand	

a) Schreibe die drei Wörtergruppen auf und notiere zu jedem Nomen den Artikel, z. B.:
der Vogel, das Kind

b) Erkläre, warum die Nomen jeweils in eine Gruppe gehören.

c) Suche Oberbegriffe für die Gruppen und schreibe sie auf, z. B.:
Lebewesen: der Vogel, das Kind

d) Suche für jede Gruppe fünf weitere Nomen und schreibe sie mit ihrem Artikel auf, z. B.:
Lebewesen: das Pferd, die Schlange

INFO
Ein **Oberbegriff** umfasst verschiedene Wörter, die in eine Gruppe gehören, z. B.:
Blumen:
die Rose, die Nelke, die Tulpe
Gefühle und Gedanken:
die Freude, die Sorge

4 Wie viele Nomen mit ähnlicher Bedeutung findest du? Setze die Reihe fort und schreibe Nomen mit ihren Artikeln auf.
- *der Stuhl: der Hocker, der Sessel, ...*
- *der Stift: der Füller, ...*
- *die Party: die Feier, ...*
- *das Zimmer: der Raum, ...*

Nomen zu Wortfeldern suchen

INFO
Ein **Wortfeld** besteht aus mehreren Wörtern mit einer ähnlichen Bedeutung, z B.: *laufen, rennen, rasen*

Possessivpronomen und ihre Bedeutung

5 **a)** Lies die Aussagen in den Sprechblasen.

b) Womit kannst du besser ausdrücken, dass etwas zu jemandem „gehört"? Schreibe die Sätze um.

die Funktion von Possessivpronomen verstehen

! Possessivpronomen

Pronomen (Fürwörter) sind Stellvertreter oder Begleiter von Nomen.
Possessivpronomen (besitzanzeigende Fürwörter) geben an, zu wem etwas gehört:

Singular (Einzahl)	**Plural (Mehrzahl)**
1. Person: *mein/meine* 2. Person: *dein/deine* 3. Person: *sein/seine, ihr/ihre*	1. Person: *unser/unsere* 2. Person: *euer/eure* 3. Person: *ihr/ihre*

INFO
Personalpronomen können Nomen ersetzen:
Singular (Einzahl)
1. Person: *ich*
2. Person: *du*
3. Person: *er/sie/es*
Plural (Mehrzahl)
1. Person: *wir*
2. Person: *ihr*
3. Person: *sie*

6 **a)** Im folgenden Text fehlen alle Possessivpronomen. Lies den Text und finde heraus, welche Lieblingstiere gemeint sind.

Lieblingstiere im Zoo

Ich bezahle ...... Eintrittskarten, während du ...... Lieblingstier entdeckst. Es ist groß und grün und ...... Maul ist lang und voller spitzer Zähne. Eine ganze Horde ist zu sehen: Gemütlich schwimmen sie im Becken ...... Bahnen. ...... Lieblingstier ist klein und grau. ...... Keller ist ...... Zuhause und vom Zoo hat sie bestimmt noch nie gehört.

dein mein ihre ihr unsere sein unser

b) Schreibe den Text ab und ergänze ihn dabei mit Hilfe der Wörter aus dem Kasten.

7 Bilde mit den Wörtern in der Tabelle sinnvolle Sätze mit der passenden Personalform des Verbs und schreibe sie auf, z. B.:
Ihr verkauft euer Auto. Wir suchen unsere ...

Ich Du Er/Sie/Es Wir Ihr Sie	verkaufen suchen holen	meinen/meine/mein deinen/deine/dein seinen/seine/sein	Auto ....

Adjektive verwenden

8 Oft spielen Adjektive in Gedichten eine wichtige Rolle.

a) Lies das Elfchen und schreibe alle Adjektive heraus.

Winter

eisig
der Morgen
Fußspuren im Schnee
ich mag weiße Flocken
schön!

b) Wie hast du die Adjektive erkannt?

c) Was kannst du mit Adjektiven tun? Beschreibe, wie sie einen Satz verändern können.

INFO
Ein **Elfchen** ist ein Gedicht aus elf Wörtern, die so angeordnet sind:

___
___ ___
___ ___ ___
___ ___ ___ ___
___

die Funktion von Adjektiven kennen

9 Schreibe selbst ein Elfchen mit der Überschrift „Februar".

a) Sammle zunächst Adjektive, die zum Thema passen.

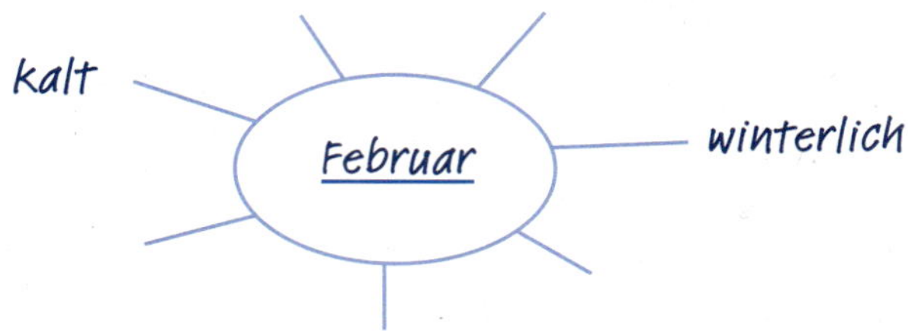

b) Schreibe das Elfchen nach dem typischen Elfchen-Bauplan.

10 **a)** Betrachte das Bild von Quint Buchholz und benenne die Dinge, die du darauf erkennst, z. B.:
das Eis, der Mann

b) Suche zu jedem Begriff passende Adjektive und schreibe sie auf, z. B.:
- *Person hinten im Bild: unheimlich, dunkel, ...*
- *Eis: kalt, brüchig, ...*

c) Beschreibe Einzelheiten im Bild möglichst genau, indem du passende Adjektive verwendest, z. B.:
Neben einem hellen Licht steht eine unheimliche Gestalt.

11 **a)** Schreibe eine Geschichte zu dem Bild und gib ihr eine passende Überschrift.

b) Überprüfe, ob du in deiner Geschichte passende Adjektive verwendet hast.

Das Adjektiv (Plural: die Adjektive)

- Adjektive bezeichnen **Eigenschaften** von Dingen, Lebewesen und Gefühlen.
- Sie sagen etwas darüber aus, **wie** ein Ding, Lebewesen oder Gefühl ist.
- Adjektive werden kleingeschrieben.

TIPP
Typische Endungen wie *-ig, -isch, -lich, -sam* und *-bar* können dir helfen, geeignete Adjektive zu bilden.

TIPP
Wenn du dir nicht sicher bist, ob ein Wort ein Adjektiv ist, kannst du es **steigern.** Die meisten Wörter, die man steigern kann, sind Adjektive.
- Besondere Adjektive: *gut – besser – am besten*, *hoch – höher – am höchsten*
- Diese Adjektive, kann man nicht steigern: *schwanger, tot, kaputt, hölzern*

INFO
Bei der **Steigerung** der Adjektive unterscheidet man drei Formen:
- **Positiv** (Grundform), z. B.: *schnell*
- **Komparativ,** z. B.: *schneller*
- **Superlativ,** z. B.: *am schnellsten*

INFO
Bei einem **Akrostichon** ergeben die Anfangsbuchstaben der Verse von oben nach unten gelesen ein Wort.

12 Adjektive kannst du auch in einem Namen-Akrostichon verwenden, z. B.:

LENA	SINAN
LUSTIG	SPORTLICH
ENERGISCH	INTELLIGENT
NACHDENKLICH	NETT
ALBERN	AKTIV
	NEUGIERIG

a) Verfasse ein Akrostichon mit deinem Namen.

b) Denke dir ein Akrostichon mit dem Namen einer Freundin / eines Freundes aus und schreibe es auf.

Adjektive in Sätzen verwenden

13 Adjektive verändern ihre Form, wenn sie zusammen mit Nomen verwendet werden, z. B.:
*lustig – der **lustige** Hund, ein **lustiger** Hund*

a) Sieh dir noch einmal das Namen-Akrostichon von Lena in Aufgabe 12 an. Schreibe dann die folgenden Sätze ab und setze dabei die Adjektive aus dem Akrostichon in der richtigen Form ein.
– *Lena ist ein lustiges ......, ... und manchmal ...... Mädchen.*
– *Lena, die ......, ..., ... und manchmal ...... Schülerin aus der 6a, ist Sinans beste Freundin.*
– *Ich habe mich gestern mit der ......, ..., ... und manchmal ...... Lena aus der 6a getroffen.*

b) Lies das Akrostichon von Sinan (Aufgabe 12). Schreibe die fünf Adjektive heraus und verwende sie dann in Sätzen.

Das habe ich gelernt

- Wofür braucht man Nomen und Adjektive und wie kann man sie jeweils erkennen?
- Schreibe zwei kurze Informationstexte für dich:
  – *Alles, was ich über Nomen weiß:*
  – *Alles, was ich über Adjektive weiß:*
- Nenne jeweils fünf Personalpronomen und fünf Possessivpronomen. Wodurch unterscheiden sie sich voneinander?
- Das habe ich in diesem Kapitel neu dazugelernt: ...
- Das möchte ich noch üben und verbessern: ...

Schreibe in dein Heft oder Portfolio.

Präpositionen verwenden

1 a) Lies die folgenden ungewöhnlichen Schlagzeilen.

mit Präpositionen Sätze bilden

Einjähriger verreist

Im Juli gibt es Schnee

Wissenschaftler sucht nach Leben im All

b) Erweitere die Schlagzeilen durch Satzglieder aus dem Kasten und mache so aus den unglaublichen Nachrichten ganz gewöhnliche.

aus der Schneekanone ohne jeden Erfolg mit seinen Eltern

c) Denke dir weitere ungewöhnliche Schlagzeilen aus, in denen die Wörter *mit, durch, gegen* und *ohne* vorkommen.

2 a) Schreibe die folgenden Schlagzeilen ab und setze die Wörter ***mit, aus, von, durch, gegen, ohne*** sinnvoll ein.

Präpositionen richtig verwenden

- *Unbekannter Wal ...... dem Meer gefischt*
- *Dampfer ...... eine Kaimauer gefahren*
- *Fußspuren ...... einem Yeti entdeckt*
- *Verschollene Seeleute ...... einen Zufall gerettet*
- *Touristen ...... einem Außerirdischen verwechselt*
- *200 Meter tief ...... ein Sauerstoffgerät getaucht*

b) Was sagen die Wörter *aus, ohne* und *mit* in den Sätzen aus? Versuche, ihre Bedeutung mit eigenen Worten zu umschreiben.

! Präpositionen

- Wörter, mit denen man ausdrückt, in welcher **Beziehung** Lebewesen, Gegenstände und Sachverhalte zueinander stehen, nennt man **Präpositionen**.
- Nach einer Präposition folgt immer ein ganz bestimmter **Fall,** z. B.:
  Zur Schule fährt er mit ***dem Fahrrad.*** (Dativ)
  Wir finden den Weg ohne ***die Karte*** *nicht.* (Akkusativ)

INFO
häufig verwendete Präpositionen:
mit Dativ:
aus, bei, mit, nach, seit, von, zu
mit Akkusativ:
durch, für, gegen, ohne, um

**Wechsel-
präpositionen
unterscheiden**

3 **a)** In den beiden folgenden Sätzen wird dieselbe Präposition verwendet. Trotzdem unterscheiden sie sich. Erkläre, warum.

– *Eine Katze läuft auf das Dach.*
– *Eine Katze läuft auf dem Dach.*

b) Versuche, die unterstrichenen Satzglieder einmal mit *Wo?* und einmal mit *Wohin?* zu erfragen. Was fällt dir dabei auf?

INFO

mask.	fem.	neut.
Nominativ		
der	*die*	*das*
Dativ		
dem	*der*	*dem*
Akkusativ		
den	*die*	*das*

4 Ergänze die Sätze, indem du einmal angibst, wo sich das Subjekt des Satzes befindet, und einmal, wohin es sich bewegt. Beachte dabei die Veränderung des Artikels.

Ein Junge springt in den *See.*
Ein Junge schwimmt .... *See.*

Ein Hund rennt .... *Straße.*
Ein Hund spielt .... *Straße.*

Wechselpräpositionen

- **Wechselpräpositionen** sind Präpositionen, auf die entweder der Dativ oder der Akkusativ folgen kann. Dazu gehören:
  in, an, auf, über, unter, vor, hinter, neben, zwischen
- Auf eine Wechselpräposition folgt der **Dativ**, wenn damit auf einen Ort verwiesen wird. Du fragst *Wo?*, z. B.:
  Das Buch liegt auf ***dem*** *Tisch. →* ***Wo*** *liegt das Buch?*
- Auf eine Wechselpräposition folgt der **Akkusativ**, wenn damit auf eine Richtung verwiesen wird. Du fragst *Wohin?*, z. B.:
  Ich lege das Buch auf ***den*** *Tisch. →* ***Wohin*** *lege ich das Buch?*

**Wechsel-
präpositionen
verwenden**

5 Trainiere die Verwendung der Wechselpräpositionen mit einer Lernpartnerin / einem Lernpartner. Beschreibt Ort (*Wo?*) und Bewegungsrichtung (*Wohin?*) von Personen oder Gegenständen, z. B.:

– Ein alter Mann sitzt in einem Café. – Wo sitzt ... ?
– Zwei Kinder springen in den Bus. – Wohin ...?

Das habe ich gelernt

- Was ist eine Präposition? Erkläre und nenne Beispiele.
- Schreibe fünf Sätze mit Präpositionen zum Thema „Mein Zimmer“ auf, z. B.:
  Mein Bett steht an der Wand. Auf dem Boden liegen ...
  Unterstreiche die Präpositionen.
- *Das Besondere bei Wechselpräpositionen ist, dass ...*
  Setze den Satz fort.

Anwenden und vertiefen

1 Übertrage den Cluster zum Thema „Reise“ und ergänze zu jedem Ärmchen drei weitere passende Nomen mit Artikel.

Nomen zu einem Thema sammeln

2 a) Suche zu den folgenden schwierigen Nomen im Plural die richtige Form im Singular und schreibe beide Formen nebeneinander auf.

die Pizzen	die Atlanten	die Lexika	die Praktika
die Konten	die Zentren	die Alben	die Globen

b) Schlage die Wörter zur Kontrolle im Wörterbuch nach.

schwierige Pluralformen kennen

TIPP
Manche Nomen haben **unregelmäßige Pluralformen.** Im Wörterbuch sind sie meistens bei der Singularform mit aufgeführt.

3 Kombiniere die Spalten und schreibe sinnvolle Sätze auf. Unterstreiche die Possessivpronomen im Satz, z. B.:
Wir streichen unsere neue Wohnung.

Wir streichen	**dein**	Tempo.
Du reparierst	**ihre**	ganzes Geld.
Er verschenkt	**unsere**	Geschichte.
Ich verliere	**eure**	Geduld.
Die Lampe verliert	**ihr**	Fotos.
Ihr entwickelt	**ihre**	neue Wohnung.
Die Schnecke mag	**sein**	Fahrrad.
Die alte Frau erzählt	**meine**	Leuchtkraft.

Possessivpronomen verwenden

4 a) Lies folgenden Satz, in dem alle Adjektive fehlen.

In dem Land, in dem alles anders ist
In diesem Land gibt es ...... Straßen, ... Häuser, ... Bäume, ... Schulen, ... Menschen, ... Katzen und ...... Hunde.

b) Schreibe den Satz ab und setze dabei passende Adjektive ein.

passende Adjektive verwenden

5 Schreibe einen eigenen Text mit der Überschrift „Der Tag, an dem alles anders ist“ und verwende passende Adjektive.

Verben verwenden

INFO
das Verb (Plural: die Verben)
- Verben bezeichnen Tätigkeiten und Zustände.
- Sie sagen etwas darüber aus, was getan wird und was passiert.

INFO
Verben konjugieren
- Wenn man die **Personalform** eines Verbs bildet, **konjugiert** man es. Die Personalformen des Verbs *laufen* sind z. B.: *ich laufe, du läufst, er/sie/es läuft, wir laufen, ihr lauft, sie laufen*
- Bei vielen unregelmäßigen Verben ändert sich dabei der Vokal im Wortstamm, z. B.: *ich gebe – du gibst*
- Bei trennbaren Verben besteht das Verb aus zwei Teilen, z. B.: *einkaufen – Ich **kaufe** Brot **ein**.*

INFO
Ein **Wortfeld** besteht aus mehreren Wörtern mit einer ähnlichen Bedeutung, z B.: *laufen, rennen, rasen*

1 Was ist ein Verb? Erkläre, wie du Verben von anderen Wortarten unterscheiden kannst.

2 Suche dir eine Lernpartnerin / einen Lernpartner. Übt die Verbformen der unregelmäßigen Verben.

a) Schreibt die Personalpronomen im Singular (*ich, du, er/sie/es*) und im Plural (*wir, ihr, sie*) auf Karteikarten.

b) Schreibt die Infinitive der folgenden Verben ebenfalls auf Karteikarten.

helfen	erraten	treten	werfen	einladen
erfahren	vorlesen	fernsehen	leihen	singen

c) Legt die beiden Kartenstapel umgekehrt hin und deckt abwechselnd jeweils ein Personalpronomen und ein Verb auf. Konjugiert das Verb und bildet dazu einen vollständigen Satz, z. B.:

du | *erfahren* → *Du erfährst eine Neuigkeit.*

3 Hier gehören jeweils drei Verben zu dem gleichen Wortfeld.

rufen	quatschen	flüstern
aufschnappen	lauschen	schmökern
entziffern	überfliegen	horchen

a) Ordne die Verben und schreibe die Wortfelder auf.

b) Suche für jedes Wortfeld einen Oberbegriff, der erklärt, was die Wörter des Wortfeldes gemeinsam haben.

c) Suche zwei weitere Verben zu jedem Wortfeld.

4 **a)** Lies die Sätze zu vier Verben aus dem Kasten in Aufgabe 3.
- *In der Pause schnappt er einen neuen Witz auf.*
- *Gemütlich entziffert er sein Lieblingsbuch.*
- *Er quatschte, um die anderen nicht zu stören.*
- *Wir horchen, ob jemand kommt.*

b) In zwei Sätzen sind die Verben unpassend. Erkläre, warum.

c) Setze passende Verben ein und schreibe beide Sätze neu.

Mit Verben Zeitformen bilden

1 **a)** Der Mensch hat sich bis heute mit dem „Traum vom Fliegen“ beschäftigt. Lies dazu den folgendenText.

Der Traum vom Fliegen

Heutzutage halten die meisten Menschen das Fliegen für selbstverständlich. Es fällt schwer, sich den Mut und Erfindungsreichtum der Flugpioniere* vorzustellen. […] Heute können sich Flugreisende beruhigt in ihren Sitzen zurücklehnen, weil sie wissen, dass ihr Flugzeug sie auf einer wohlbekannten Route und ständig in Kontakt mit dem Rest der Welt zu ihrem geplanten Ziel bringen wird.

die Flugpioniere: die ersten Menschen, die geflogen sind

b) Was weißt du über das Fliegen früher und heute? Berichte.

2 Mit Verben kann man Tätigkeiten und Zustände in verschiedenen Zeiten ausdrücken.

a) Untersuche, in welcher Zeitform die Verben im Text „Der Traum vom Fliegen“ stehen. Erkläre, warum.

b) Schreibe die Übersicht zu den Zeiten und Zeitformen ab.

Zeiten und Zeitformen

Zeiten:

Vergangenheit	Gegenwart	Zukunft

Zeitformen:

?	?	?

c) Welche Zeitformen kennst du bereits? Trage sie anstatt der Fragezeichen an der richtigen Stelle in der Übersicht ein.

d) Es gibt auch eine besondere Zeitform, um Aussagen über die Zukunft zu machen. Was weißt du darüber?

INFO
Das **Präsens** verwendet man für:
- die Gegenwart (*Heute schneit es.*)
- allgemein Gültiges (*Die Erde ist eine Kugel.*)
- Aussagen über die Zukunft (*Morgen fahren wir los.*)

Zeitformen des Verbs unterscheiden

Zeitformen für die Vergangenheit

INFO
Mit dem **Präteritum** drückt man aus, was früher passierte, z. B.: *Vor vielen Jahren machten die Menschen die ersten Flugversuche.*
Signalwörter für die Vergangenheit sind z. B.: *damals, früher, vor langer Zeit*

Präteritum, Perfekt und Plusquamperfekt

Leonardo da Vinci, ein Künstler und Techniker, der im 15. Jahrhundert lebte, studierte den Flug der Vögel und fertigte Skizzen von einer Flugmaschine an, die von einem Menschen angetrieben wurde.

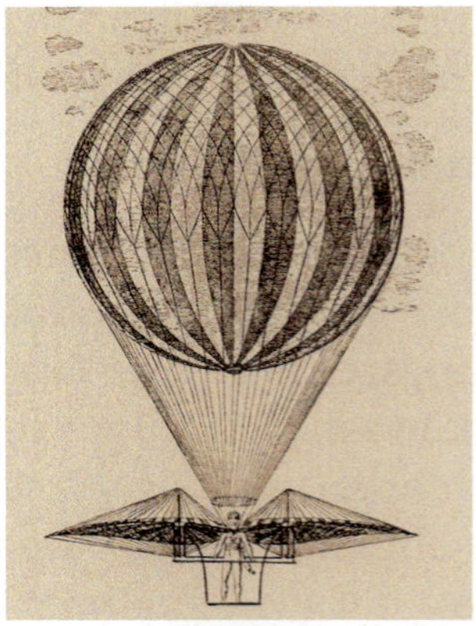

Der Wiener Uhrmacher Jacob Degen entwickelte um 1807 eine der bizarrsten* frühen Flugmaschinen. Sein „Ornithopter" hatte zwei Flügel, die er auf dem Rücken befestigte und mit Rudern bewegte.

bizarr: ungewöhnlich, seltsam

das Präteritum kennen und verwenden

1 Die beiden Texte informieren über zwei der ersten Flugversuche der Menschen.

a) Suche aus den Texten alle Verbformen im Präteritum heraus.

b) Notiere jeweils die Grundform des Verbs und schreibe dahinter die Präteritumform aus dem Text, z. B.:
leben –> (er) lebte

c) Markiere, woran du die Präteritumform erkennst, z. B.:
leben –> (er) lebte

TIPP
Präteritumsignale
- regelmäßige (schwache) Verben: **-t-**, z. B.: *machen → machte*
- unregelmäßige (starke) Verben: **Vokaländerung im Wortstamm**, z. B.: *werden → wurde*

2 Schreibe den folgenden Text ab und ergänze dabei die richtigen Verbformen im Präteritum zu den Verben in Klammern.

Erste Flugversuche

Der Flug *ging* (gehen) für die frühen Pioniere ins Ungewisse, denn sie ...... (können) damals nicht sicher sein, die Landung zu überleben. 1783 ...... (starten) die Brüder Montgolfier die erste Ballonfahrt. Der erste Motorflug ...... 1903 durch die Brüder Wright ...... (stattfinden).
Im 19. Jahrhundert ...... (entdecken) man die Auftriebskraft und ...... (erkennen), dass Flugmaschinen mit starren Tragflächen ausgestattet werden müssen.

3 Das folgende Erlebnis – das einer der Brüder Wright hätte erzählen können – ist in der falschen Zeitform geschrieben.

a) Lies den Text und benenne anschließend das Thema.

„Unser Traum vom Fliegen entsteht durch einen geschenkten Spielzeug-Hubschrauber. Wir beschäftigen uns lange mit Büchern über das Fliegen. Erfolgreich bauen und steuern wir einen sehr großen Gleiter. Für unsere Experimente entwickeln wir einen eigenen Windtunnel und einen Benzinmotor für den Antrieb des Flugzeugs. Am 17. Dezember 1903 schaffen wir es: Unser Flugzeug ‚Flyer' bleibt 12 Sekunden in der Luft!"

b) Schreibe den Text neu und ergänze dabei die Verbformen im Perfekt.

„Unser Traum vom Fliegen ist durch einen geschenkten Spielzeug-Hubschrauber entstanden. Wir …"

c) Unterstreiche in dem neuen Text die Verbformen im Perfekt.

das Perfekt richtig verwenden

INFO
Wenn man mündlich von etwas erzählt, das vergangen ist, verwendet man oft das **Perfekt.**
Das Perfekt wird so gebildet:
haben + Partizip II oder *sein* + Partizip II, z. B.:
Wir haben uns beschäftigt.
Unser Traum ist entstanden.

4 Der folgende Zeitstrahl stellt die wichtigsten Ereignisse in der Geschichte der Fliegerei dar.

- **um 400 v. Chr.**: In China wird der Flugdrachen erfunden.
- **1500**: Leonardo da Vinci entwirft Flugmaschinen.
- **1783**: Ballonfahrt der Brüder Montgolfier
- **1900**: Graf von Zeppelin baut das erste starre Luftschiff.
- **1937**: *Imperial Airways* bietet die ersten regelmäßigen Atlantikflüge an.
- **1986**: Dick Rutan und Jeana Yeager fliegen nonstop um die Welt, ohne aufzutanken.

a) Lies die folgenden Sätze und vergleiche mit dem Zeitstrahl.
– *Als man in China den ersten Drachen erfand, entwarf Leonardo da Vinci Flugmaschinen.*
– *Nachdem man in China den ersten Drachen erfunden hatte, entwarf Leonardo da Vinci Flugmaschinen.*

b) Welcher Satz stimmt inhaltlich nicht? Begründe.

c) Vergleiche die Verbformen in den beiden Sätzen und beschreibe den Unterschied.

das Plusquamperfekt kennen

das Plusquamperfekt verwenden

TIPP
Die Informationen im Merkkasten helfen dir.

5 *Nachdem die Ballonfahrt der Brüder Montgolfier stattgefunden hatte, baute Graf von Zeppelin das erste starre Luftschiff.*

Die Verbform *stattgefunden hatte* steht in der Zeitform (Tempus) Plusquamperfekt. Schreibe die Verbformen im Präsens aus dem Text auf Seite 115 (Aufgabe 3 a) heraus und setze sie dann in die Zeitform Plusquamperfekt, z. B.:
(der Traum) entsteht – war entstanden

6 Schreibe Sätze über die wichtigsten Ereignisse in der Geschichte der Fliegerei. Drücke in diesen Sätzen aus, dass eine Handlung oder ein Ereignis vor einem anderen stattgefunden hat, z. B.:
- *Nachdem da Vinci seine Flugmaschinen erfunden hatte, entwickelten die Brüder Montgolfier erste Pläne für eine Ballonfahrt.*
- *Nachdem Graf von Zeppelin das erste starre Luftschiff gebaut hatte, ...*

INFO
Signalwörter
Mit der Konjunktion ***nachdem*** kann man ausdrücken, dass eine Handlung vor der anderen stattgefunden hat.
Mit der Konjunktion ***während*** kann man ausdrücken, dass zwei oder mehrere Handlungen gleichzeitig stattfinden.

! Das Plusquamperfekt (Vorvergangenheit)
- Ist etwas **vor** dem passiert, wovon im Präteritum gesprochen wird, verwendet man das **Plusquamperfekt**.
- **Signalwörter** wie die Konjunktion *nachdem* leiten oft den Satz im Plusquamperfekt ein.
- So bildet man das Plusquamperfekt:
  hatte + Partizip II oder *war* + Partizip II, z. B.:
  Er entwickelte eine Flugmaschine, nachdem er Bücher darüber gelesen hatte.
  Nachdem er mit der Flugmaschine gestartet war, bejubelten ihn die Menschen.

Zeitformen von Verben bestimmen

7 a) Schreibe die folgende Tabelle ab uns sortiere die Verbformen aus dem Kasten ein.

Infinitiv	Präsens	Perfekt	Präteritum	Plusquamperfekt
gehen	*du gehst*	*du bist gegangen*	*du gingst*	*du warst gegangen*
...	...	...	...	...

du gehst sie hat geschrieben wir sind gefahren er sagt
sie waren gekommen ihr lachtet es regnet ich lief

b) Ergänze dann die anderen Formen in der Tabelle.

Zeitformen für die Zukunft

Futur I

1 a) Lies den folgenden Text über eine mögliche Zukunft.

Die Weltbevölkerung wird zunehmen. Der Mensch erfand neue Dinge. Kinder werden anders aufwachsen. Viele neue Berufe entstehen. Forscher haben neue Tier- und Pflanzenarten entdeckt. Wir trugen andere Kleidung.

b) Einige Sätze stehen in falschen Zeitformen. Schreibe sie um und verwende dafür Signalwörter aus dem Tipp rechts, z. B.:
In den nächsten Jahren wird der Mensch neue Dinge erfinden.

Verbformen im Futur richtig verwenden

TIPP
Signalwörter für Aussagen über die Zukunft sind z. B.: *morgen, in den nächsten Tagen, in Zukunft*

! Futur I

- Mit dem **Futur I** kann man ausdrücken, dass etwas in der **Zukunft** passieren wird.
- So bildet man das Futur I : Personalform von *werden* + Infinitiv, z. B.:
  In der Zukunft wird der Mensch neue Dinge erfinden.
  Vielleicht werden wir dann zur Schule fliegen.

INFO
Man kann auch das Präsens verwenden, um Aussagen über die Zukunft zu machen, z. B.:
Morgen fahren wir ab.
Am Montag arbeite ich.
Ich komme ganz sicher zum Fest.

2 Schreibe einen Text mit dem Titel „Die Welt in 200 Jahren".

a) Überlege vorher, wie die Menschen vermutlich leben werden, z. B. wie sie sich kleiden oder wie sie reisen werden.

b) Schreibe deinen Text mit Verbformen im Futur.

c) Überprüfe nach dem Schreiben die Zeitformen.

HILFEN
- › *Die Menschen werden ...*
- › *Man wird ...*
- › *Wir werden ...*

Das habe ich gelernt

- Was weißt du jetzt über die verschiedenen Zeitformen? Schreibe die Tabelle ab und fülle sie aus.

	Form	Beispiele	Verwendung	Besonderheiten
Perfekt	*bin/habe + Partizip II*	*ich habe gespielt, ich bin ...*	*für Vergangenes; meist mündlicher Sprachgebrauch*	*Bildung meist mit „haben"*
Präteritum	...	...	...	...
...	...	...	...	...

- Was möchtest du noch üben? Markiere es rot.

Anwenden und vertiefen

1 **a)** Wie bereitet sich ein Flugkapitän auf einen Flug vor? Lies dazu den folgenden Text.

das Briefing: (*engl.*) die Lagebesprechung

die Crew: (*engl.*) die Mannschaft

akzeptieren: annehmen

die Turbulenz: Unruhe, Bewegung in der Luft

Das Briefing* vor dem Abflug

Früher waren Flugreisen etwas Besonderes. Heute gehört das Fliegen zum Alltag. Etwa anderthalb Stunden vor dem Abflug trifft sich die Crew* zum Briefing. Der Kapitän hat vorher schon mit seinem Ersten Offizier das Wetter studiert, den errechneten Flugplan akzeptiert* oder geändert. Jetzt berät er sich mit seiner Kabinencrew: „Unsere Flugzeit von Frankfurt bis New York wird sieben Stunden und vier Minuten betragen. Unsere Route wird uns heute bis auf 62° Nord über Südgrönland hinwegführen. Es wird ein rauer Flug werden, denn auch später, über dem Sankt-Lorenz-Golf, wird es mittlere Turbulenz* geben." Zum Schluss bespricht der Kapitän mit seiner Crew Besonderheiten bei den Fluggästen.

Zeitformen von Verben bestimmen

b) Schreibe die Tabelle ab und trage alle Verbformen aus dem Text in die richtige Spalte ein.

Präsens	Perfekt	Präteritum	Plusquamperfekt	Futur I
......	......	*waren*	......	......

c) Eine Zeitform wird in dem Text überhaupt nicht verwendet. Nenne diese und erkläre, warum.

das Plusquamperfekt verwenden

2 Verbinde die Sätze im rechten und linken Feld. Drücke mit Hilfe des Plusquamperfekts aus, dass eine Handlung vor der anderen stattgefunden hat. Verwende das Signalwort *nachdem*, z. B.:
Nachdem der Mensch das Rad erfunden hatte, konnte ...

Der Mensch erfand das Rad.	Der Mensch konnte Dinge besser transportieren.
Forscher entwickelten bessere Medikamente.	Viele Menschen konnten geheilt werden.
Techniker bauten neue Maschinen.	Die Umwelt wurde oft verschmutzt.
Die Menschen entwickelten neue Transportmittel.	Viele konnten bequem reisen.

Zeitformen der Vergangenheit verwenden

3 Schreibe einen eigenen Text zum Thema „Fliegen früher und heute". Du kannst dabei die Informationen aus diesem Kapitel nutzen. Verwende Präteritum, Plusquamperfekt und Präsens.

Sätze untersuchen

Sätze und Satzglieder bestimmen

Reiseprospekt der Zukunft (1)

Erleben Sie einen unvergesslichen Urlaub auf dem Mond: Entspannen Sie bei ausgedehnten Spaziergängen durch feinsten Mondstaub, genießen Sie die unverwechselbare Landschaft aus Kratern, Mondseen und Bergen oder gehen Sie auf eine abenteuerliche Spurensuche auf der Mondoberfläche. Frühbucher erhalten jetzt kostenlos einen Raumanzug sowie ein Miet-Mondauto dazu – also greifen Sie schnell zu!

Reiseprospekt der Zukunft (2)

Erleben Sie einen unvergesslichen Urlaub auf dem Mond. Entspannen Sie bei ausgedehnten Spaziergängen durch feinsten Mondstaub. Genießen Sie die unverwechselbare Landschaft aus Kratern. Genießen Sie die Mondseen. Genießen Sie die Berge. Gehen Sie auf eine abenteuerliche Spurensuche auf der Mondoberfläche. Frühbucher erhalten jetzt kostenlos einen Raumanzug. Sie erhalten ein Miet-Mondauto dazu. Greifen Sie schnell zu!

Was weißt du schon?

- Die beiden Prospekte gibt es noch nicht – sie könnten aber irgendwann Wirklichkeit werden. Lies beide Texte und gib kurz wieder, womit hier geworben wird.
- Obwohl beide Texte den gleichen Inhalt haben, sind sie verschieden. Erkläre, worin der Unterschied besteht.
- Wie wirkt dieser Unterschied auf dich? Beschreibe.

Sätze verbinden

Hauptsätze

1 Die Landung des ersten Menschen auf dem Mond im Jahr 1969 war eine weltweite Sensation.

a) Lies den Text über die erste Mondlandung.

Der erste Mensch auf dem Mond

Der Name des Amerikaners Neil Armstrong ist heute weltweit bekannt. Viele Menschen hatten den Eindruck, vor Ort dabei zu sein. Die ersten Schritte auf dem Mond wurden als Triumph gefeiert. Zurück auf der Erde wurden die Astronauten nicht still empfangen.

Hauptsätze verknüpfen

b) Baue zusätzliche Informationen zur Mondlandung ein. Verbinde dazu die einzelnen Hauptsätze im Text sinnvoll mit jeweils einem Satz aus dem Kasten, z. B.:
Der Name des Amerikaners Neil Armstrong ist heute weltweit bekannt, denn er landete 1969 als erster Mensch auf dem Mond. Viele Menschen ...

- *Er landete 1969 als erster Mensch auf dem Mond.*
- *Sie verfolgten die Mondlandung vor dem Fernseher.*
- *Die Astronauten der Apollo 11 hatten einige technische Probleme.*
- *Sie erhielten auch Glückwünsche vom damaligen amerikanischen Präsidenten.*

INFO
wichtige Hauptsatz-Konjunktionen:
..., doch ...
..., aber ...
..., sondern ...
..., denn ...
... und ...
... oder ...

c) Verknüpfe die Sätze und verwende dazu die links aufgeführten Konjunktionen (Bindewörter).

2 **a)** Was verändert sich durch die Verknüpfung in den Sätzen aus dem Kasten? Beschreibe.

b) Welches Satzzeichen darfst du bei dem neuen, längeren Satz nicht vergessen?

3 Die beiden folgenden Sätze kannst du mit mehreren der genannten Hauptsatz-Konjunktionen verbinden.
Neil Armstrong war für viele ein Held. Er war ein normaler Mensch.

a) Schreibe drei sinnvolle verbundene Sätze auf.

b) Vergleiche die Sätze und beschreibe, welcher Unterschied zwischen den verschiedenen Konjunktionen besteht.

Die Satzreihe

- Wenn Hauptsätze durch **Konjunktionen** (Bindewörter) verbunden werden, entsteht eine **Satzreihe**.
- Vor den **Hauptsatz-Konjunktionen** *doch, aber, sondern* und *denn* muss ein **Komma** stehen.

Armstrong ist bekannt. Er landete auf dem Mond.
Hauptsatz Hauptsatz
Armstrong ist bekannt, denn er landete auf dem Mond.
Hauptsatz Hauptsatz

4 Verknüpfe die Sätze links und rechts sinnvoll miteinander und schreibe sie auf. Achte auf die Kommasetzung.

Auf dem Mond leben keine Tiere und Pflanzen.	sondern doch und denn aber	Es gibt kein Wasser und keine Luft.
Der Mond ist schon gut erforscht.		Viele Fragen sind noch nicht beantwortet.
Der Mond leuchtet nicht von selbst.		Er wird von der Sonne angestrahlt.

5 **a)** Die folgenden beiden Sätze wurden mit der Konjunktion *und* verbunden. Beschreibe, was sich an der Schreibung verändert.
– *Der Mond dreht sich um die Erde. Er ist unser nächster Nachbar.*
– *Der Mond dreht sich um die Erde und ist unser nächster Nachbar.*

b) Verbinde die beiden Satzpaare mit der Konjunktion *und* oder *oder*. Streiche Wörter, die du nicht wiederholen willst.
– *Forscher beobachten den Mond. Sie untersuchen seine Umlaufbahn.*
– *Die Mondastronauten bewegten sich durch Hüpfen. Sie fuhren mit einem batteriebetriebenen Fahrzeug.*

Hauptsatzverbindungen mit *und* oder *oder*

Vor den Hauptsatz-Konjunktionen *und* und *oder* muss man kein Komma setzen.

Hauptsatz-Konjunktionen unterscheiden

INFO
Mit Konjunktionen kann man:
- etwas **aufzählen** (*und, oder*)
- einen **Gegensatz** ausdrücken (*aber, doch, sondern*)
- einen **Grund** nennen (*denn*)

Hauptsätze verknüpfen

6 Der folgende Text besteht nur aus Hauptsätzen. Einige dieser Sätze könnte man mit einer Konjunktion verbinden.

a) Überprüfe an den Stellen mit den Fragezeichen, ob es sinnvoll ist, die beiden Sätze zu verbinden.

Einmal Mond und zurück

Russische Raumfahrtbehörden bieten etwas Ungewöhnliches an. ? Es besteht bei immer mehr Menschen Interesse an einem Urlaub im Weltall. Für zahlungskräftige* Kunden wollen sie Urlaubsreisen zum Mond ermöglichen. ? Die Touristen müssen vorher gesundheitliche Tests bestehen. Man kann z.B. einen Pauschalurlaub* im Weltall machen. ? Man kann eine Woche auf der internationalen Raumstation ISS verbringen. ? In einer Weltraumkapsel kann man einmal um den Mond fliegen. ? Bisher haben erst zwei Weltraumtouristen ihre Ferien dort verbracht. ? Die Reisen kosten mehrere Millionen Dollar.

zahlungskräftig: (*hier*) mit ausreichend Geld

der Pauschalurlaub: eine Reise mit Essen und Übernachtung zu einem festen Preis

b) Überarbeite den Text und schreibe die Sätze neu, z.B.:

Russische Raumfahrtbehörden bieten etwas Ungewöhnliches an. Es besteht bei immer mehr Menschen Interesse an einem Urlaub im Weltall.
–> Russische Raumfahrtbehörden bieten etwas Ungewöhnliches an, denn es besteht bei immer mehr Menschen Interesse an einem Urlaub im Weltall.

TIPP
Du kannst Wörter, die du nicht wiederholen willst, streichen.

Hauptsätze und Nebensätze

Nebensatz-Konjunktionen unterscheiden

7 Bei den folgenden Sätzen sind die Konjunktionen *damit, obwohl* und *weil* falsch verwendet worden.

a) Lies die Sätze und überlege, wie du die Konjunktionen sinnvoll austauschen kannst.

Fußabdrücke auf dem Mond können nicht verwehen,
damit es auf dem Mond keinen Wind gibt.

Ein Planet muss eine Gashülle haben,
obwohl Wind und Wetter entstehen.

Den Fußabdruck des Astronauten kann man heute noch sehen,
weil die Landung auf dem Mond schon lange zurückliegt.

b) Schreibe die Sätze mit der passenden Konjunktion neu auf, z.B.:
Fußabdrücke auf dem Mond können nicht verwehen,
weil es auf dem Mond …

Nachdenken über Sprache

8 Die folgenden Sätze erklären beide, wie eine Mondfinsternis entsteht. Dennoch unterscheiden sie sich in der Form.

a) Erkläre den Unterschied.

Der Mond verdunkelt sich,	
denn die Erde steht genau zwischen Mond und Sonne.	*weil die Erde genau zwischen Mond und Sonne steht.*

b) Verbinde die beiden nächsten Sätze ebenfalls einmal mit *denn* und einmal mit *weil* und schreibe die Sätze auf.

– *Das Sonnenlicht strahlt den Mond nicht mehr an.*
– *Die Erde steht davor.*

c) Beschreibe, was dir auffällt.

d) Unterstreiche in den beiden neuen Sätzen die Prädikate.

die Konjunktionen „denn" und „weil" vergleichen

! Das Satzgefüge

- Die Verbindung von Haupt- und Nebensatz nennt man **Satzgefüge.**
- Im Nebensatz steht das Prädikat am Ende des Satzes:

Wir wissen heute viel. *Forscher untersuchten das Mondgestein.*
Hauptsatz Hauptsatz

Wir wissen viel, *weil Forscher das Mondgestein untersuchten.*
Hauptsatz Nebensatz

- Zwischen Haupt- und Nebensatz muss ein Komma stehen.

INFO
wichtige Nebensatz-Konjunktionen:
…, weil …
…, da …
…, während …
…, wenn …
…, als …
…, obwohl …
…, damit …

9 Die Sätze links und rechts kannst du sinnvoll miteinander verknüpfen. Schreibe sie ab und verknüpfe sie mit einer passenden Nebensatz-Konjunktion aus der Mitte.

Neil Armstrong ist bekannt, …		Es gibt dort weder Wind noch Wetter.
Fußabdrücke auf dem Mond können nicht verwehen, …	weil	Wir brauchen das Geld für andere Dinge.
Wir geben viel Geld für die Weltraumforschung aus, …	wenn obwohl	Der Mensch hat geeignete Technik entwickelt.
Ein Leben auf dem Mond ist vielleicht möglich, …		Er landete als erster Mensch auf dem Mond.

TIPP
Achte darauf, dass das Prädikat im Nebensatz an das Satzende wandert.

***dass*-Sätze untersuchen**

10 Im folgenden Text kommt die Nebensatz-Konjunktion *dass* häufig vor.

a) Lies den Text. Worum geht es?

Viele Menschen glauben, dass der Mond so groß wie die Sonne ist. Aber das täuscht.
Wir wissen nämlich, dass der Mond vierhundertmal kleiner als die Sonne ist. Aber die Sonne ist viel weiter entfernt und wirkt deswegen kleiner. Wir nehmen deswegen oft an, dass Sonne und Mond ungefähr gleich groß sind.
Viele Wissenschaftler finden deshalb, dass die Menschen noch besser informiert werden müssten.

b) Untersuche die Hauptsätze vor den Nebensätzen mit *dass*. Welche Verben werden hier verwendet? Schreibe sie heraus, z. B.:
glauben, …

! ***dass*-Sätze**

- Vor der Nebensatz-Konjunktion *dass* stehen oft folgende Verben/sprachliche Wendungen: **sagen, wissen, glauben, hören, denken, finden, der Meinung sein, Angst davor haben,** z. B.:
  er sagt, dass … / wir wissen, dass … / du glaubst, dass … /
  ich höre, dass … / sie denkt, dass … / er findet, dass … /
  ihr seid der Meinung, dass … / sie haben Angst davor, dass …
- Wenn du dir nicht sicher bist, ob du *dass* oder *das* schreiben musst, dann prüfe:
  Kannst du *dieses* oder *welches* dafür einsetzen, schreibst du *das*. Ist dies nicht möglich, schreibst du *dass*.

***dass*-Sätze formulieren**

11 Formuliere *dass*-Sätze, indem du die beiden Spalten kombinierst und dir eigene Sätze zum Thema „Mond und Weltall" ausdenkst, z. B.:
Manche Leute denken, dass es fremdes Leben im All gibt.

Wir wissen heute, ……	Es gibt fremdes Leben im All.
Viele nehmen an, ……	……
Ich glaube, ……	……
Einige denken, ……	Der Mond ist kleiner als die Sonne.
Ich finde, ……	……

Sätze gliedern

1 **a)** Lies die Überschrift zu dem folgenden Artikel aus der Zeitschrift „Geolino" und stelle Vermutungen an: Was steckt hinter dieser ungewöhnlichen Nachricht?

Fische überleben in Bäumen

b) Lies den ersten Teil des Artikels und überprüfe deine Vermutungen.

Da wunderten sich die Wissenschaftler einer britisch-amerikanischen Forschergruppe nicht schlecht, als sie plötzlich vor einem Stück Holz standen, in dem ein Fisch wohnte. Versehentlich hatte einer der Forscher gegen das Holzstück getreten und so den Fisch entdeckt.
Die Fischart ist der Wissenschaft schon länger bekannt. Sie lebt in den Mangrovensümpfen* fast auf dem gesamten amerikanischen Kontinent.

c) Schreibe die Tabelle ab und sortiere die unterstrichenen Satzglieder aus dem Text ein:

Subjekte	Prädikate	Dativ-Objekte	Akkusativ-Objekte
die Wissenschaftler	......	......	......

d) Trage weitere Satzglieder aus dem Text in die Tabelle ein.

2 **a)** Ermittle bei folgenden Sätzen zunächst die einzelnen Satzglieder mit Hilfe der Umstellprobe.
- *Ein Forscher zeigte seinen Kollegen den Fund.*
- *Die Wissenschaftler trauten ihren Augen nicht.*
- *Sie sahen Fische in den Bäumen.*
- *Die Wissenschaftler untersuchten diese Fischart bereits.*
- *Vielen ist dieses besondere Tier bekannt.*

b) Schreibe die Sätze auf und unterstreiche die Subjekte, die Prädikate, die Dativ-Objekte und die Akkusativ-Objekte mit verschiedenen Farben, z. B.:
- *Ein Forscher zeigte seinen Kollegen den Fund.*
  Wer?/Was? Wem? Wen?/Was?
- *Seinen Kollegen zeigte ein Forscher den Fund.*
  Wem? Wer?/Was? Wen?/Was?

die Mangrove: Laubbaum, der an Flussmündungen und Meeresbuchten tropischer Gebiete wächst

Satzglieder bestimmen

TIPP
Mit der **Umstellprobe** kannst du feststellen, aus welchen festen Bausteinen ein Satz besteht. Wörter und Wortgruppen, die immer zusammenbleiben, nennt man **Satzglieder**.

INFO
Satzglieder erfragen
- Subjekt: *Wer?/Was?*
- Dativ-Objekt: *Wem?*
- Akkusativ-Objekt: *Wen?/Was?*
- Das Prädikat gibt im Satz an, was geschieht oder was jemand tut.

Satzglieder zuordnen

3 Im zweiten Teil des Zeitschriftenartikels wird das Überleben des ungewöhnlichen Fisches erklärt.
Allerdings fehlen zwei Satzglieder.

Die Tiere sind wahre Überlebenskünstler: Oft kommt es vor, dass Mangrovenwälder komplett austrocknen, dann können die Fische … ohne Wasser in Baumstümpfen, unter Laub oder in Kokosnussschalen überleben und abwarten, bis das Wasser wiederkommt. Sogar … entdeckten die Forscher einen der Fische.

a) Lies den Text und setze dabei die beiden folgenden Satzglieder passend in die Lücken.

in einer alten Bierdose	*bis zu 66 Tage*

b) Formuliere W-Fragen, mit denen du nach den beiden Satzgliedern fragen kannst.

Fragewörter für adverbiale Bestimmungen kennen

4 In den folgenden Sätzen fehlen Satzglieder. Ergänze die Sätze jeweils mit einem der folgenden Satzglieder und schreibe sie auf.

durch einen versehentlichen Tritt	*in einem Holzstück*	*durch geschicktes Verhalten*	*eines Tages*

– *Forscher standen* … (Wann?) *vor einem Stück Holz.*
– *Sie fanden heraus, dass* … (Wo?) *ein Fisch lebte.*
– *Ein Wissenschaftler machte die Entdeckung* … (Wodurch?, Wie?).
– *Die Fische können* … (Warum?) *überleben.*

! Adverbiale Bestimmungen

Adverbiale Bestimmungen sind Satzglieder, mit denen man Angaben zum **Ort**, zur **Zeit**, zur **Art und Weise** und zum **Grund** einer Handlung machen kann.

adverbiale Bestimmungen

des Ortes
Wo? – *im Wald*
Wohin? …
Woher? …

der Zeit
Wann? – *eines Tages*
Wie lange? …

des Grundes
Warum? – *wegen des Wetters*
Wozu? …

der Art und Weise
Wie? – *im Geheimen*
Womit? …
Auf welche Weise? …

5 **a)** Übertrage das Schaubild auf Seite 126 in dein Heft.

b) Sortiere die adverbialen Bestimmungen aus dem Kasten an den richtigen Stellen in das Schaubild ein.

seit einer Stunde	wegen der Reparatur	gleich
in den Süden	vor lauter Angst	unten
auf gemeine Weise	im Wald	
mit einem Bus	wegen des Wetters	

6 **a)** Lies den folgenden Zeitschriftenartikel.

Auf kleinem Brett über die große Mauer

Dem kalifornischen Extremsportler Danny Way ist 2005 ein unglaubliches Kunststück gelungen: Als erster Mensch sprang der Amerikaner mit seinem Skateboard über die Chinesische Mauer! Die gilt bekanntlich als eines der größten Bauwerke aller Zeiten. Nahe der Festung* Ju Yong Guan vollführte Way den weitesten und höchsten Skateboard-Sprung aller Zeiten: 7,14 Meter hoch und 24,07 Meter weit! Für seinen „Hüpfer“ war eigens eine gigantische Rampe* gebaut worden. Nach seinem Rekordsprung meinte Way: „Ich war mir über die Gefahr wegen der Höhe der Mauer im Klaren. Und ich hatte die ganze Zeit Herzklopfen.“ Sein Ziel war es, weltweit und auf wirkungsvolle Weise auf den Skateboard-Sport aufmerksam zu machen.

die Festung: Burganlage

die Rampe: Auffahrt, Sprungbrett

b) Übertrage die Tabelle und sortiere die unterstrichenen adverbialen Bestimmungen aus dem Text ein.

Adverbiale Bestimmung

des Ortes (*Wo? Wohin? Woher?*)	**der Zeit** (*Wann? Wie lange?*)	**des Grundes** (*Warum? Wozu?*)	**der Art und Weise** (*Wie? Womit? Auf welche Weise?*)
…… ……	2005 …… ……	……	…… ……

adverbiale Bestimmungen unterscheiden
- Ort
- Zeit
- Grund
- Art und Weise

7 Schreibe den ersten Satz des Textes (Z. 1–2) ab und ermittle alle weiteren Satzglieder mit Hilfe der Umstellprobe.

Das habe ich gelernt

- Erkläre einer Lernpartnerin / einem Lernpartner, welche Satzglieder du kennst und wie man sie erfragt.

Anwenden und vertiefen

dass-Sätze formulieren

1 **a)** Schreibe mit Hilfe der folgenden Satzanfänge *dass*-Sätze auf, die deine Meinung wiedergeben, z. B.:
Ich finde es erstaunlich, dass es Eisbären nur am Nordpol gibt.

Ich finde erstaunlich, dass … / Es ist nicht möglich, dass … / Ich finde es wichtig, dass … / Es ist richtig, dass … / Ich bin der Meinung, dass … / Es ist schade, dass … / Ich vermute, dass …

b) Überprüfe, ob das Prädikat am Ende des Nebensatzes steht und ob du ein Komma vor *dass* gesetzt hast.

Konjunktionen verwenden

2 Ergänze folgende Sätze mit Hilfe passender Konjunktionen.
- Einige Menschen sparen, *weil/wenn/obwohl* …
- Manche Leute mögen den Winter, …
- Man bekommt eine Antwort, …
- Die meisten Menschen arbeiten, …
- Viele besitzen ein Handy, …

Satzglieder verwenden

3 In dem folgenden Text fehlen einige Satzglieder.
a) Überlege, welche Satzglieder passen könnten.
b) Schreibe den Text ab und setze passende Satzglieder ein.

Ein ungewöhnlicher Besuch

…… (Wann?) wachte ich …… (Wie?) auf. Draußen wehte …… (Was?) und unruhig …… (Was taten sie?) die Fenster. …… (Wo?) hörte ich auf einmal …… (Was?). …… (Warum?) konnte ich kaum aufstehen. Ich nahm meinen Mut zusammen und …

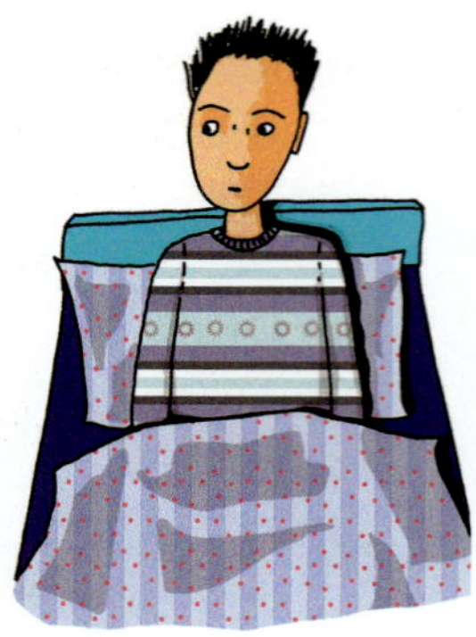

Satzglieder bestimmen

c) Bestimme in den Sätzen Subjekt, Prädikat und Akkusativ-Objekt.
d) Wie könnte die Erzählung weitergehen? Schreibe eine passende Fortsetzung und bestimme alle Subjekte und Prädikate.

4 **a)** Denke dir eine eigene Erzählung über ein unheimliches Erlebnis aus und schreibe sie auf.
b) Unterstreiche und bestimme die folgenden Satzglieder: Subjekt, Prädikat, Akkusativ-Objekt, Dativ-Objekt.

adverbiale Bestimmungen unterscheiden

c) Unterstreiche zum Schluss alle adverbialen Bestimmungen, die du in deinem Text verwendet hast, und bestimme sie.

Teste dich selbst!

Sprache und Sprachgebrauch untersuchen

1 **a)** Lies den Text.

Weiß ein Tannenzapfen, wie das Wetter wird?

Tannenzapfen sind die Blütenstände des in der ganzen Welt heimischen Nadelbaumes. Ganz typisch sind seine Deckschuppen, unter denen er die Samen verbirgt. Die sitzen auf den so genannten Samenschuppen. Solange sie heranreifen, sind die Samen empfindlich und müssen vor Unwetter geschützt werden. Dazu hat die Tanne einen Trick. Ist das Wetter trocken und sonnig, spreizt sie die Schuppen leicht nach außen, damit die Samen frische Luft und Sonne bekommen. Wird die Luft aber feuchter und kündigt Regen an, legt der Baum die Schuppen seiner Zapfen an. Es dauert eine Weile, bis schließlich ein fester, recht glatter Schutzmantel über den Samen entstanden ist. Sieht man bei einem Waldspaziergang, dass alle Zapfen ihre Schuppen eng an sich gezogen haben, kann man davon ausgehen, dass der nächste Regenschauer nicht mehr lange auf sich warten lässt.

b) Suche aus den Zeilen 7–12 fünf Adjektive heraus, die in der Grundform (Positiv) verwendet werden.
Schreibe sie mit Zeilenangabe untereinander auf, z. B.:
empfindlich (Z. 8)

c) Ergänze daneben die Formen im Komparativ und im Superlativ, z. B.:
empfindlich – empfindlicher – am empfindlichsten

d) Der Text enthält ein Adjektiv im Komparativ und eines im Superlativ. Schreibe die beiden Wörter mit Zeilenangabe auf und ergänze die Grundformen (Positiv).

2 **a)** Welche der folgenden Wörter sind Adjektive, welche nicht? Finde es heraus, indem du versuchst, die Wörter zu steigern.

schön   sehr   gründlich   meistens   wichtig   außerdem   tot

b) Achtung: Eines der Wörter ist ein Adjektiv, obwohl man es nicht sinnvoll steigern kann. Welches ist es?

3 **a)** In welcher Zeitform stehen die Prädikate im letzten Abschnitt (Z.13–17)? Schreibe sie heraus und bestimme die Zeitform, z. B.:
dauert (Z. 11) – 3. Person Singular Präsens

b) Schreibe die Tabelle ab und trage die beiden Verben aus dem folgenden Satz in den fünf Zeitformen und im Infinitiv ein.
Es dauert eine Weile, bis schließlich ein fester, recht glatter Schutzmantel über den Samen entstanden ist.

Infinitiv	Präsens	Präteritum	Perfekt	Plusquam-perfekt	Futur
...	*dauert*	...	...	...	...
...	...	...	*ist entstanden*	...	...

4 **a)** Bestimme die Wortarten aller Wörter im folgenden Satz, z. B.:
ich = Personalpronomen, finde = ...
Ich finde, die schönsten Tannenzapfen wachsen auf dem Baum vor unserem Haus.

b) Bestimme die Wortarten der unterstrichenen Wörter in den folgenden Sätzen.
Ganz typisch sind seine Deckschuppen, unter denen er die Samen verbirgt.
Es dauert eine Weile, bis schließlich ein fester, recht glatter Schutzmantel über den Samen entstanden ist.

5 **a)** Führe bei den folgenden Sätzen die Umstellprobe durch. Wie viele sinnvolle Sätze sind möglich?
– *Schon früh schmückten Menschen Tannenbäume.*
– *1539 wurden in Straßburg die ersten Weihnachtsbäume aufgestellt.*

b) Bestimme anschließend die Satzglieder.

6 **a)** Lies die folgenden drei Satzpaare. Mit welchen beiden Konjunktionen lassen sie sich sinnvoll verbinden?
– *Im alten Rom schmückte man die Häuser mit Lorbeerzweigen.*
Man wollte im Winter etwas Grünes im Haus haben.
– *1560 musste man die Wälder bewachen.*
Die Nachfrage nach Tannen war sehr groß.
– *Die Deutschen hatten Glück.*
In Deutschland gab es große Tannenwälder.

b) Bilde aus jedem Satzpaar je eine Satzreihe (Hauptsatz-Hauptsatz-Verbindung) und ein Satzgefüge (Hauptsatz-Nebensatz-Verbindung) und schreibe die Sätze auf. Achte auf die Satzzeichen!

Wörter genau aussprechen

Auf deutliches Sprechen achten

Was weißt du schon?

- Wie kann dir deutliches Sprechen bei der Rechtschreibung helfen?
- In diesem Bild stehen Wörter mit betontem langem Vokal und betontem kurzem Vokal.
  - Lies jedes Wort laut und deutlich vor und unterscheide dabei lange und kurze Vokale.
  - Schreibe die Wörter in zwei Gruppen auf und markiere lange Vokale mit einem Strich und kurze Vokale mit einem Punkt.
- Welche Signale für kurze und für lange Vokale kennst du?
  Zum Beispiel: *aa* für das lange *a* in *Haare*

Wörter mit langen Vokalen

1 Lies den Klappentext zu dem Buch „Delfinensommer“ von Katherine Allfrey und erkläre, worum es in dem Buch geht.

Andrula lebt mit ihrer Mutter auf der griechischen Insel Kalonysos.
Beim Ziegenhüten trifft sie in einer verschwiegenen Bucht einen sprechenden Delfin. Die beiden schließen Freundschaft und der Delfin nimmt sie mit auf eine von allen Booten gemiedene Insel. Tag für Tag erlebt das Mädchen dort neue wunderbare Abenteuer.

Vokallängen und -kürzen unterscheiden

INFO
Der betonte Vokal steht meistens in der ersten Silbe im Wortstamm, z.B.: *die Möwe, die Fische*

a) Im Text sind Wörter unterstrichen. Sprich sie deutlich aus und bestimme, ob der betonte Vokal lang oder kurz ist.

b) Schreibe die Tabelle ab und sortiere die Wörter mit betontem **langem** Vokal in die Tabelle ein.

Wörter ohne besonderes Längezeichen	Wörter mit Doppelvokalen	Wörter mit *ie*	Wörter mit Dehnungs-*h*
lebt ……	……	……	……

c) Kennzeichne die Vokallänge, z.B.: *lebt*
Ergänze bei den Nomen jeweils den richtigen Artikel.

d) Schreibe zu jeder Gruppe drei weitere Beispielwörter auf.

2 Diese Nomen mit betontem langem Vokal kannst du so zusammensetzen, dass weitere Nomen entstehen.

die See	die Reise	der Hafen	die Not
das Boot	das Segel	die Route	das Ziel
das Auto	die Möwe	die Fähre	der Flügel

Schreibe die zusammengesetzten Nomen jeweils mit ihrem Artikel auf. „Schwinge“ dabei jede Silbe mit, z.B.:
das Se-gel-boot

INFO
sprechschwingend schreiben:
1. Wörter deutlich in Silben schwingen und Silbenbögen in die Luft zeichnen
2. jede einzelne Silbe mit Schwung schreiben
3. mit Silbenbögen die Schreibung prüfen

! Wörter mit betontem langem Vokal

Bei den meisten Wörtern mit betontem langem Vokal steht ein einfacher Vokal. Danach folgt nur ein Konsonant, z.B.:
die Blume, schlafen, schön

3 Wörter mit betontem langem Vokal enthalten oft ein Dehnungs-*h*.

Wörter mit Dehnungs-*h* üben

INFO
Verwandte Wörter, die den gleichen Wortstamm haben, gehören zu einer **Wortfamilie,** z. B.: *fahren, der Fahrer, abfahren*

a) Suche zu den Verben mit Dehnungs-*h* möglichst viele Wörter aus derselben Wortfamilie und schreibe sie auf. Unterstreiche den Wortstamm wie im Beispiel.
- *fehlen: die Fehlzeiten, verfehlen, ...*
- *bohren: die Bohrmaschine, ...*
- *rühren: die Rührschüssel, ...*
- *wählen: wählbar, ...*

b) Verwende vier der Verben aus Aufgabe 3 a) in Beispielsätzen und schreibe sie auf.

4 **a)** Suche mindestens 15 Wörter mit Dehnungs-*h* und schreibe sie auf (Nomen mit ihren Artikeln).

fa	*h*	*ren*
der Le	*h*	*m*
...	*h*	*...*

b) Suche zu jedem Wort mit Dehnungs-*h* ein verwandtes Wort und schreibe es auf (Nomen mit ihren Artikeln).

c) Überprüfe die Schreibung der Wörter, z. B. mit Hilfe eines Wörterbuches.

Wörter mit Dehnungs-*h*

Ein Dehnungs-*h* steht nur vor den Buchstaben ***l, m, n*** oder ***r.***

5 Wörter mit einem betonten langen *i*-Laut werden meist mit *ie* geschrieben.

Wörter mit *ie* kennen

a) Bilde aus dem Wortstern mindestens acht Verben mit *ie* und schreibe sie auf.

b) Suche zu jedem Verb mit *ie* ein verwandtes Nomen und schreibe es mit seinem Artikel auf, z. B.:
zielen, die Zielscheibe

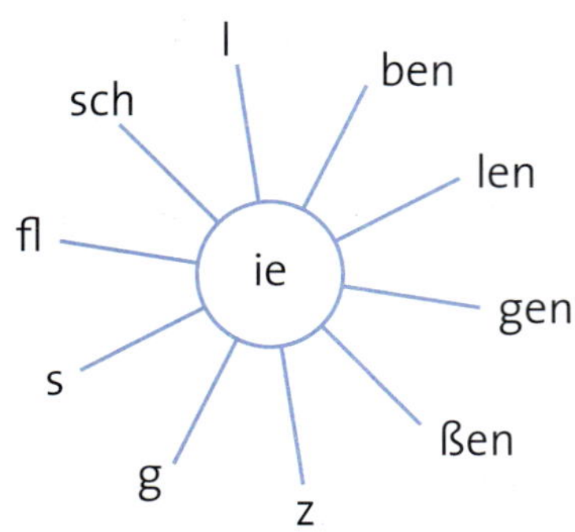

Wörter mit langem *ie*

Wenn ein Wort einen betonten langen *i*-Laut hat, schreibt man es fast immer mit *ie*.

Wörter mit kurzen Vokalen

1 Hier sind Wörter mit betontem kurzem Vokal abgebildet.

a) Sprich jedes Wort laut und deutlich aus.

b) Welches der folgenden Rätselgedichte von Paul Maar passt zu welchem Bild? Ordne zu.

Ich bin ein großes, schönes Haus.
Wer mich besitzt, der hat es gut,
der sitzt auf einem goldnen Stuhl,
trägt auf dem Kopf 'nen goldnen Hut,
schläft nachts in einem Daunenbett
und isst aus goldner Schüssel.
Doch steck ich auch in deiner Tür,
und in mir steckt ein Schlüssel.

Es umrundet den Baum
und geht nicht hinein.
Was mag das sein?

Was ist das?
Ich geb es ihm,
ich geb es ihr,
ich geb es dort,
ich geb es hier,
ich geb es vielen,
geb's auch dir
und trotzdem
bleibt es hier bei mir.

c) Für eines der Gedichte gibt es kein Bild. Wie lautet hier das Lösungswort?

Schreibweisen für kurze Vokale kennen

INFO
Hat ein Wort einen betonten kurzen Vokal, folgen zwei oder mehr Konsonanten, z. B.: *die Wand, die Wurst, landen, bunt*

2 **a)** Suche aus dem ersten Gedicht alle Wörter mit betontem kurzem Vokal, schreibe die Tabelle ab und sortiere die Wörter ein.

b) Markiere die Vokalkürze und schreibe Nomen mit ihren Artikeln auf.

Wörter mit zwei oder mehr Konsonanten	Wörter mit Doppel-konsonanten	Wörter mit *ck*	Wörter mit *tz*
mich	......	......	......

c) Schreibe zu jeder Gruppe drei weitere Beispielwörter auf.

3 In diesem Wortgitter sind vierzehn Wörter mit betontem kurzem Vokal und Doppelkonsonanten versteckt. Davon reimen sich immer zwei.

w	H	d	h	S	i	m	f	o	G	r	u	p	p	e	n	e	n	W	t	s	a
s	a	e	s	c	h	a	f	f	e	n	n	b	r	K	l	ä	r	e	s	p	ä
i	m	u	k	h	r	b	m	e	a	H	t	t	j	ä	R	q	i	l	t	i	f
f	m	e	k	ü	t	z	g	e	w	i	n	n	e	n	c	h	g	l	j	n	e
r	e	z	D	s	e	i	a	s	p	i	d	o	s	p	r	p	O	e	ü	n	p
t	r	r	e	s	l	R	e	P	o	S	n	ö	v	s	t	t	o	j	a	e	l
i	h	y	a	e	n	ü	w	n	p	c	n	G	o	a	k	z	K	a	m	n	l
q	u	g	e	l	n	s	t	n	r	h	g	a	b	t	l	i	a	v	r	ü	b
u	e	l	l	ö	n	s	b	E	t	u	p	R	o	t	u	p	m	n	a	d	e
g	n	a	a	v	n	e	e	n	k	p	e	l	s	ä	h	t	m	q	b	W	a
ä	H	t	t	K	e	l	l	e	m	p	e	r	g	a	f	f	e	n	z	e	k
i	e	t	a	n	r	e	h	r	u	e	q	e	t	j	e	p	r	w	g	d	l
e	u	g	r	S	x	o	p	d	o	n	g	o	W	e	l	p	o	n	x	g	r

a) Suche alle Wörter mit Doppelkonsonanten heraus und schreibe die Reimwörter nebeneinander auf.
Notiere zu jedem Nomen den Artikel, z. B.:
der Schuppen – die Gruppen

b) Denke dir zu drei Reimwörtern einen weiteren Reim aus.

INFO
Wenn ein Wort einen betonten kurzen Vokal hat und man nur einen Konsonanten hört, dann wird dieser verdoppelt, z. B.:
krabbeln
paddeln
der Löffel
die Wolle
spinnen
schleppen
die Karre
das Brett

4 Welche Wörter mit betontem kurzem Vokal und *ck* und *tz* werden hier gesucht?

1. Weiß und süß gehört er in den Kuchen:	*Zu*	ck	*er*
2. Ein anderes Wort für „senden“:	…	ck	…
3. „Ja“ sagen ohne Worte:	…	ck	…

1. So nennt man die „Füße“ einer Katze:	*Ta*	tz	*en*
2. Das Gegenteil von *frieren:*	…	tz	…
3. Beim Essen ist es ziemlich unhöflich:	…	tz	…

a) Schreibe die Wörter auf. Markiere die Vokalkürze und notiere Nomen mit ihrem Artikel.

b) Denke dir jeweils drei weitere Umschreibungen als Rätsel aus und überprüfe das gesuchte Wort mit Hilfe eines Wörterbuches.

c) Suche dir eine Lernpartnerin / einen Lernpartner. Lest eure Rätsel vor und versucht, die Wörter mit *ck* und *tz* zu erraten.

TIPP
Nach einem kurzen Vokal wird ***ck*** (statt ***kk***) und ***tz*** (statt ***zz***) geschrieben.

INFO
Einige Wörter aus anderen Sprachen schreibt man mit ***kk*** oder ***zz,*** z. B.:
der Akku, die Pizza

s-Laute richtig schreiben

Wörter mit Doppel-*s* nach kurzem Vokal

1 **a)** Lies den Text und sprich die markierten Wörter deutlich.

Nicht zu fassen! Mein Pass fiel ins Wasser und wurde nass. Ich musste ihn trocknen lassen und nun ist die Schrift verblasst. Hätte ich nur besser aufgepasst!

b) Übertrage die markierten Wörter in dein Heft (bei Nomen zusammen mit dem Artikel). Markiere den kurzen betonten Vokal mit einem Punkt und das Doppel-*s* farbig, z. B.: *fassen*

mit Wortfamilien arbeiten

INFO
Verwandte Wörter, die den gleichen Wortstamm haben, gehören zu einer **Wortfamilie,** z. B.: *fahren, der Fahrer, abfahren*
→ S. 133

2 Stelle aus den Wörtern vier Wortfamilien zusammen, z. B.: *die Nässe, nass, ...*

durchnässt	die Küsse	aufgepasst	blass	aufpassen
die Blässe	die Nässe	geküsst	nass	verblassen
verblasst	der Kuss	küssen	der Aufpasser	

Wörter mit *ß* nach langem Vokal

Ich heiße *Toni* **und das ist mein Steckbrief:**
Größe: *1,52 m*
Hobbys: *Fußball spielen, Spaß haben*
Lieblingsessen: *Spieße mit Klößen und Soße*
Lieblingsfarbe: *weiß* Lieblingstier: *Vogel Strauß*

3 **a)** Suche aus dem Steckbrief alle neun Wörter mit *ß* heraus.

b) Übertrage sie in dein Heft und markiere den langen Vokal oder Doppellaut mit einem Strich und das *ß* farbig, z. B.: *heiße*

4 **a)** Wie heißen die Verben? Schreibe sie untereinander auf.
gie...en, flie...en, schlie...en, zerrei...en, bei...en

b) Ergänze daneben die Formen im Perfekt und Präteritum, z. B.: *gießen – er goss – er hat gegossen*

c) Aus *ß* wird *ss*. Erkläre, warum.

s-Laute unterscheiden

- Ein Doppel-*s* steht nur nach kurzem betontem Vokal, z. B.: *nass, das Schloss*
- Ein *ß* steht nur nach langem Vokal oder Doppellaut, z. B.: *die Straße, grüßen, der Strauß*

Richtig schreiben

Ähnlich klingende Konsonanten unterscheiden

1 **a)** Wie heißen die Rätselwörter?
- *Fein und körnig liegt er am Meer.* –> *der Sand*
- *Er folgt meist auf ein tiefes Tal.*
- *Das ist eine sehr kleine und oft fleißige Märchenfigur.*
- *Das fordert der Bankräuber.*
- *In der Nacht steht er am Himmel.*

Sprich die gesuchten Nomen aus und gib an, welcher Buchstabe ans Ende gesetzt werden muss.

b) Überprüfe die Schreibung der Wörter im Wörterbuch.

c) Was hat dir geholfen, die richtige Schreibung am Wortende zu finden? Was weißt du darüber?

2 Wie werden die Verben im Kasten richtig geschrieben? Bilde den Infinitiv (die Grundform) und fülle dann die Lücken, z. B.:
rauben – er raubte ...

- *b* oder *p*? → er rau...te, sie glau...te, wir lo...ten, er gi...t
- *g* oder *k*? → sie fra...t, ihr dan...t, er schen...t , sie brin...t

3 **a)** Lies den Anfang des Buches „Delfinensommer".

Die Insel war klein und lag fern von aller Wel...(d/t?) im sü...(d/t?)lich blauen, immer bewe...(g/k?)ten Meer. Sie war so unbedeuten...(d/t?), dass der Dampfer von Piräus* nicht einmal bis zu ihr hinkam, sondern bei der größeren Nachbarinsel ablud, was für sie bestimmt war [...]

b) Prüfe durch die Verlängerungsprobe, ob die Zweifelsfälle mit *d* oder *t* oder mit *g* oder *k* geschrieben werden.

c) Schreibe den Text in der richtigen Rechtschreibung ab.

die Verlängerungsprobe machen
- Bei Nomen die **Pluralform bilden,** z. B.: *die Wan...? – die Wände → die Wand*
- **Adjektive steigern,** z. B.: *klu...? – klüger → klug*
- Bei Verben den **Infinitiv bilden,** z. B.: *du sa...st? – sagen → du sagst*

Piräus: Hafenstadt in Griechenland

Das habe ich gelernt

- Es hilft mir bei der Rechtschreibung, lange und kurze Vokale zu unterscheiden, weil ...
- Die Verlängerungsprobe hilft bei der Rechtschreibung, weil ...

Schreibe in dein Heft oder Portfolio.

Anwenden und vertiefen

einen Text im Partnerdiktat üben
→ S. 205

1 a) Suche dir eine Lernpartnerin / einen Lernpartner.
b) Lest euch gegenseitig den Textanfang des Buches „Sams Wal" von Katherine Scholes laut vor. Stellt Vermutungen an, worum es in dem Buch gehen könnte.

Sams Wal

Hinter dem Kamm* / der weißen Düne* / tauchte ein Junge auf. / Es war früh am Morgen / und die aufgehende Sonne / warf kaum sichtbare Schatten / über den Sand. / Der Hund des Jungen / sprang voraus und schnüffelte / an dem Treibgut, / das vom Wasser / der letzten Flut / angeschwemmt worden war: / eine zerbrochene Kiste, / Plastikflaschen, eine tote Möwe. […] / Mit jedem Schritt / versanken / Sams Füße tief / im feinkörnigen Sand. / Er ging / auf dem Kamm der Düne / entlang und sah hinunter / zu den Klippen / und über das Meer./

der Kamm: höchster Punkt einer Düne
die Düne: Sandberg

c) Übt den Text im Partnerdiktat. Achtet beim Diktieren auf die sorgfältige Aussprache der Wörter.
d) Kontrolliert euren Text anschließend und wiederholt bei Zweifelsfällen, was ihr in diesem Kapitel gelernt habt:
- Schreibung von betonten langen oder kurzen Vokalen,
- Schreibung der *s*-Laute,
- Schreibung von Wörtern, bei denen man andere Konsonanten hört, als man schreiben muss *(b/p, d/t, g/k)*.

Fehlerwörter korrigieren

2 a) Schreibe alle Wörter, die du im Diktat falsch geschrieben hast, noch einmal in der richtigen Rechtschreibung auf.
b) Erkläre deiner Lernpartnerin / deinem Lernpartner, warum das Wort einen Fehler enthält und wie du diesen Fehler in Zukunft vermeiden könntest.

TIPP
Wenn du dir nicht sicher bist, ob ein Wort mit *ß* oder *s* geschrieben wird, helfen dir verwandte Wörter.

3 a) Überlege, ob die Wörter im folgenden Text mit *ss*, *ß* oder mit einem einfachen *s* geschrieben werden. Achte dabei auf die Länge oder Kürze des betonten Vokals.
b) Schreibe die Wörter richtig ab.

Gespenster ra…eln, Regen pra…elt, ein Anzug pa…t, ein Fenster wird vergla…t, Clowns spa…en, Verliebte kü…en sich, Feinde ha…en, Gra… wächst, Wasser flie…t, Autos ra…en, eine Tür schlie…t, Kühe gra…en und Freunde qua…eln.

Wortbausteine erkennen

Auf Vor- und Nachsilben achten

KRANKHEIT
ENDUNG
MANNSCHAFT
TEILBAR
FREUNDLICHKEIT
MALERISCH
MÄNNLICH
ÄRGERNIS
ANFEINDUNG
FREUNDLICH
ÄRGERLICH
ENDLICH
KRÄNKLICH
TEILUNG
FEINDLICH
MALER

Was weißt du schon?

- Hier gehören jeweils ein Nomen und ein Adjektiv in eine Wortfamilie.
- Schreibe zunächst die Nomen mit ihrem Artikel in der richtigen Schreibweise untereinander auf.
- Woran hast du die Nomen erkannt? Erkläre.
- Ordne nun jedem Nomen das verwandte Adjektiv zu und schreibe es in der richtigen Schreibweise neben das Nomen.
- Erkläre, was dir geholfen hat, die Adjektive zu erkennen.
- Wie ist es dir gelungen, Nomen und Adjektive einer Wortfamilie zuzuordnen?

Nomen großschreiben

1 Lies den Text und finde heraus, um welches Tier es geht.

Lebensraum Wüste

Extreme Schwankungen der Temperatur und fehlendes Wasser erschweren das Leben in der Wüste. Aber einige Tiere haben sich an die harten Bedingungen angepasst. Ein Tier ist aus der Wüste nicht wegzudenken: Es gilt als das Wüstentier schlechthin*. Durch Speicherung von Wasser kommt es wochenlang ohne welches aus. Entstehen in der weiten Landschaft Sandstürme, schließt es seine Nüstern*. Augen und Ohren werden von langen Wimpern und Härchen* geschützt. Ein echtes Erlebnis ist es, einmal auf diesem „Wüstenschiff" zu reiten.

schlechthin: besonders typisch
die Nüstern: die Nasenlöcher
die Härchen: feine Haare

aus Verben Nomen bilden

2 a) Ordne jedem der Verben im Kasten das passende Nomen aus dem Text zu und schreibe es mit seinem Artikel auf.

schwanken   speichern   bedingen   erleben   landen

Wortbestandteile erkennen

das Suffix: die Nachsilbe

b) Unterstreiche den Wortstamm und markiere das Nomen-Suffix*, z. B.:
schwanken – die Schwankungen

! Wörter bestehen aus Bausteinen

Zwei der wichtigsten Wortbausteine überhaupt sind **der Wortstamm** und **das Suffix.**
- **Wortstamm** = Baustein, der bei allen Wörtern einer Wortfamilie gleich ist, z. B.: *der Freund, anfreunden, freundlich*
- **Suffix** = Wortbaustein, der hinter den Wortstamm ans Ende eines Wortes gesetzt werden kann.

Wenn ein Wort eines dieser Suffixe besitzt, ist es meist ein Nomen und wird großgeschrieben:
-ung, -heit, -keit, -nis, -tum, -schaft

3 Aus den Verben und Adjektiven auf der linken Seite und den Suffixen auf der rechten kannst du acht Nomen bauen.

Nomen bilden

gemeinsam | einsam | nähren | bedrohen | fähig | warnen | erleben | beobachten

\+

-ung | -keit | -nis | -schaft

a) Schreibe alle Nomen mit ihrem Artikel auf.

b) Unterstreiche bei allen Nomen den Wortstamm und markiere das Nomen-Suffix, z. B.:
gemeinsam + schaft = die Gemeinschaft
nähren + ung = die Nahrung

4 Die acht Nomen, die du in Aufgabe 3 gebaut hast, kannst du in den folgenden Text einfügen.

Nomen im Zusammenhang verwenden

a) Lies den Text zunächst still und überlege, an welcher Stelle du die Nomen sinnvoll einsetzen kannst.

Neugierige und freche Wüstenbewohner

Die Lieblinge vieler Zoobesucher sind eigentlich in der Kalahari* zuhause: die Erdmännchen. Die ...... mögen die niedlichen Wüstentiere nicht – sie leben wie in einer ...... und halten tapfer zusammen. Eine besondere ...... zeigen die Erdmännchen vor allem beim Jagen. Während die Gruppe nach ...... sucht, ist ein Erdmännchen für die ...... lauernder Feinde zuständig. Bei ...... durch andere Tiere stößt das Erdmännchen zur ...... der anderen einen schrillen Schrei aus. Sofort verschwinden alle in ihre Höhle und erholen sich von ihrem ....

die Kalahari: Wüste im Süden Afrikas

b) Schreibe den Text mit den passenden Nomen ab.

c) Tauscht anschließend eure Texte aus und kontrolliert sie gegenseitig.

die Rechtschreibung überprüfen

Adjektive kleinschreiben

passende Adjektive verwenden

1 Welche Eigenschaften passen zu den im Bild dargestellten Dingen?

a) Schreibe zunächst Nomen, die zu dem Bild passen, mit ihrem Artikel auf, z. B:
das Gruselhaus

Adjektiv-Suffixe kennen

INFO
Wenn ein Wort eines der folgenden Suffixe besitzt, ist es meist ein Adjektiv und muss kleingeschrieben werden:
-ig, -isch, -lich, -sam, -bar

b) Baue passende Adjektive, indem du typische Adjektiv-Suffixe mit diesen Wortbausteinen kombinierst:

sonder-	unheim-	selt-	stürm-
gefähr-	gemüt-	grusel-	ries-

c) Unterstreiche bei allen Adjektiven den Wortstamm und markiere das Adjektiv-Suffix, z. B.:
das seltsame, unheimliche, sonderbare Gruselhaus

aus Nomen Adjektive bilden

TIPP
Wenn man ein Adjektiv vor einem Nomen verwendet, muss man es verändern, z. B.:
mitteilsam – ein mitteilsamer Bote

2 **a)** Bilde aus den Nomen in den Klammern passende Adjektive und setze sie in die Lücken.

Nur in Geschichten?

- Ein *mitteilsamer* (die Mitteilung) Bote,
- ein ...... (der Freund) Geist,
- ein ...... (der Rost) Schlüssel,
- ein ...... (das Gespenst) Haus,
- ein ...... (die Lust) Freund,
- ein ...... (die Verschwendung) König,
- eine ...... (der Neid) Königin,
- eine ...... (das Unglück) Prinzessin
- und ein ...... (die Langeweile) Ende.

b) Schreibe den Text ab und unterstreiche bei allen Adjektiven den Wortstamm und markiere das Adjektiv-Suffix.

Verben richtig schreiben

Verben bilden

1 a) Kombiniere das Verb *laufen* mit den folgenden Wortbausteinen und schreibe die neuen Verben auf, z. B.:
entlaufen

zer- be- ent- ver- laufen

b) Unterstreiche bei jedem Verb den Wortstamm und markiere den Baustein, der vor dem Verb steht, z. B.:
entlaufen

Verben angemessen verwenden

2 a) Welches der Verben passt? Ordne den folgenden Nomen jeweils ein passendes Verb aus Aufgabe 1 zu, z. B.:
- *der Hund: entlaufen*
- *die Schminke: ......*
- *die Rechnung: sich ......*
- *der Wanderer: ......*

b) Bilde mit jedem Nomen und dem zugehörigen Verb einen Satz, z. B.:
Gestern ist mein Hund entlaufen.

c) Beschreibe, was dir bei der Konjugation (Beugung) der Verben auffällt.

INFO
die Konjugation (Beugung): Bildung der Personalform eines Verbs, z. B.: *kaufen* (Infinitiv) – *ich kaufe, du kaufst, er/sie/es kauft* usw. (Personalform)
→ S. 112

d) Lies die folgenden Zeitungsüberschriften. Setze in die Lücken jeweils ein Verb aus dem Kasten in konjugierter Form ein und schreibe die Überschriften auf.

belaufen zerlaufen entlaufen verlaufen

Leider verrechnet! Kosten für neues Rathaus ...... sich auf 10 Mio. Euro!

Eisbär *entläuft* aus Zoo!

Frauchen verzweifelt! Hund ...... sich im Kaufhaus

Popstar verschwunden! Schulden ...... sich auf 80 000 Euro!

Wüstenklima in Deutschland! Eis ...... in der Hand!

den Aufbau von Verben untersuchen

3 a) Untersuche den Aufbau der folgenden Verben. Unterstreiche dazu den Wortstamm und markiere das Präfix (den Baustein vor dem Wortstamm), z. B.:
besuchen

besuchen	zerstreiten	verhalten	vermachen
verstehen	zerreden	entnehmen	verlassen
entsenden	besiegen	entreißen	bedeuten

TIPP
Wichtige **Präfixe** (Vorsilben) von Verben:
be-, ent-, ver-, zer-

mit Präfixen Verben verändern

b) Tausche bei jedem Verb den Baustein, der vor dem Verb steht, einmal gegen einen anderen passenden aus, z. B.:
besuchen, versuchen

c) Bilde mit fünf Verben aus Aufgabe 3 b) je einen Satz.

! Präfixe und Verben kombinieren

- Wortbausteine, die vor den Wortstamm gesetzt werden können, nennt man **Präfixe**.
  Mit ihnen können aus dem gleichen Wortstamm neue Wörter gebildet werden, z. B.:
  behaupten, entwickeln, verlieren, zerreißen
- Wenn du dir die Schreibung dieser Präfixe merkst und ein Wort in seine Bausteine zerlegen kannst, hilft dir das bei der Rechtschreibung, denn: Mit welchem Verb man die Präfixe auch kombiniert – sie werden immer gleich geschrieben.

Richtig schreiben

INFO
Präpositionen sind kleine Wörter, die das Verhältnis zwischen Gegenständen und/oder Personen angeben, z. B.:
auf, vor, unter

4 a) Ersetze die Präfixe bei den folgenden drei Verben durch eine dieser Präpositionen: *auf-, an-, durch-*

verfallen	**versuchen**	**bestehen**
verfallen – auffallen	*versuchen – ...*	...

b) Unterstreiche jeweils den Wortstamm und markiere das Präfix (die Präposition).

c) Bilde mit dem alten und dem neuen Verb jeweils einen Satz im Präsens (in der Gegenwart) z. B.:
– *Das alte Haus ist verfallen.*
– *Er fällt ungern auf.*

d) Beschreibe, was dir an der Form der Verben auffällt.
Wo steht das Präfix, wo der restliche Teil des Verbs?

INFO
- **trennbare Verben:** *einkaufen → ich kaufe Brot ein*
- **untrennbare Verben:** *durchbohren → ich durchbohre das Brett*

Präpositionen und Verben kombinieren

- Präpositionen können vor Verben gesetzt werden. Sie verändern dadurch die Bedeutung des Verbs.
- Diese Präpositionen werden oft mit Verben kombiniert: *an-, aus-, auf-, bei-, durch-, mit-, nach-, um-, unter-, über-, vor-, zu-*
- Bei der Konjugation (Beugung) von zusammengesetzten Verben können die Präpositionen vom Verb getrennt und ans Satzende geschoben werden, z. B.: *aufschließen – Er schließt die Tür auf.*

5 **a)** Trainiere deine Rechtschreibung anhand des folgenden Textes im Partnerdiktat. Arbeite dafür mit einer Lernpartnerin / einem Lernpartner.

– Der neue Mitschüler wollte auffallen / und stellte sich / besonders lautstark vor. /
– Der Detektiv untersuchte / den Tatort und gab / den Fall / sehr schnell auf. /
– Sie zerbrach sich / den Kopf, / weil sie leider / gar nichts verstand. /
– Er gab zu, / von der Geschichte / ziemlich enttäuscht zu sein. /
– Ich versuche, / mich zu erinnern, / aber leider ist mir / der Name entfallen. /

Rechtschreibung im Partnerdiktat üben
→ S. 205

TIPP
Diktiere die Kommas mit!

b) Überprüfe, bevor du den Text zur Kontrolle gibst: Hast du die Präfixe und Präpositionen, die mit Verben kombiniert wurden, richtig geschrieben?

die Rechtschreibung überprüfen

Das habe ich gelernt

Ergänze die Cluster und Sätze in deinem Heft oder Portfolio:

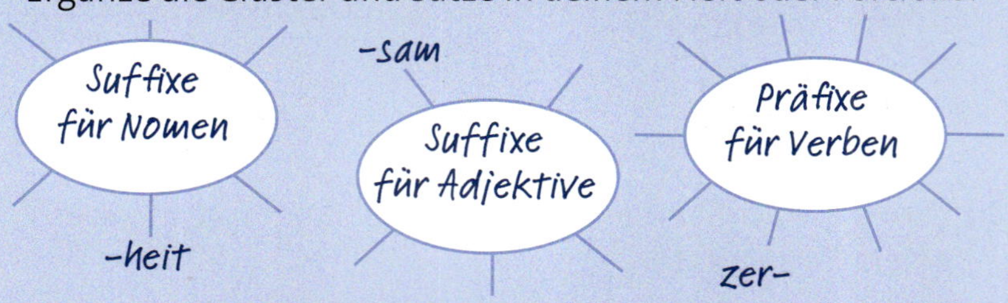

- Suffixe zu erkennen, kann mir bei der Rechtschreibung helfen, weil ...
- Präfixe könnte man auch „kleine Wörterteile mit großer Wirkung“ nennen, weil ...
- Das ist mir in diesem Kapitel noch schwergefallen: ... So kann ich es üben: ...

Anwenden und vertiefen

Nomen großschreiben

1 Im folgenden Kasten stehen Nomen und Adjektive.
Bei zehn Wörtern im Kasten ist die Groß- oder Kleinschreibung nicht beachtet worden.

a) Achte auf die Wortbausteine und versuche, die falsch geschriebenen Wörter zu finden.

Achtung: Fehler!

Untersuchung	vermutlich	Nachdenklich
geschwindigkeit	Irrtum	Wachsam
erfahrung	niedlich	Giftig
sprachlos	übelkeit	Freundschaft
Winzig	klugheit	Schicksal
Gründlich	ergebnis	lustig

b) Korrigiere die Fehler: Schreibe die Wörter in der richtigen Schreibung auf. Notiere Nomen mit ihren Artikeln.

Nomen und Adjektive bilden

c) Bilde aus den Verben *gründen, sparen, biegen, gefährden, halten* jeweils ein Nomen und ein Adjektiv und schreibe die Wörter auf. Notiere zu den Nomen ihre Artikel.

Verben bilden

2 **a)** Baue aus den folgenden Präfixen und Verben möglichst viele neue Verben.

Präfix

ver- be- ent- zer-

Verben

stellen nehmen schreiben treten kommen

Verben in Sätzen verwenden

b) Verwende acht Verben, die du neu gebildet hast, in jeweils einem Beispielsatz.

3 Wähle sechs Verben aus Aufgabe 2 a) aus. Schreibe Rätselsätze auf, mit denen du sie erfragen kannst, z. B.:

- *Was tut man, wenn man sich anders zeigt, als man ist? (Man verstellt sich.)*
- *Was tut man, wenn man sich gut verhält? (Man benimmt sich.)*
- *Was tut man, wenn ...*

Groß oder klein?

Wortarten erkennen

Antwort nach 30 Jahren!

Eine japanische Schulklasse schickte eine Flasche mit einer kleinen Botschaft auf die Reise in den Pazifischen Ozean. Sie hofften, dass jemand die Flaschenpost finden würde. Auf der Karte in der Flasche baten sie den „Finder", ihnen zu antworten. Das ist jetzt fast 30 Jahre her. Ein Bauarbeiter fand die Flaschenpost nun am Strand der nördlichen Halbinsel Shimokita. Er schrieb sofort einen Brief an die japanische Schule. Heute sind die Schüler von damals natürlich schon lange erwachsen. Aber sicher haben sich viele von ihnen gefreut, als sie davon in der Zeitung lasen, dass ihre Flaschenpost doch noch gestrandet ist.

Was weißt du schon?

- Lies den Artikel aus einer Jugendzeitschrift und benenne das Thema.
- Untersuche in dem Text die Schreibung der Wörter: Welche werden großgeschrieben? Erkläre, warum.
- Welche Begleitwörter für Nomen kennst du?
- Schreibe fünf Nomen mit ihren Begleitwörtern aus dem Text heraus.
- Manchmal sind Begleitwörter „versteckt". Nenne ein Beispiel aus dem Text.
- Wie kannst du dir selbst helfen, wenn du nicht weißt, ob ein Wort in einem Satz groß- oder kleingeschrieben wird?

Nomen großschreiben

1 **a)** Lies die Überschrift der folgenden Nachrichtenmeldung. Worum könnte es in dem Bericht gehen?

b) Nenne alle Nomen, die in der Überschrift enthalten sind.

c) Lies nun den Text, der zu der Überschrift gehört

Nomen erkennen

INFO
Großschreibung:
- Nomen, Namen und Satzanfänge schreibt man groß.
- Wenn man sich nicht sicher ist, ob ein Wort in einem Satz ein Nomen ist, kann man versuchen ein Begleitwort zu finden, z.B.:

Ein Astronaut fliegt

schwerelos durch

das unendliche All.

Aus dem All gesehen: Ein Vulkan gibt Rauchzeichen

Astronauten blicken [...] auf die Erde hinab – und machen dabei manchmal erstaunliche Beobachtungen. So wie der US-Raumfahrer Jeff Williams: Der flog gerade in der internationalen Raumstation ISS über eine Inselgruppe Alaskas hinweg, als unter ihm der Cleveland-Vulkan „rülpste". Aus dem Krater des [...] hohen Berges stieg eine gigantische, [...] hohe Aschewolke auf und zog über das Meer. Williams schoss schnell ein Foto. Das faszinierende Schauspiel dauerte nur kurz: Zwei Stunden nach der Aufnahme war die Wolke aufs Meer hinausgeweht und der Vulkan gab wieder Ruhe.

d) Schreibe alle Nomen mit ihren Begleitwörtern aus dem Text heraus und ergänze die Begleitwörter, wo es nötig ist, z.B.:
aus dem All, ein Vulkan, die Rauchzeichen

2 Manchmal sind die Artikel „versteckt".

„versteckte" Artikel erkennen

HILFEN
Versteckte Artikel sind z.B.:
zum *= zu dem*
ums *= um das*
am *= an dem*

a) Lies die folgenden Sätze und versuche, die „versteckten" Artikel zu finden.
- *Vom All aus machte Williams eine erstaunliche Entdeckung.*
- *Eine hohe Aschewolke verteilte sich übers Meer.*
- *Zum Glück hatte der Astronaut eine Kamera dabei.*
- *Der Vulkan beruhigte sich am Ende.*

b) Schreibe die Sätze mit den „entdeckten" Artikeln auf, z.B.:
Vom (= von dem) All aus machte Williams eine erstaunliche Entdeckung.

Versteckte Artikel

- Artikel können in einem Satz mit Präpositionen verschmelzen, sie „verstecken" sich, z.B.: ***am*** *Morgen (=* ***an dem*** *Morgen),* ***im*** *Garten (=* ***in dem*** *Garten),* ***beim*** *Bäcker (=* ***bei dem*** *Bäcker),* ***vom*** *Freund (=* ***von dem*** *Freund),* ***zum*** *Bahnhof (=* ***zu dem*** *Bahnhof).*
- Wenn du die „versteckten" Artikel wiederfindest, kannst du besser erkennen, ob ein Wort ein Nomen ist oder nicht.

Präpositionen → S. 109 f.

Nomen ohne Begleitwörter erkennen

3 Oft werden bei Überschriften keine Begleitwörter verwendet.

a) Lies die folgenden Überschriften.

1. LASST BLUMEN SPRECHEN! → *Lasst (die) Blumen sprechen!*
2. AMEISEN AUF WOHNUNGSSUCHE
3. DIEB AUF FLUCHT GEFASST!
4. BLECHLAWINE VERURSACHT STAU AUF AUTOBAHN

b) Überprüfe, welche Wörter Nomen sind. Du kannst dir selbst helfen, indem du dir ein Begleitwort dazudenkst.

c) Schreibe die Überschriften in der richtigen Groß- und Kleinschreibung in dein Heft. Ergänze das „gedachte" Begleitwort in Klammern im Satz.

Nomen ohne Begleitwörter

- Manchmal tauchen vor Nomen gar keine Begleitwörter auf.
- Um herauszufinden, ob ein Wort ein Nomen ist oder nicht, kannst du dir **Begleitwörter dazudenken** und überprüfen, ob sie vor dem Wort stehen könnten, z.B.: *Lasst Blumen sprechen! → Lasst die Blumen sprechen!*
- Begleitwörter sind z.B. Artikel, Adjektive oder Mengenangaben.
- Allerdings musst du immer darauf achten, ob das Wort als Nomen im Satzzusammenhang sinnvoll ist, z.B.: *Es gibt Menschen ohne Zuhause. → Es gibt (viele/einige/die) Menschen ohne (ein/festes) Zuhause.*

Die Wortart wechseln – Adjektive werden Nomen

nominalisierte Adjektive erkennen

4 a) Lies die Aussagen dieser Personen. Welche Berufe könnten sie haben?

b) Alle Adjektive werden hier großgeschrieben und wie Nomen gebraucht. Erkläre, warum.

c) Welche Aussagen passen zu den Berufen *der Millionär, der Rockstar, die Schauspielerin, der Profischwimmer, das Model*? Schreibe passende Sätze mit nominalisierten Adjektiven.

Adjektive werden zu Nomen

Wenn ein Begleitwort (z. B. ein Artikel oder eine Mengenangabe) vor einem Adjektiv verwendet wird und direkt dahinter kein Nomen folgt, **wird das Adjektiv zum Nomen** und muss **großgeschrieben** werden, z. B.:

Was du tust, ist das Richtige.

So etwas Lustiges hat er lange nicht erlebt.
Das nennt man **Nominalisierung** von Adjektiven.

INFO
Mengenangaben:
viel
wenig
alles
nichts
etwas
alles
genug

5 Auch nach Mengenangaben (*viel, wenig, alles*) als Begleitwörter werden Adjektive großgeschrieben. Schreibe die Sätze in der richtigen Groß- und Kleinschreibung in dein Heft.
- *Ich wünsche dir alles Gute (gut).*
- *Auf der Reise entdeckte er viel ...... (schön).*
- *Er musste mir etwas ...... (wichtig) erzählen.*
- *Auf der Party passiert wenig ...... (interessant).*
- *Ich erfuhr leider nichts ...... (neu).*

Die Wortart wechseln – Verben werden Nomen

nominalisierte Verben erkennen

6 **a)** Lies die folgenden Zeitungsüberschriften.

Sensationell: Das Fliegen lernen!

Skandal beim Vortanzen

Film zum Lachen

Entdeckung: Das Singen der Wale

b) Normalerweise werden Verben kleingeschrieben. Das ist hier nicht bei allen der Fall: Vier Wörter, die du als Verben kennst, werden großgeschrieben. Welche sind das?

c) Erkläre, warum sie hier großgeschrieben werden.

7 Lies die folgende Zeitungsmeldung und schreibe alle Nomen, die aus Verben gebildet wurden, heraus. Es sind insgesamt sechs.

Sensationelle Entdeckung!

Bei einer Maus denkt man normalerweise an ein kleines Tier mit runden Knopfaugen und niedlichem Aussehen. Vor kurzem stießen Forscher beim Ausgraben in Südamerika auf einen erstaunlichen Fund: Sie entdeckten den Schädel des größten Nagetiers der Welt. Dieses lebte wahrscheinlich vor zwei bis vier Millionen Jahren. Nach dem Wiegen des Skelettschädels errechneten die Wissenschaftler, dass die „Riesenmaus“ bis zu einer Tonne gewogen haben könnte. Grund zum Fürchten gibt es aber nicht: Das Tier bevorzugte beim Fressen pflanzliche Kost. Dies stellten Wissenschaftler nach dem Untersuchen der Kaumuskeln fest.

Verben werden Nomen

Wenn ein Begleitwort vor einem Verb verwendet wird (z. B. ein Artikel), **wird das Verb zum Nomen** und muss **großgeschrieben** werden, z. B.:

Das Lachen erfüllte den Saal.

Beim Wandern verlor er seinen Rucksack.
(= bei dem Wandern)
Das nennt man **Nominalisierung** von Verben.

die Schreibung von Nomen üben

8 a) Lies die folgenden Sätze und entscheide, ob die markierten Wörter groß- oder kleingeschrieben werden müssen.
- Sie LESEN sehr gerne. Das LESEN finden sie entspannend.
- Beim ARBEITEN möchte er nicht gestört werden. Wenn er ARBEITEN muss, braucht er absolute Ruhe.
- Das SPRECHEN am Telefon fällt ihr leicht. Aber sie kann nicht vor anderen Menschen SPRECHEN.
- Das LACHEN gehört bei Clowns zum Beruf. Zu Hause LACHEN sie aber auch nicht immer.

b) Schreibe die Sätze in der richtigen Groß- und Kleinschreibung in dein Heft, z. B.:
Sie lesen sehr gerne. Das Lesen ...

9 *Das bin ich!* Vervollständige die folgenden Sätze und achte dabei auf die Groß- oder Kleinschreibung.
- Das ...... macht mir Spaß.
- Beim ...... muss ich mich konzentrieren.
- Sehr gut entspannen kann ich beim ....
- Mein Wochenende verbringe ich besonders gern mit ....

eine Mindmap erstellen
→ S. 209

Das habe ich gelernt

- Erstelle eine Mindmap zum Thema „Großschreibung“.
- Wenn man wissen will, ob ein Wort ein Nomen ist, das Wort aber kein sichtbares Begleitwort hat, dann ...
- Verben und Adjektive muss man großschreiben, wenn ...
- Das fiel mir bei den Übungen in diesem Kapitel noch schwer: ...
  So kann ich weiter üben: ...

Die eigenen Fehler verstehen

1 Die Zeitungsmeldung von der ausgestorbenen Riesenmaus (Seite 151) hat einen Leser der Zeitung dazu angeregt, einen Leserbrief zu schreiben. Leider sind darin neun Nomen kleingeschrieben. Sie sind im Text rot unterstrichen.

a) Lies den Leserbrief und überlege, warum die markierten Wörter Nomen sind und großgeschrieben werden müssen.

```
                                  Berlin, 9. April 2009
Sehr geehrte Damen und Herren,
vor einigen Tagen habe ich die meldung von der
ausgestorbenen Riesenmaus in Ihrer Zeitung gelesen.
Die entdeckung dieser Maus ist wirklich etwas
besonderes! Mich wundert aber die vermutung der
Forscher, die Maus habe sich nur von pflanzen
ernährt. Schließlich war sie ziemlich groß. Aber
die Wissenschaftler haben sicher alles mögliche bei
der Maus untersucht, um zu dem Schluss zu kommen.
Eine Frage habe ich noch: Könnte es sein, dass
nachkommen dieser lebewesen heute noch existieren?
Das würde ich dann doch zum fürchten finden!

Mit freundlichen Grüßen
Ihr Tim Larssen
```

b) Schreibe die Tabelle zur Fehleranalyse ab und sortiere die Fehler aus dem Leserbrief ein. Unterstreiche die korrigierte Stelle im Fehlerwort und ergänze die zweite und die dritte Spalte.

Fehleranalyse

Korrektur	Warum ist das Wort falsch?	Wie könnte man den Fehler vermeiden?
die Meldung ...	*Es ist ein Nomen und muss großgeschrieben werden.*	*nach Begleitwörtern suchen (hier: Artikel „die“); auf das Nomen-Suffix „-ung“ achten*

Nomen erkennen

INFO
In einem **Leserbrief** antworten Leserinnen und Leser auf einen Text in einer Zeitung oder Zeitschrift. In dem Brief können sie Fragen stellen oder ihre Meinung äußern.

Achtung: Fehler!

Fehler korrigieren

INFO
Mit Hilfe der **Fehleranalyse** kannst du
- erklären, warum ein Wort falsch geschrieben wurde,
- Tipps aufschreiben, wie man diesen Fehler vermeiden könnte,
- eigene Fehlerschwerpunkte feststellen und üben.

Texte am Computer korrigieren

2 Briefe, die du schreibst, kannst du auch mit Hilfe der Rechtschreibprüfung am Computer kontrollieren.

a) Vergleiche die handgeschriebene Korrektur in der Tabelle mit der des Computers. Beschreibe, was dir auffällt.

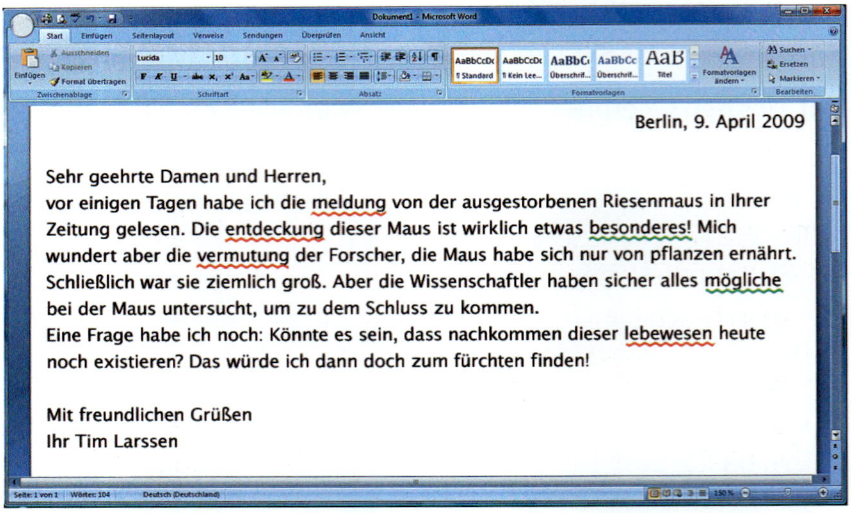
Berlin, 9. April 2009

Sehr geehrte Damen und Herren,
vor einigen Tagen habe ich die meldung von der ausgestorbenen Riesenmaus in Ihrer Zeitung gelesen. Die entdeckung dieser Maus ist wirklich etwas besonderes! Mich wundert aber die vermutung der Forscher, die Maus habe sich nur von pflanzen ernährt. Schließlich war sie ziemlich groß. Aber die Wissenschaftler haben sicher alles mögliche bei der Maus untersucht, um zu dem Schluss zu kommen.
Eine Frage habe ich noch: Könnte es sein, dass nachkommen dieser lebewesen heute noch existieren? Das würde ich dann doch zum fürchten finden!

Mit freundlichen Grüßen
Ihr Tim Larssen

TIPP
Rechtschreibprüfung am Computer:
Die rote Markierung zeigt Fehler in der Rechtschreibung an, die grüne Markierung grammatische Fehler.

b) Welche Wörter meldet das Programm als Fehler, welche nicht? Erkläre.

c) Schreibe den Text ab und korrigiere dabei die Fehler.
Die Tabelle zur Fehleranalyse auf Seite 153 hilft dir dabei.

Fehlerkontrolle am Computer

- Eine Rechtschreibprüfung am Computer kann bei der Kontrolle der Rechtschreibung helfen.
  Es werden aber nicht alle Fehler gemeldet, denn das Programm übersieht auch Fehler und kann z. B. nicht alle Nominalisierungen erkennen. Außerdem werden Namen oft als Fehler vermerkt.
- Deswegen solltest du am Computer geschriebene Texte immer noch einmal gegenlesen.

3 Ein Computerprogramm hat diese Wörter als falsch markiert:

Gesrpäch zauberer wenich Strase gelert wüste

a) Erkläre, warum. (Tipp: Bei zwei Wörtern gibt es zwei verschiedene Möglichkeiten, das zu erklären.)

b) Schreibe die Wörter in der richtigen Schreibung in dein Heft.

4 Die folgenden Sätze enthalten je einen Fehlerschwerpunkt.

a) Erkläre, welche Regel jeweils nicht beachtet wurde.

b) Schreibe die Texte in der richtigen Schreibung in dein Heft.
- *Beim skaten trifft man immer coole Typen. Das springen macht mir am meisten Spaß.*
- *Jeden Sontag gehe ich ins Schwimbad. Ich hofe, dass ich bald noch schneler schwimen kann.*
- *Ich liebe alles süße. Das gute ist, dass mein Onkel Bäcker ist. Er bringt mir oft etwas leckeres mit.*

5 Im folgenden Text über ein besonderes Tier sind acht Fehlerwörter unterstrichen.

Die Steinlaus

Wusstet ihr, dass in vielen Lexika* ein Tier zu finden ist, das es gar nicht gibt? Es ist die Steinlaus. Ihr Erfinder ist der Schriftsteller Loriot, dessen Sketche* vielen menschen ein lautes lachen entloken. Kaum ein Tier ist so Seltsam wie diese Laus, denn sie frist nur Steine. Besonders gern lept sie in Mauern oder auch in Steinbrüchen. In der Steinzeit gab es besonders viele dieser Nagetiere. Jetzt gelten sie als fast ausgestorben und man hört nur noch sehr wenich von ihnen. Aber keine Sorge: Die Steinlaus gipt es ja gar nicht!

die Lexika: Pluralform (Mehrzahl) von Lexikon
der Sketch: kurze, witzige Szene im Theater oder Fernsehen

eine Fehleranalyse durchführen

a) Lege eine Tabelle zur Fehleranalyse wie auf Seite 153 an und sortiere die im Text falsch geschriebenen Wörter in richtiger Schreibung ein. Unterstreiche die korrigierte Stelle im Wort.

b) Trage in die mittlere Spalte der Tabelle ein, worin der Fehler in dem jeweiligen Wort besteht.

c) Schreibe in die Spalte ganz rechts, wie man den Fehler vermeiden kann.

d) Schreibe den Text anschließend richtig in dein Heft.

6 **a)** Suche dir eine Lernpartnerin / einen Lernpartner.

ein Partnerdiktat durchführen

b) Diktiert euch den Text auf der Einstiegsseite dieses Kapitels (Seite 147) im Partnerdiktat.

c) Lest eure Texte gegenseitig aufmerksam durch und übertragt alle Fehler bei der Großschreibung von Nomen in die Tabelle zur Fehleranalyse (Aufgabe 1 b, Seite 153).

d) Werte deine Tabelle aus.
- Wo hast du die meisten Fehler gemacht?
- Wie könntest du dich in diesem Bereich verbessern?

Anwenden und vertiefen

Texte überarbeiten

Achtung: Fehler!

1 Die folgenden Hinweise enthalten fünf Fehler.
Überprüfe die Groß- und Kleinschreibung und schreibe die Sätze richtig auf.

- Im Parkhaus ist das hupen verboten!
- Bitte duschen Sie vor dem schwimmen!
- Alles wichtige erfahren Sie im 3. Stock.
- Machen Sie beim klettern nichts leichtfertiges!

Großschreibung von Nomen üben

INFO
Ländernamen schreibt man immer groß, z. B. *Australien*, das davon abgeleitete Adjektiv dagegen klein, z. B. *australisch*.

2 **a)** Arbeitet zu zweit. Sucht alle Nomen aus dem Text heraus und begründet, warum die Wörter großgeschrieben werden müssen, z. B.:

- *nach 25 Jahren → das Jahr*
- *ein Bumerang*

b) Achte auf Begleitwörter für Nomen oder denke sie dir dazu.

BUMERANG JAHRZEHNTELANG UNTERWEGS

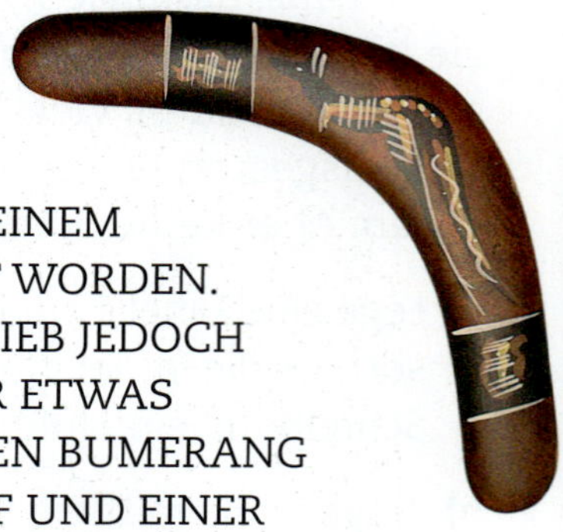

NACH ZIEMLICH GENAU 25 JAHREN IST EIN BUMERANG WIEDER IN AUSTRALIEN ANGEKOMMEN. DAS GUTE STÜCK WAR 1983 VON EINEM AMERIKANISCHEN TOURISTEN AUS EINEM AUSTRALISCHEN MUSEUM GEKLAUT WORDEN. DAS STEHLEN VERURSACHTE BEIM DIEB JEDOCH GEWISSENSBISSE. DESWEGEN TAT ER ETWAS UNGEWÖHNLICHES: ER SCHICKTE DEN BUMERANG MIT EINEM ENTSCHULDIGUNGSBRIEF UND EINER GELDSPENDE ZURÜCK. ALLERDINGS IST DAS MUSEUM INZWISCHEN GESCHLOSSEN.
NUN SUCHT DER BÜRGERMEISTER DEN BESITZER DES BUMERANGS.

richtig abschreiben
→ S. 206

3 Trainiere die Schreibung dieser schwierigen Wörter aus dem Text durch richtiges Abschreiben:

der Bumerang   ziemlich   von einem Touristen
aus einem australischen Museum   die Gewissensbisse
mit einem Entschuldigungsbrief   der Bürgermeister
der rechtmäßige Besitzer

4 **a)** Schreibe den Text in der richtigen Groß- und Kleinschreibung ab.

b) Überprüfe, ob du alle Nomen im Text großgeschrieben hast.

Nicht ohne Punkt und Komma!

Zeichen setzen

Drachen und Menschen

Gibt es Drachen wirklich oder sind sie nur Fantasiegestalten der Menschen viele Geschichten über die unheimlichen Wesen erzählt man sich bis heute angeblich beherrschten die Drachen vor langer Zeit die Erde sie schwammen durch Meere und flogen durch die Lüfte aber dann breiteten sich die Menschen auf der Erde aus die Drachen zogen sich zurück verschwanden in den Tiefen der Meere oder lebten versteckt in felsigen Gebirgen und dunklen Wäldern

Achtung: Fehler!

Was weißt du schon?

- Drachen gibt's doch gar nicht! Oder doch? Was weißt du darüber? Berichte.
- Lies den Text. Warum ist er schwierig zu verstehen?
- Lies den Text und gliedere ihn dabei: Überlege, wo die einzelnen Sätze zu Ende sind.
- Schreibe den Text ab und setze die fehlenden Satzzeichen. Achte auf die Großschreibung am Satzanfang.
- An einigen Stellen musstest du Kommas innerhalb der Sätze setzen. Welche wichtigen Regeln für die Kommasetzung kennst du bereits?

Mit Satzzeichen gliedern und aufzählen

Satzzeichen setzen

1 a) Lies den folgenden Text laut vor und gliedere ihn beim Lesen. Wo hören Sätze auf, wo fangen neue an?

Eines Morgens

Der Tag begann wie immer ich stand auf und sprang unter die Dusche der Kaffee kochte bereits der Duft zog verlockend durch die Wohnung gemütlich las ich die Zeitung das Frühstücksei war perfekt gekocht was für ein schöner Morgen doch plötzlich hörte ich ein Klopfen was war das

b) Schreibe die Sätze mit passenden Satzzeichen auf, z. B.:
Der Tag begann wie immer. Ich stand …

INFO

Satzarten

- Der **Aussagesatz** endet mit einem Punkt, z. B.: *Heute regnet es.*
- Der **Fragesatz** endet mit einem Fragezeichen, z. B.: *Wer hat einen Regenschirm?*
- Der **Ausrufesatz** endet mit einem Ausrufezeichen, z. B.: *Ich habe meinen Schirm vergessen!*

2 a) Lies die Fortsetzung der Geschichte.

Ich wurde neugierig und wollte wissen, woher das Geräusch kam. Ich sah unter der Spüle im Mülleimer hinter dem Spiegel im Kleiderschrank in der Waschmaschine und auf dem Balkon nach. Schließlich öffnete ich den Kühlschrank: „Guten Morgen!“, sagte ein kleiner Drache und wischte sich den Mund ab. „Der Käse die Wurst die Milch und der Schokopudding waren wirklich lecker!“

Kommas bei Aufzählungen setzen

b) Welche Sätze im Text enthalten Aufzählungen?

c) Schreibe die Sätze ab und setze die fehlenden Kommas.

d) Vor welchem Wort wird bei Aufzählungen kein Komma gesetzt? Überprüfe noch einmal die Schreibung deiner Sätze.

! Das Komma bei Aufzählungen

- Wenn man Wörter oder Wortgruppen **aufzählt**, muss man sie durch ein **Komma** trennen, z. B.:
  Sie duschte, frühstückte, las die Zeitung, verließ das Haus.
- Vor *und* und *oder* steht in Aufzählungen **kein** Komma.
  Unterwegs sah sie Schulkinder, Erwachsene in Mänteln, Autos, viele bunte Fahrräder und eine sehr alte Straßenbahn.

3 Wie stellst du dir deinen Traumtag vor? Schreibe und zähle dabei auf, was du am liebsten machen würdest, z. B.:
An meinem Traumtag würde ich gern lange ausschlafen, …

Das Komma zwischen Sätzen

Kommas bei Satzverknüpfungen setzen

1 Nicht nur bei Aufzählungen, auch bei Satzverknüpfungen muss man häufig Kommas setzen.

a) Lies den Text über die Bedeutung von Drachen in China.

Glücks- und Retterdrachen

In China gelten Drachen zwar als gefährliche Wesen aber kein Chinese würde sie als böse ansehen.
Viele Geschichten werden über sie erzählt: Man glaubte dass ein Retterdrache die Menschen vor einer großen Flut bewahrt hat. Bauern brachten den Drachen Opfer denn sie erhofften sich davon reichhaltige Ernten. Einmal fing ein Bauer zwei junge Drachen ein und die Felder verdorrten*.
Das Glück kehrte aber zurück denn er ließ die Drachen wieder frei.

verdorren: vertrocknen

b) In dem Text fehlen vier Kommas. Lies den Text noch einmal und achte auf Konjunktionen (Bindewörter).

c) Schreibe den Text ab und setze die fehlenden Kommas.

Kommas bei Satzreihen setzen

2 Gib Informationen aus dem Text in Aufgabe 1 wieder, indem du die Sätze in der Tabelle ergänzt und Satzreihen bildest. Verwende dafür *aber* oder *denn* und setze vor die Konjunktion immer ein Komma.

In China werden Drachen nicht als böse angesehen,	aber denn	...
Man glaubte dort an einen Retterdrachen,		...
Ein Bauer nahm zwei Drachen gefangen,		...

! Das Komma in der Satzreihe

- Wenn man zwei Hauptsätze miteinander verbindet, entsteht eine **Satzreihe**.
- Konjunktionen, die Hauptsätze miteinander verbinden, heißen **nebenordnende Konjunktionen** oder **Hauptsatz-Konjunktionen.**
- Vor diesen Hauptsatz-Konjunktionen setzt man ein **Komma:** *doch, aber, sondern, denn*
- Wenn Hauptsätze durch *und* oder *oder* verbunden werden, muss man kein Komma setzen.

Kommas in *dass*-Sätzen setzen

3 Bei den folgenden Satzgefügen, die alle die Konjunktion *dass* enthalten, fehlen die Kommas.

a) Schreibe die Sätze ab und ergänze die fehlenden Kommas.

– *Bei den Germanen glaubte man früher dass Drachen Furcht einflößende Kreaturen sind.*
– *Die Griechen gingen davon aus dass Drachen mehrere Köpfe haben.*
– *Heute denken viele dass Drachen treu und edelmütig sind.*

b) Schreibe deine eigene Meinung zum Thema „Drachen“ auf, indem du die folgenden Sätze ergänzt:
– *Ich vermute, dass …*
– *Ich denke nicht, dass …*
– *Ich glaube, dass …*
– *Ich wünsche mir, dass …*

! Das Komma im Satzgefüge

Die Verbindung von einem Hauptsatz und einem Nebensatz nennt man **Satzgefüge.**
- Im **Nebensatz** steht das Prädikat (die Personalform) am Ende des Satzes.
- Konjunktionen, die Hauptsätze und Nebensätze miteinander verbinden, heißen **unterordnende Konjunktionen** oder **Nebensatz-Konjunktionen.**
- Eine Nebensatzart, die häufig vorkommt, ist der ***dass*-Satz.** Vor der Nebensatz-Konjunktion *dass* steht immer ein **Komma.**
- Oft stehen vor *dass*-Sätzen die Verben *sagen, wissen, glauben, hören, denken, finden,* z. B.:
  Er sagt, dass er gleich nach Hause muss.
  Sie weiß, dass der Bus in 10 Minuten fährt.

In der wörtlichen Rede Zeichen setzen

1 Lies die Aussagen in den Sprechblasen.

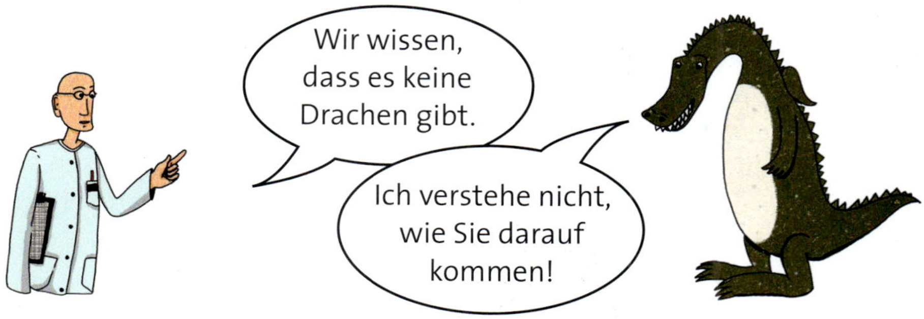

a) Gib die beiden Aussagen in der wörtlichen Rede wieder und schreibe sie mit einem vorangestellten Begleitsatz auf. Beachte dabei die Satzzeichen, z. B.:
Der Wissenschaftler sagt: „Wir wissen, dass es …"
Der Drache antwortet: …

b) Schreibe jeden Satz noch einmal mit einem nachgestellten und mit einem eingeschobenen Begleitsatz auf. Beachte die Satzzeichen und Kommas, die du setzen musst, z. B.:
„Drachen gibt es nicht", sagt der Wissenschaftler.

2 Schreibe die folgenden Aussagen in der wörtlichen Rede jeweils mit einem vorangestellten, einem nachgestellten und einem eingeschobenen Begleitsatz auf.

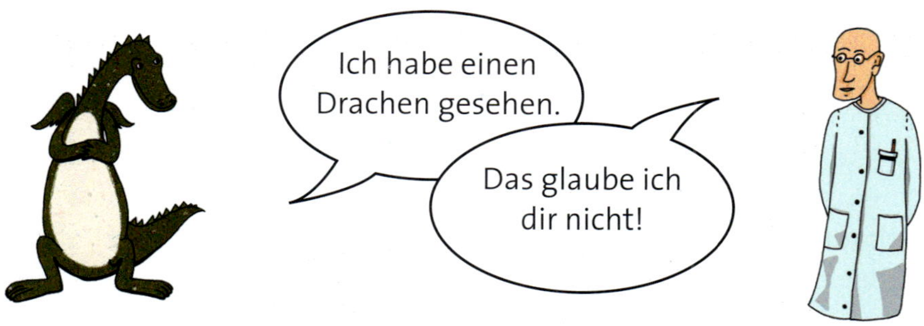

Das habe ich gelernt

- Erstelle eine Merkliste zu den folgenden Fragen:
  – *Wann muss in einem Satz ein Komma gesetzt werden?* .
  – *Welche Möglichkeiten gibt es, eine Aussage in der wörtlichen Rede wiederzugeben?*
- Worauf möchtest du bei der Zeichensetzung besonders achten? Markiere diese Stellen in deiner Merkliste.

INFO
Wenn in einem Text etwas gesagt oder gedacht wird, muss man die wörtliche Rede verwenden und Anführungszeichen setzen.

INFO
Begleitsätze bei der wörtlichen Rede
- Vorangestellter Begleitsatz, z. B.: *Er fragt: „Was siehst du am Himmel?"*
- Nachgestellter Begleitsatz, z. B.: *„Da fliegen zwei Drachen!", ruft sie.*
  Achtung: Nach einem Fragezeichen und einem Ausrufezeichen setzt man ein Komma. Bei einem Aussagesatz fällt der Punkt weg.
- Eingeschobener Begleitsatz, z. B.: *„Allerdings", fügt sie hinzu, „sind es nur Drachen aus Holz und Papier."*

HILFEN
Diese Verben kannst du in einem Begleitsatz verwenden:
rufen, sagen, fragen, erwidern, mitteilen, antworten, erzählen

Anwenden und vertiefen

Sätze verknüpfen

1 **a)** Verknüpfe die Hauptsätze aus der rechten und der linken Spalte sinnvoll miteinander. Jede Konjunktion aus dem Kasten darfst du dabei nur einmal verwenden.

b) Schreibe die Sätze mit der richtigen Zeichensetzung auf, z. B.:
Viele Menschen kennen Märchen, denn sie ...
Achtung: In manchen Sätzen musst du Wörter weglassen, bei einem Nebensatz musst du die Satzglieder umstellen.

c) Welcher ist der Nebensatz? Unterstreiche ihn rot.

dass	denn	aber	und

1) Viele Menschen kennen Märchen.	A) Eigentlich fürchten sie sich vor Gespenstern.
2) Wir wissen es heutzutage.	B) In Geschichten tauchen auch oft Zwerge auf.
3) Einige Menschen zeigen im Dunkeln keine Angst.	C) Drachen haben nichts mit schlechten Ernten zu tun.
4) In Geschichten tauchen oft Riesen auf.	D) Sie wurden ihnen in der Kindheit erzählt.

2 **a)** Lies den folgenden Witz, in dem alle Satzzeichen für die wörtliche Rede fehlen.

Ein Mann kommt zum Zirkusdirektor und sagt Kann ich bei Ihnen auftreten? Ich kann ziemlich gut einen Vogel nachmachen.
Ach, die Nummer ist doch schon steinalt erwidert der Zirkusdirektor so etwas können wir nicht gebrauchen.
Schade, dann eben nicht mault der Mann und fliegt aus dem Fenster davon.

b) Schreibe den Witz ab und unterstreiche alles, was im Text gesprochen wird.

c) Setze die Satzzeichen bei der wörtlichen Rede.

wörtliche Rede richtig verwenden

3 **a)** Schreibe zu einer dieser Überschriften eine Geschichte und verwende an geeigneten Stellen die wörtliche Rede.

Telefonat mit einem Außerirdischen

Unerwarteter Besuch **Begegnung mit einem Star**

Mit dem Wörterbuch arbeiten

Wörter nachschlagen

Fata Morgana

Fa|ta Mor|ga|na die *ital.*: durch Luftspiegelung erzeugte Sinnestäuschung
fau|chen sie fauchte mich wütend an

fauchen

faul auf der faulen Haut liegen, alles fauler Zauber! (Schwindel); **Fäu|le** die; **fau|len** faulendes Stroh; **fau|len|zen** du faulenzt, gefaulenzt; **Fau|len|zer** der/die; **Faul|heit** die; **fau|lig; Fäul|nis** die; **Faul|pelz** der; **Faul-tier** das: auf Bäumen lebendes Säugetier
Fau|na die *lat.*, die Faunen: Tierwelt
Faust die, die Fäuste: sie ballte die Faust, er spürte die Faust im Nacken (fühlte sich unterdrückt), er regierte mit eiserner Faust (mit Gewalt); **Fäust|chen** das: sich ins Fäustchen lachen (schadenfroh sein); **faust|dick** das war eine faustdicke (plumpe) Lüge; **faus|ten** er faustete den Ball hoch in die Luft; **Faust|re|gel** die: grobe, einfache Richtlinie
fa|vo|ri|sie|ren *franz.*: bevorzugen, begünstigen; **Fa|vo|rit** der, die Favoriten: Liebling, vermutlicher Sieger im Sport; **Fa|vo|ri|tin**

Feb|ru|ar *oder* Fe|bru|ar der *lat.*
fech|ten du fichtst, er ficht, sie focht, gefochten, er föchte, ficht!: das ficht mich nicht an (berührt mich nicht); **Fech|ter** der/die; **Fech|te|rin** die, die Fechterinnen
Fe|der die: er musste Federn lassen (erlitt Einbußen), sich mit fremden Federn schmücken (mit den Verdiensten anderer prahlen); **Fe|der|fuch|ser** der/die: pedantischer Mensch, Bürokrat; **fe|der|füh|rend** zuständig, verantwortlich; **fe|der|leicht; fe-dern; Fe|de|rung** die; **Fe|der|zeich|nung** die: Zeichentechnik mit Feder und Tusche oder Tinte
Fee die *franz.*, die Feen: weibliches Märchenwesen; **feen|haft**
Feed|back / Feed-back [fiedbäk] das *engl.*, die Feedbacks / Feed-backs: Rückmeldung bei einem technischen System, Reaktion aus dem Publikum, Rückmeldung nach einer erbrachten Leistung
Fe|ge|feu|er / Feg|feu|er das: Höllenfeuer
fe|gen
Feh|de die: Streit, Feindschaft
fehl fehl am Platz sein (überflüssig, unerwünscht); **feh|len; Feh|ler** der; **feh|ler|frei; feh|ler|haft; feh|ler|los; fehl|ge|hen** (→ gehen): du kannst nicht fehlgehen (den falschen Weg gehen, irren); **fehl|schla|gen** (→ schlagen): der Plan schlug fehl (misslang)
Fei|er die; **Fei|er|abend** der; **fei|er|lich; Fei-er|lich|keit** die; **fei|ern** fröhliche Urständ

Was weißt du schon?

- Welche Tipps für die Arbeit mit Wörterbüchern kennst du schon?
- Wie lautet das Kopfwort auf dieser Wörterbuchseite? Wozu dient es?
- Was kannst du zusätzlich zur Rechtschreibung durch ein Wörterbuch in Erfahrung bringen?
- Nenne das Wort auf der Seite, bei dem du erfährst, wie es ausgesprochen wird.
- Was bedeuten Längsstriche (|) und Unterstriche (a)?
- Bei welchem Wort schaust du nach, wenn du die Schreibung von „Fäustchen" überprüfen willst?

Sicher mit dem Wörterbuch umgehen

mit dem Wörterbuch arbeiten

1 In einem Wörterbuch werden oft Abkürzungen verwendet. Schreibe zwei bis drei Beispiele aus der Wörterbuchseite auf der vorigen Seite heraus und versuche, sie zu erklären. Was kann dir dabei helfen?

2 Finde heraus, wofür diese Abkürzungen stehen, und schreibe die Bedeutung auf.

ugs. → *umgangssprachlich*
Sg. → ......
Pl. → ......
Abk. → ......

3 **a)** Lies folgenden Text, in dem „Zweifelsfälle“ in der Schreibung markiert sind.

Achtung: Fehler!

Das Rennen zum Südpol

Wir schreiben das Jahr 1911. Die Erde ist fast vollständig entdeckt/enddeckt?: die Kontinente/Kontinennte?, die entlegensten Gebiete, die Wüsten und sogar der Nordpol. Alles ist auf Landkarten genau verzeichnet/ferzeichnet?. Es gibt nur noch einen einzigen Punkt auf der Erde, zu dem noch nie ein Mensch vordringen konnte. Als Helt/Held?, als großer Entdecker/Enddecker? kann nur noch in die Geschichte eingehen, wer als Erster den Südpol erreicht/ereicht?. Alle Welt glaubt, dass der Marieneoffizier/Marineoffizier? Robert Falcon Scott dieser Held sein wird. Ganz England steht hinter ihm und seinem Team und wünscht ihnen Erfolg. […]

b) Überlege vorab: Welche Regeln oder Proben könnten dir noch helfen, die richtige Schreibung der markierten Wörter auch ohne Wörterbuch zu finden?

im Wörterbuch nachschlagen

c) Schlage jedes markierte Wort in deinem Wörterbuch nach und kontrolliere die Schreibung.

die Schreibung schwieriger Wörter kontrollieren

d) Übertrage die Tabelle und schreibe die markierten Wörter in der richtigen Rechtschreibung auf (Nomen mit ihren Artikeln, Verbformen mit ihren Infinitiven). Notiere auch die entsprechende Wörterbuchseite.

korrigiertes Wort	Wörterbuchseite
entdeckt/ entdecken	*S.* ......

4 Wenn du dir bei der Schreibung eines zusammengesetzten Wortes nicht sicher bist, kannst du es in die einzelnen Wörter zerlegen und diese im Wörterbuch nachschlagen.

Wörter in ihre Bestandteile zerlegen

a) Lies die folgenden Wörter und zerlege jedes Wort, z. B.:
die Entdeckungs/tour → die Entdeckung + die Tour

die Entdeckungstour	die Wasserquelle	die Silvesterfeier
der Fleckenentferner	der Zirkusdirektor	

b) Übertrage die Tabelle und ergänze sie.

	1. Wort + Seite	**2. Wort + Seite**
die Entdeckungstour	*die Entdeckung (S. ...)*	*die Tour (S. ...)*
......	......	......

5 **a)** Wo müsstest du nachschlagen, um die Schreibung dieser zusammengesetzten Adjektive zu überprüfen? Teile die Wörter und suche beide Teile im Wörterbuch. Notiere Seitenangaben.

Wörter im Wörterbuch nachschlagen

zuckersüß mittellang himmelhoch übergenau windschief

b) Vergleicht eure Ergebnisse

6 Setzt euch zu dritt zusammen. Übt das Nachschlagen im Wörterbuch in einem Suchspiel.
- Eine Person schreibt fünf Suchaufträge auf. Orientiert euch an den Beispielen in der Randspalte.
- Jemand liest eine Suchfrage vor. Wer von den anderen beiden das Wort im Wörterbuch am schnellsten gefunden hat, erhält einen Punkt.
- Die nächste Person liest ihre Suchfrage vor. Die anderen suchen das Wort.

HILFEN
So könntet ihr fragen:
› *Wo steht das Wort „Sommerferien"? → auf Seite 937*
› *Auf welcher Seite steht „Dinosaurier"? → auf Seite 305*

Das habe ich gelernt

- Erkläre einer Lernpartnerin / einem Lernpartner, was du über den Umgang mit dem Wörterbuch gelernt hast.
- Wenn ich zusammengesetzte Wörter in einem Wörterbuch nachschlagen will, dann ...
- Das fällt mir beim Nachschlagen im Wörterbuch noch schwer: ...

Anwenden und vertiefen

schwierige Wörter nachschlagen und im Partnerdiktat üben

1 **a)** Wie heißen die gesuchten Rätselwörter zum Thema „Südpol“ – und wie schreibt man sie richtig? Überlegt zu zweit.

- das Gebiet um den Südpol der Erde: die Ant...tis
- mehrere tausend Jahre lang: j...lang
- anderes Wort für „Erdteil“: der Kon...
- wenn man etwas Neues findet, macht man eine En...ung
- ohne Ende: en...
- anderes Wort für „Gebiet“/„Gegend“: die Re...n
- das Nomen zum Verb „besiedeln*“ : die Be...ng

besiedeln: in einem nicht bewohnten Gebiet Häuser bauen

Wörter im Wörterbuch nachschlagen

b) Schlagt die Wörter im Wörterbuch nach und schreibt sie richtig auf.

c) Diktiert euch die Wörter gegenseitig.

2 Diktiert euch gegenseitig den folgenden Text.
Tipp: Die Namen *Scott* und *Amundsen*, die im Text auftauchen, könnt ihr während des Diktats buchstabieren.

Das Rennen / zum Südpol /

Die Antarktis ist / eine endlose Wüste / aus Eis und Schnee, / die lebensfeindlichste Region / unserer Erde. / Jahrtausendelang / war sie der einzige Kontinent / ohne menschliche Besiedlung. / 1911 traten / der Engländer Scott / und der Norweger Amundsen / zu einem Wettlauf / zum eisigsten Punkt / der Erde an. / Das „Rennen zum Südpol“ / gilt als das größte Drama / in der Entdeckungsgeschichte / der Pole. / Denn es wurde ein Wettlauf / auf Leben und Tod. /

INFO
Die Entdeckung des Südpols (1914)
Der Engländer Scott wollte als erster Mensch den Südpol erreichen.
Der Norweger Amundsen hatte das gleiche Ziel – und kam 35 Tage vor Scott an. Scott und seine gesamte Mannschaft kamen auf dem Rückweg ums Leben.

3 Bei den folgenden Fremdwörtern muss man oft überlegen, wie sie geschrieben werden.

Achtung: Fehler!

– *die Diskotek / Diskothek / Diskotehk*
– *die Jalousie / Jaluhsie / Jahlousie*
– *die Garasche / Garaje / Garage*
– *das Packet / Pakeht / Paket*
– *die Maijonäse / Majonäse / Majonnese / Mayonnaise*
– *das Portemonnaie / Portmoneh / Portmonnä / Portmonee*

a) Schlage die Wörter im Wörterbuch nach und notiere sie in der richtigen Schreibung.

b) Bei zwei Wörtern gibt es zwei richtige Schreibweisen. Notiere sie.

Teste dich selbst!

Richtig schreiben

1 **a)** Lies den folgenden Text, der 17 falsch geschriebene Wörter enthält.

b) Schreibe sie in der richtigen Schreibweise in dein Heft.
Tipp: Am Seitenrand ist vermerkt, wie viele falsche Wörter in einer Zeile stehen.

Das bin ich: Louis

Ich heiße Louis, bin 12 Jare alt und wone in einer Kleinen Stadt 3 F.
am Mehr. Ich besuche die 6. Klasse einer Gesamtschule. 1 F.
Meistens gehe ich gerne zur Schule, vor allem wenn wir nicht so
viele Klasenarbeiten schreiben. 1 F.
Am liebsten mag ich Sport, weil wir da oft Fussball spielen dürfen. 1 F.
Seit der 6. Klasse habe ich auch eine Arbeitsgemeinschaft Basteln
belegt. Sam, mein bester Freunt, holt mich dann am Mittwoch ab. 1 F.
Mit im vertrage ich mich am besten, vielleicht weil wir die Gleichen 2 F.
Hobbys haben und er mir hilft, wenn Mike mich ärgert. Mit dem
kome ich nicht so richtich klar, manchmal habe ich sogar etwas 2 F.
angst vor ihm. Er will immer cool sein und stachelt uns auf. Wenn 1 F.
er mich ärgert, lasse ich meine wut manchmal an meinen 1 F.
kleineren Schwestern aus. Sonst vertrage ich mich Gut mit ihnen. 1 F.
Wir unternehmen viel gemeinsam: Wir schauen filme, sind mit 1 F.
dem Farad oder den Rolschuhen unterwegs. 2 F.

2 **a)** Lies den Text, in dem Louis weiter über sich erzählt.

Wenn ich am [N/n]achmittag nach Hause komme, lege ich mich zuerst einmal aufs [b/B]ett und überlege, was ich danach mache. Ich [S/s]piele meistens am Computer oder mit der [N/n]euen Playstation. Später, nach dem [A/a]bendessen gucken mein [G/g]roßer Bruder und ich fern. Um 22 Uhr sollen wir aber im Bett sein. Ich gehe einmal in der Woche zum [F/f]ußballtraining. Außerdem ist da noch Opa. Er hat viel [Z/z]eit und nimmt mich auch mit zum [A/a]ngeln. Mit [I/ih]m verstehe ich mich ganz [T/t]oll. Er [N/n]ervt überhaupt nicht – mit ihm macht sogar das [L/l]ernen Spaß.

b) Schreibe die blau markierten Wörter richtig in dein Heft.

c) Welche Proben haben dir geholfen, herauszufinden, ob ein Wort groß- oder kleingeschrieben wird? Nenne drei Beispiele aus dem Text.

3 Im folgenden Text geht die Geschichte von Louis weiter. Er unterhält sich mit seinen Freunden.

a) Lies den Text, in dem die Anführungs- und Satzzeichen bei der wörtlichen Rede fehlen.

Achtung: Fehler!

Die anderen Jungen machen Dinge berichtet Jako die ich nicht machen würde.
Jimmy erzählt Ich denke oft gar nicht darüber nach, was ich anstelle.
Schule ist eigentlich okay meint Louis aber mit den anderen Jungen läuft es nicht immer so gut.
Ich tue was in der Schule, sonst bekomme ich keinen guten Abschluss sagt Lukas.

b) Schreibe den Text ab und setze die fehlenden Anführungs- und Satzzeichen.

4 *b* oder *p*, *g* oder *k*, *d* oder *t*: Welcher Buchstabe fehlt am Wortende? Mache zu jedem Wort im Kasten eine Verlängerungsprobe, z. B.:
der Stan… – ständig –> der Stand

der Stan…	kran…	der Zwer…	das Wer…	der Sta…
die Ban…	die Hau…	die Wel…	der Erfol…	der Stau…
gel…	har…	merkwürdi…		

Schreibe die Wörter in der richtigen Schreibung in dein Heft. Notiere daneben, wie du das Wort verlängert hast, um die richtige Schreibung herauszufinden.

5 **a)** Welche Wortarten erkennt man an welchen Suffixen (Nachsilben)? Wie schreibt man sie – klein oder groß?
Schreibe die beiden Regeln ab und ergänze die Lücken.
– Wörter mit den Suffixen (Nachsilben) *-ung, -heit, -keit, -schaft, -tum, -nis* sind meist … und werden … geschrieben.
– Wörter mit den Suffixen (Nachsilben) *-sam, -bar, -lich, -isch, -ig* sind meist … und werden … geschrieben.

b) Schreibe zu jeder der beiden Wortarten drei Beispiele auf. Achte auf die Groß- und Kleinschreibung.

6 Erkläre die Schreibweise der blau markierten Wörter in den beiden folgenden Sätzen.

- Das war wirklich ein **guter** Film!
- Ob das **Gute** am Ende siegt, verrate ich dir aber noch nicht!

Tierisch

In diesem Kapitel wiederholst du:
- Sachtexte erschließen
- Gedichte untersuchen
- Fabeln verstehen
- Tabellen untersuchen

Schwarzer Urwald-Troll

Eigentlich müsste es jetzt Zoff geben: Wenn ein Schopfmakake* einen anderen auch nur muffig anguckt, stellen sich normalerweise die Haare bei beiden zur Punkfrisur auf, und es gibt eine Keilerei. Bloß: Mit seinem Spiegelbild kann man sich nicht prügeln. Aber das ist schwer zu begreifen, wenn man im Urwald Indonesiens lebt und zum ersten Mal einen Autospiegel findet. Dieser Bursche hat nach Stunden noch nicht kapiert, wer ihm da entgegenglotzt. So viel „Selbsterkenntnis" schaffen nur Menschenaffen und Delfine. Schopfmakaken haben dafür andere Stärken: Schnellfressen zum Beispiel. Wenn sie gierig sind, verputzen sie bis zu 140 Feigen pro Minute.

der Schopfmakake: eine Affenart, die in Asien lebt

einen Sachtext erarbeiten

1 **a)** Schau dir das Foto an. Stell dir vor, du würdest den Fotografen des Bildes treffen. Notiere Fragen, die du ihm gern stellen würdest.

b) Lies den Text. Welche deiner Fragen werden darin beantwortet?

2 Sprecht zu zweit über den Text.

schwierige Wörter klären

a) Klärt die Bedeutung folgender Wörter: *der Urwald-Troll* (Überschrift), *der Zoff* (Z. 1), *muffig* (Z. 2), *die Punkfrisur* (Z. 4), *die Keilerei* (Z. 4), *entgegenglotzen* (Z. 8), *verputzen* (Z. 11).

über den Textinhalt sprechen

b) Warum starrt der Schopfmakake stundenlang in einen Autospiegel?

c) Was bedeutet der Satz „So viel ‚Selbsterkenntnis' schaffen nur Menschenaffen und Delfine." (Z. 9 f.)?

Tierisch schlau

1 **a)** Lies die Überschrift des folgenden Textes und betrachte das Bild. Stelle Vermutungen zum Inhalt an.

b) Lies den Text und überprüfe deine Vermutungen.

Eirik Newth

Die Krähe, die nicht bis 5 zählen konnte

Ein Bauer wollte einmal eine Krähe loswerden, die von seiner Ernte fraß. Die Krähe hauste* in einem Kirchturm, und der Bauer schickte einen Jäger in den Turm, der die Krähe erschießen sollte. Doch sobald die Krähe den Jäger kommen sah, flog sie auf einen Baum in sicherer Entfernung. Es muss doch möglich sein, sie zu überlisten, überlegte der Bauer und hatte eine gute Idee: Er befahl zwei Jägern, in den Kirchturm zu gehen. Als die Krähe die beiden kommen sah, flog sie weg. Kurze Zeit später verließ einer der Jäger wieder den Turm, und der Bauer war sicher, die Krähe würde nicht merken, dass noch ein Jäger übrig war.
Aber die Krähe ließ sich nicht hereinlegen. Sie erkannte den Unterschied zwischen eins und zwei und flog nicht eher zurück, als bis der zweite Jäger auch herauskam.
Wie weit kann eine Krähe eigentlich zählen?, überlegte der Bauer. Er schickte drei Jäger in den Turm und befahl zweien, wieder herauszukommen. Die Krähe blieb auf dem Baum sitzen. Das tat sie auch, als vier Jäger im Turm verschwanden und nur drei wieder herauskamen.
Als aber fünf Jäger in den Turm gingen und vier wieder herauskamen, fühlte sich die Krähe sicher. Sie flog zum Kirchturm zurück und wurde schnurstracks* erschossen.

hausen: wohnen

schnurstracks: sofort, auf der Stelle

Fragen zum Text in der Lesekonferenz besprechen

2 Besprecht in einer Lesekonferenz die folgenden Fragen:
- Warum will der Bauer die Krähe erschießen lassen?
- Was bedeutet der Satz „Es muss doch möglich sein, sie zu überlisten“ (Z. 8)?
- Woran wird deutlich, dass die Krähe nur bis 4 zählen kann?

einen roten Faden erstellen

die Handlung der Geschichte wiedergeben

3 **a)** Fertige einen roten Faden zur Erzählung an: Notiere die wichtigsten Erzählschritte in Stichwörtern auf Kärtchen.

b) Erzähle den Text mit Hilfe der Kärtchen in deinen eigenen Worten nach.

Tierisch poetisch

1 Lies die drei „tierischen" Gedichte.

Die Giraffe
Die 2 ff's
in Giraffe
sind wie
2 Giraffen
die durch das Wort
Giraffe laufen

Die 2 ff's
laufen durch Giraffe
wie 2 Giraffen
Ron Padgett

Chamäleon ist meistens faul,
es schießt die Zunge aus dem Maul,
um Falter, Mücken, Fliegen
bequem heranzukriegen.
Mit seinen Augen, die sich drehn,
kann es nach allen Seiten sehn,
oft wechselt es das Kleid sogar
und macht sich damit unsichtbar.
Hans Schumacher

Wintermorgenschnee –
Selbst die Krähe, sonst verhasst,
heute ist sie schön!
Matsuo Bashô

2 **a)** Schreibe und male das Wort Giraffe, so wie es im Gedicht beschrieben wird.

b) Schreibe ein Parallelgedicht zu „Die Giraffe".

HILFEN
ein Parallelgedicht schreiben:
› das *M* in *Kamel*
› das *S* in *Schlange*

3 **a)** Untersuche das Gedicht „Chamäleon". Notiere, welche Reimform, wie viele Verse und Strophen das Gedicht hat.

b) Bereite einen Gedichtvortrag von „Chamäleon" vor und trage das Gedicht in der Klasse vor.

einen Gedichtvortrag vorbereiten

4 **a)** Das Gedicht „Wintermorgenschnee" hat einen bestimmten Bauplan. Wie heißt ein solches Gedicht? Tipp: Achte auf die Anzahl der Silben.

b) Gib in eigenen Worten wieder, was in dem Gedicht über die Krähe gesagt wird.

c) Schreibe ein Parallelgedicht, in dem ein anderes Tier vorkommt.

die Form eines Gedichts untersuchen
→ S. 196

Gedichte nach Bauplan schreiben
→ S. 196

5 Vergleicht die Gedichte in einer Lesekonferenz. Welche Gemeinsamkeiten und Unterschiede stellt ihr fest? Welches Gedicht gefällt euch am besten? Begründet.

Gedichte vergleichen

Tierisch menschlich

1 Lies den folgenden Text.

Nach Äsop
Der aufgeblasene Frosch

die Schar: Gruppe
der Weiher: Teich
stattlich: groß, eindrucksvoll
gut im Fleische: dick

Ein großer Frosch hockte inmitten einer Schar* kleiner Frösche im Weiher* und sah einen Ochsen auf der Weide. Der Ochse war stattlich* und gut im Fleische*.
„Warum bin ich nicht so groß wie er?“, fragte sich der Frosch, und es packte ihn der Neid, weil er kleiner war. „Aber ich kann mich aufblasen“, sagte er, „und dann bin ich ebenso groß.“
Er pumpte und pumpte sich voll Luft und rief den kleinen Fröschen zu: „Bin ich so groß wie der Ochse?“
„Nein“, quakten die kleinen Frösche.
Da blähte* sich der Frosch noch mehr auf und fragte wieder: „Bin ich jetzt so groß wie der Ochse?“
„Nein, noch immer nicht“, antworteten die kleinen Frösche.
„Jetzt kann aber nicht mehr viel fehlen“, dachte der Frosch, holte noch einmal mit letzter Kraft Luft und pumpte und pumpte – und zerplatzte.

sich aufblähen: dick werden, sich ausdehnen

Textmerkmale einer Fabel kennen

einen Text nach Vorgaben schreiben

Texte überarbeiten

2 **a)** Der Text ist eine Fabel. Erkläre, woran man das erkennt.

b) Formuliere eine Lehre (Moral), die am Ende der Fabel stehen könnte.

c) Erfinde eine Geschichte, in der sich ein Mensch verhält wie der Frosch in der Fabel.

d) Lest eure Texte in Lesekonferenzen vor und gebt euch Tipps zur Überarbeitung.

INFO
Mit **Redewendungen** kann man etwas bildhaft ausdrücken. Du kannst sie in einem Lexikon der Redewendungen nachschlagen. Suche nach Einträgen zu dem Tier, das in der Redewendung vorkommt, z. B.: *sich aufblasen wie ein Frosch* → Suche unter *Frosch.*

3 **a)** Lies die folgenden Redewendungen.

wie ein Ochse schuften — wie vom wilden Affen gebissen
wie ein Murmeltier schlafen — wissen, wie der Hase läuft
sich aufblasen wie ein Frosch — wie die Made im Speck leben

b) Welche der Redewendungen kennst du? Erkläre ihre Bedeutung einer Lernpartnerin / einem Lernpartner.

c) Welche Redewendung passt zu der Fabel? Erkläre ihre Bedeutung.

d) Was bedeuten wohl die Redewendungen, die du nicht kennst? Stelle Vermutungen an. Überprüfe deine Vermutungen durch Nachschlagen oder frage Experten.

4 Überfliege die Tabelle und die beiden Texte auf dieser Seite. Erkläre, was sie miteinander zu tun haben.

Texte überfliegen

Haustierhaltung in Deutschland

Tierart	2005	2006
Katzen	7,6 Mio.*	7,8 Mio.
Hunde	5,3 Mio.	5,3 Mio.
Kleintiere*	6,2 Mio.	6,3 Mio.
Vögel	3,9 Mio.	3,8 Mio.
Aquarien	1,93 Mio.	1,95 Mio.

Tierschutzgesetz:
§ 2 Wer ein Tier hält, betreut oder zu betreuen hat, muss das Tier seiner Art und seinen Bedürfnissen entsprechend angemessen ernähren, pflegen und verhaltensgerecht unterbringen.

Mio. = Millionen
Kleintiere: Mäuse, Meerschweinchen, Kaninchen usw.
§ = der Paragraf: Teil eines Gesetzes

Aus einem Internet-Forum zum Thema „Kind und Tier“:

Hallo !
Auch ich (11) wünschte mir schon lange ein Haustier. Endlich war es so weit: Meine Mutter erlaubte mir, zwei Meerschweinchen zu kaufen! Am Anfang war ich total happy, doch mit der Zeit kam ich darauf, dass Meerschweinchen zwar sehr süß sind, aber auch sehr viel Arbeit machen: einmal in der Woche (wenn nicht 2x) den Stall ausmisten, sie zweimal am Tag mit Salat, frischen Körnern, ABGESCHÄLTEN Karotten füttern (in der Schale befinden sich viele Giftstoffe), jeden Tag ihre Tränke* wechseln ... Mit Nagern* hat man sehr viel Arbeit!!! Obwohl ich meine Meerschweinchen sooooooo lieb habe, würde ich nicht empfehlen, sich welche anzuschaffen (immerhin muss man 7-10 Jahre für sie sorgen!).
Grüße von Anne

die Tränke: Wassergefäß
der Nager: das Nagetier, z. B. Hase, Meerschweinchen, Hamster

5 **a)** Überprüfe, ob die folgenden Aussagen richtig sind.
- Anne sagt, dass man mit Nagern sehr viel Arbeit hat.
- Im Jahr 2006 wurden in Deutschland über 7 Millionen Hunde als Haustier gehalten.

b) Formuliere weitere Richtig/Falsch-Aussagen zu den Texten und der Tabelle auf dieser Seite und lass sie von einer Partnerin / einem Partner überprüfen.

Sachtexte und Tabellen lesen

6 **a)** Welche Gründe nennt Anne für, welche gegen die Haltung von Meerschweinchen?

b) Suche weitere Gründe und schreibe deine Meinung auf.

die eigene Meinung schriftlich vertreten

Tierisch verrückt

1 Lies den folgenden Text.

Paul Alverdes
Namensmissbrauch

Ein Esel traf auf der Straße ein weinendes Schwein. „Warum weinst du?“, fragte teilnehmend der Esel. „Wie soll ich nicht weinen?“, antwortete das Schwein. „Wenn die Menschen schimpfen, so brauchen sie fortwährend* meinen Namen. Hat irgendjemand etwas Schlechtes getan, so sagt man: ‚Er ist ein Schwein.‘ Hat jemand einen betrogen, so sagt man: ‚Er ist ein Schwein.‘ Ist irgendwo Schmutz und Unordnung, so sagt man: ‚Das ist eine Schweinerei.‘“ Der Esel überlegte lange und sagte mitfühlend: „Ja, das ist wirklich eine Schweinerei!“

fortwährend: ständig, immer wieder

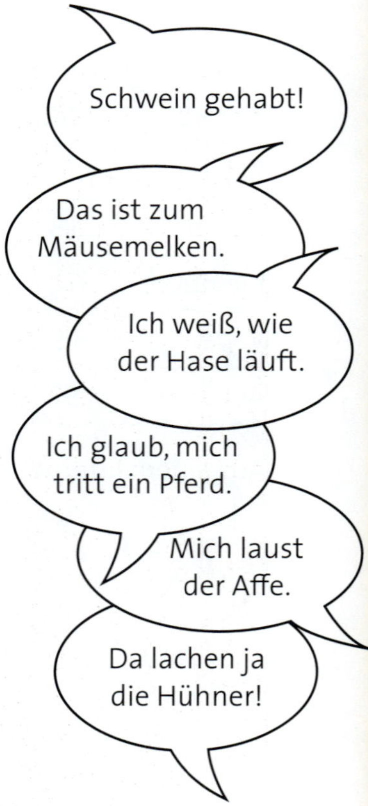

einen Text erarbeiten

2 **a)** Besprich mit einer Partnerin oder einem Partner, warum der Text die Überschrift „Namensmissbrauch“ trägt.

b) Welche weiteren Tiere fallen euch ein, die sich darüber ärgern könnten, dass ihr Name missbraucht wird? Notiert Beispiele.

Sprache untersuchen

3 **a)** Kläre die Bedeutung der Redewendungen in den Sprechblasen. Suche eine gemeinsame Überschrift.

b) Lies die folgenden Adjektive:
saudumm, bärenstark, spinnefeind, hundeelend, mausetot, wieselflink, zickig, affig, lausig

c) Besprecht in der Gruppe, wofür und in welchen Situationen die verschiedenen Adjektive verwendet werden.

einen Paralleltext schreiben

4 **a)** Schreibe eine Parallelgeschichte mit dem Titel „Namensmissbrauch“. Du kannst dazu deine Ergebnisse aus Aufgabe 2 b) oder aus Aufgabe 3 nutzen.

einen Text vorlesen

b) Übe, deine Geschichte mit besonders guter Betonung vorzulesen. Trage sie dann in der Klasse vor.

Wenn es uns gruselt …

In diesem Kapitel wiederholst du:
- Gedichte untersuchen
- Sachtexte erschließen
- einen Vorgang beschreiben
- Erzähltexte verstehen

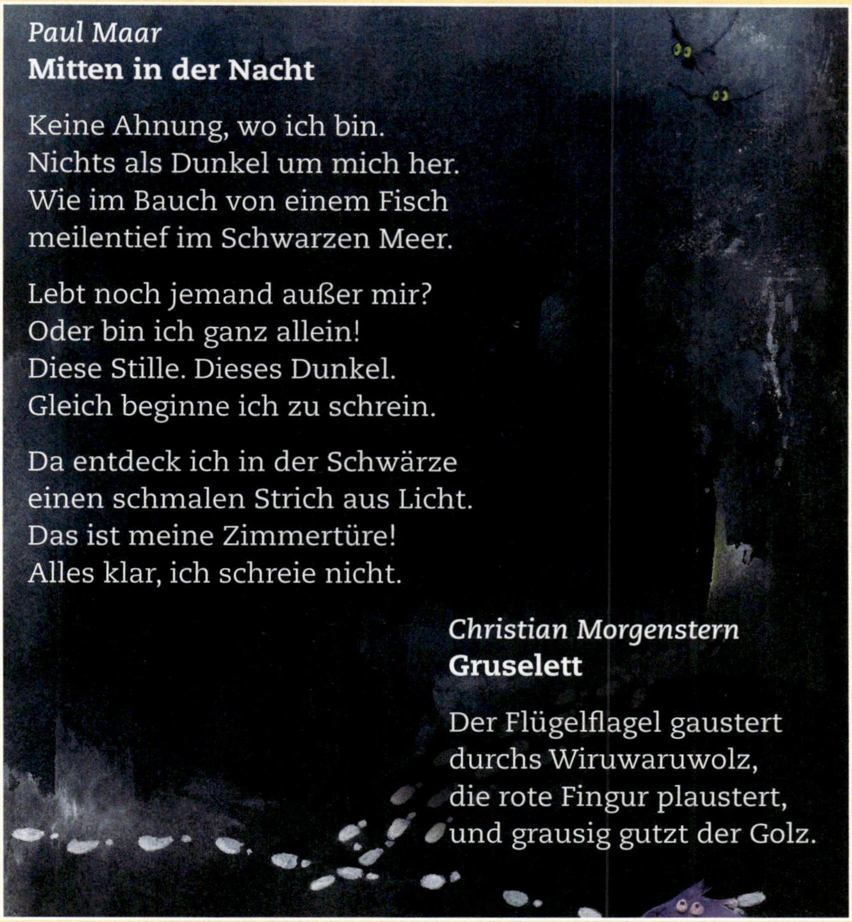

Paul Maar
Mitten in der Nacht

Keine Ahnung, wo ich bin.
Nichts als Dunkel um mich her.
Wie im Bauch von einem Fisch
meilentief im Schwarzen Meer.

Lebt noch jemand außer mir?
Oder bin ich ganz allein!
Diese Stille. Dieses Dunkel.
Gleich beginne ich zu schrein.

Da entdeck ich in der Schwärze
einen schmalen Strich aus Licht.
Das ist meine Zimmertüre!
Alles klar, ich schreie nicht.

Christian Morgenstern
Gruselett

Der Flügelflagel gaustert
durchs Wiruwaruwolz,
die rote Fingur plaustert,
und grausig gutzt der Golz.

in der Lesekonferenz über Gedichte sprechen

1 Lies die beiden Gedichte. Tausche dich anschließend mit anderen in einer Lesekonferenz darüber aus.

a) Was habt ihr euch beim Lesen vorgestellt?

b) Welche Gemeinsamkeiten und Unterschiede stellt ihr fest?

c) In welcher Situation habt ihr euch selbst schon einmal gegruselt?

einen Gedichtvortrag vorbereiten

2 Wählt ein Gedicht und übt zu zweit einen Gedichtvortrag.

a) Probiert verschiedene Möglichkeiten aus, Angst, Gruseln oder Spaß an der Sprache auszudrücken, z. B. durch Verändern von Betonung, Lautstärke oder Sprechtempo.

b) Bewertet die Wirkung eurer Vorträge.

einen Paralleltext schreiben

3 Schreibe ein eigenes „Gruselett“ aus Fantasiewörtern.

Hier spukt es!

1 Lies die folgenden Texte über angebliche Gruselorte.

Tower of London

Tower of London: eine Burg in London

Der Tower of London* gilt als einer der am meisten von Geistern heimgesuchten Plätze der Welt. Unzählige Menschen wurden dort während der 900 Jahre seines Bestehens hingerichtet. Der bekannteste Geist, der dort umhergehen soll, ist der von Königin Anne Boleyn, der zweiten Frau von Heinrich VIII*. Sie wurde 1536 geköpft, und wenig später soll ihr Geist gesehen worden sein. Über 400 Jahre haben die Wächter des Towers bis heute immer wieder ihre dahingleitende, merkwürdig erleuchtete Gestalt beobachten können.

Heinrich VIII: Heinrich der Achte (*englischer König*)

Dunrobin Castle

castle (*engl.*): Schloss
der Earl: (*englischer Adelstitel*) Graf

In Schottland befindet sich das wunderschöne Dunrobin Castle*. Der 14. Earl* hatte eine Tochter namens Margaret. Weil sie sich in einen Stallburschen verliebte, sperrte der Earl sie in den Turm, um ein Treffen zu verhindern. Margaret wollte fliehen und seilte sich aus dem Turmzimmer ab. Dabei stürzte sie in den Tod. Seitdem soll sie das obere Stockwerk des Schlosses heimsuchen, und man kann immer noch ihr Wehklagen in dem Turmzimmer hören.

in der Lesekonferenz über Sachtexte sprechen

2 Führt in Kleingruppen eine Lesekonferenz durch.

a) Besprecht, wo sich die angeblichen Gruselorte befinden und woraus der Spuk bestehen soll.

schwierige Wörter klären
→ S. 209

b) Klärt die Bedeutung schwieriger Wörter und Textstellen, z. B.: *heimsuchen* (Text 1 / Z. 3), *während der 900 Jahre seines Bestehens* (Text 1 / Z. 5), *sich abseilen* (Text 2 / Z. 5)

diskutieren
→ S. 191

c) Tauscht eure Meinungen zum Thema „Spuk" aus. Achtet dabei darauf, die Gesprächsregeln einzuhalten.
- Von welchen Spukgeschichten habt ihr gehört?
- Spukt es tatsächlich an bestimmten Orten der Welt?
- Warum glauben manche Menschen an Spuk?

TIPP
Ihr könnt in der Klasse eine „Top-Ten-Liste" der gruseligsten Spukorte erstellen.

3 **a)** Recherchiere im Internet nach weiteren Spukorten.

b) Fertige dazu eine Tabelle an und notiere darin Informationen, z. B. zu Ort, Land, Art des Spuks.

Da kriegt man eine Gänsehaut

1 a) Warum bekommt man eigentlich eine Gänsehaut, wenn man sich richtig gruselt? Überfliege den folgenden Text.

einen Text überfliegen

Menschen bekommen eine Gänsehaut, wenn sie sich gruseln, fürchten oder frieren. Gänsehaut kann aber auch auftreten, wenn man von einem schönen Erlebnis, z.B. bei einem Konzert, berührt ist. Dann richten sich vor allem an Armen und Beinen die einzelnen Körperhaare auf und man sieht kleine Erhebungen der Hautoberfläche. Dieses Bild ähnelt dem Anblick einer gerupften Gans* und wird deshalb als Gänsehaut bezeichnet. An unbehaarten Hautflächen, wie an Handflächen, kann keine Gänsehaut entstehen.
Die Gänsehaut ist ein Erbe unserer Vorfahren*, der Urmenschen. Die Urmenschen hatten noch wie die Tiere am ganzen Körper ein dichtes Fell.
Die Fellhaare, die normalerweise glatt am Körper anliegen, haben an ihren Wurzeln in der Haut kleine Muskeln. Durch Kälte, aber auch durch Angst oder Erregung können diese Muskeln am Haar anziehen. Dann steht das Haar von der Haut ab. Das passiert nicht nur bei einem Haar, sondern bei allen. Dadurch entsteht ein Luftpolster um die Haut, das den Körper wärmt.
Für die Urmenschen war diese Wärme ganz wichtig.
Die aufgerichteten Haare erfüllten aber noch einen anderen Zweck. Das anscheinend größere Körpervolumen* schreckte auch Feinde ab. Sicherlich hast du das schon einmal bei Katzen oder Hunden, die ein gesträubtes Fell* hatten, beobachtet.
In der heutigen Zeit haben wir Menschen kein Fell mehr, aber immer noch die Muskeln an den Haarwurzeln. Die Muskeln reagieren ganz von allein auf Kälte, Gefahr oder freudige Erregung. Auch bei dir kannst du dann eine Gänsehaut sehen und fühlen, und manchmal kribbelt sie auch.

die gerupfte Gans: eine Gans ohne Federn

die Vorfahren: Menschen, die lange vor uns gelebt haben

das anscheinend größere Körpervolumen: die größer wirkende Gestalt
gesträubtes Fell: aufgerichtete Fellhaare

b) Lies den Text noch einmal genau und mache dir Notizen zu den folgenden Fragen:
- Woher kommt die Bezeichnung „Gänsehaut"?
- Warum bekommen wir eine Gänsehaut?
- Welche weiteren Informationen sind für dich interessant?

einen Text genau lesen

c) Stelle die Informationen in einer Mindmap dar.

eine Mindmap erstellen

d) Vergleicht eure Ergebnisse in kleinen Gruppen.

über einen Text sprechen

Einladung zum Gruseln

**GRUSELPARTY DER 6B –
EINLADUNG ZUM GRUSELN ...**

Holt euch eine richtige Gänsehaut bei Gruselspielen, Gruselschockern und Geistergeschichten!
Wann? Freitag, 17.00 Uhr
Wo? Klassenraum

GEISTERZUG

Alles einsteigen! Jeweils ein Spieler sitzt mit verbundenen Augen auf einem Stuhl. Lass Gegenstände, von Klangeffekten untermalt, über seine Haut gleiten. Ist das eine haarige Spinne oder nur eine Feder? Auch Eiswürfel sind ein wunderbarer Schock.
Die Fantasie spielt wilde Streiche! Eine Zitterpartie!

MUTPROBE

Ein Spiel für besonders mutige Gäste! Jeder muss seine Hand durch ein Loch in eine Kiste stecken. Erzähle den Leuten, was für eklige Dinge in der Kiste sind, und stelle etwas hinein, das sich so ähnlich anfühlt, z. B.
Spaghetti als Würmer,
geschälte Trauben als Augen ...
Achtung: Bei diesem Spiel wird viel geschrien!

Informationen aus Texten entnehmen und umsetzen

1 Lies die Spielanleitungen für den „Geisterzug“ und die „Mutprobe“.

a) Teste eines der Spiele mit einer Lernpartnerin oder einem Lernpartner. Setze dabei weitere Gegenstände ein.

b) Beschreibe in einem Text, welche Gegenstände ihr benutzt habt und was ihr dabei gefühlt habt.

c) Lest eure Texte in der Klasse vor oder erstellt eine Wandzeitung.

Ein Gruselstreich zum Schaudern

HILFEN
- *zuerst*
- *anschließend*
- *als Nächstes*
- *daraufhin*
- *zum Schluss*

Das brauchst du:
- eine kleine Schachtel mit Deckel
- Schere
- Watte
- weißen Puder oder Kreide
- Ketchup

Das musst du tun:
- schneiden
- füllen
- durchschieben
- einreiben
- tupfen
- legen
- schließen
- öffnen

VORSICHT!!!! Gellende Schreckensschreie!!!!

2 Betrachte die Abbildungen zum Gruselstreich und lies die Vorgaben auf den Notizzetteln.

a) Erkläre einer Lernpartnerin oder einem Lernpartner, wie der Streich funktioniert.

b) Bereite eine schriftliche Anleitung für den Gruselstreich vor. Notiere in einem Schreibplan die Reihenfolge der Tätigkeiten.

c) Schreibe eine Anleitung für den Gruselstreich.

d) Denke dir eine Geschichte aus, die du deinem „Streichopfer" erzählen willst, z. B. wo du den grauenhaften Fund gemacht hast.

einen Vorgang mündlich beschreiben

einen Schreibplan erstellen

einen Vorgang schriftlich beschreiben

eine Anleitung sprachlich begleiten

Gespenstisches auf hoher See

Vermutungen anstellen und überprüfen

TIPP
Klärt zu zweit schwierige Textstellen. Die Worterklärungen helfen euch.

1 **a)** Stelle Vermutungen an, worum es in dem folgenden Auszug aus einem Märchentext gehen könnte.

b) Lies den Text und gib in eigenen Worten wieder, woraus der Spuk auf dem „Gespensterschiff" besteht.

Die Geschichte von dem Gespensterschiff

[…] Nach 15 Tagen auf See brauste des Nachts ein Sturm auf, und ehe eine Stunde verging, ging unser Schiff unter. Mein Diener und ich konnten uns in eines der Rettungsboote flüchten. Als der Sturm sich gelegt hatte, waren wir alleine auf dem weiten Meer. Von unserem Schiff war nichts mehr zu sehen. Wir entdeckten aber nicht weit von uns ein anderes Schiff, auf das die Wellen uns zutrieben. An einem langen Tau*, das am Vorderteil des Schiffes herabhing, stiegen wir an Bord*. Dort bot sich uns ein grausamer Anblick. Überall auf dem Schiff lagen Leichen. Bei näherer Untersuchung des Schiffes fanden wir kostbare Waren und auch reichlich Speisen und Getränke. Wir labten uns* und stiegen wieder aufs Deck*.
Aber hier schauderte uns immer die Haut* ob dem schrecklichen Anblick* der Leichen. Wir beschlossen, uns davon zu befreien und sie über Bord zu werfen: Aber wie schauerlich ward uns zumut*, als wir fanden, dass sich keiner aus seiner Lage bewegen ließ. Wie festgebannt* lagen sie am Boden, und man hätte den Boden des Decks ausheben müssen, um sie zu entfernen, und dazu gebrach es uns* an Werkzeugen. Auch der Kapitano, der am Mast festgenagelt war, ließ sich nicht losmachen; nicht einmal seinen Säbel konnten wir der starren Hand entwinden. Wir brachten den Tag in trauriger Betrachtung unserer Lage zu, und als es Nacht zu werden anfing, erlaubte ich meinem alten Diener Ibrahim, sich schlafen zu legen, ich selbst aber wollte auf dem Deck wachen, um nach Rettung auszuspähen. *nach Wilhelm Hauff*

das Tau: dickes Seil
an Bord: auf das Schiff
wir labten uns: wir aßen und tranken
das Deck: oberes Stockwerk auf einem Schiff
uns schauderte die Haut: wir bekamen eine Gänsehaut
ob dem schrecklichen Anblick: wegen des schrecklichen Aussehens
schauerlich ward uns zumut: wir gruselten uns sehr
festgebannt: festgewachsen, festgezaubert
gebrach es uns: fehlte es uns

einen literarischen Text erfassen

2 Welche Textstelle hat dich besonders beeindruckt? Begründe.

3 **a)** Teile den Text in Abschnitte ein.

b) Gib jedem Abschnitt eine passende Überschrift.

c) Erzähle den Märchenauszug in eigenen Worten nach.

die Erzählform bestimmen

4 In welcher Erzählform ist das Märchen geschrieben?

Liebe

Johann Wolfgang Goethe

Woher sind wir geboren

Woher sind wir geboren?
Aus Lieb.

Wie wären wir verloren?
Ohn Lieb.

Was hilft uns überwinden?
Die Lieb.

Kann man auch Liebe finden?
Durch Lieb.

Was lässt nicht lange weinen?
Die Lieb.

Was soll uns stets vereinen?
Die Lieb.

In diesem Kapitel wiederholst du:
- Gedichte untersuchen
- Sachtexte erschließen
- Erzähltexte verstehen
- produktive Texte schreiben

1 Lest das Gedicht in der Lesekonferenz. Klärt schwierige Wörter und sprecht anschließend über die folgenden Fragen:

a) Wie gefällt euch das Gedicht? Begründet eure Meinungen.

b) Wie ist das Gedicht aufgebaut? Was fällt euch auf?

c) Denkt euch andere Überschriften für das Gedicht aus.

d) Was wird in dem Gedicht über die Liebe gesagt? Nennt Beispiele, die zu den Aussagen passen.

in der Lesekonferenz über ein Gedicht sprechen

2 **a)** Bereite dich darauf vor, das Gedicht vorzutragen.

b) Trage es vor Partnern vor.

c) Schätze anschließend deinen Gedichtvortrag ein.

d) Hole dir Rückmeldungen von den Zuhörenden.

ein Gedicht vortragen
→ S. 95

Alle meine Lieben

Walter Dean Myers
Love that boy

Love that boy,
like a rabbit loves to run
I said I love that boy
like a rabbit loves to run
Love to call him in the morning
love to call him
"Hey there, son!"

Übersetzung: Adelheid Zöfel
Hab ihn gern

Hab ihn gern,
so gern, wie ein Hase rennt,
ich sagte, ich hab ihn gern,
den Jungen,
so gern, wie ein Hase rennt,
ruf ihn immer morgens,
ruf ihm zu:
„Hallo, Sohn!“

Hab euch gern

Hab euch gern,
so gern, wie die Drossel singt,
wie das Gras sich im Wind bewegt,
ich sagte, ich hab euch gern, meine Eltern,
so gern, wie die Drossel singt,
wie das Gras sich im Wind bewegt,
ich denk mir morgens immer, denk mir:
Ich hab die liebsten Eltern der Welt.

Luise

Dein großer Bruder
Dein bester Freund fürs Leben
Er ist für dich da

Ahmed

Hans und Monique Hagen
Silber und Gold

Oma hat Falten im Gesicht,
die sind vom vielen Lachen
und stören sie nicht.

Oma ist siebzig Jahre,
sie hat goldene Zähne
und silberne Haare.

Familie – immer wichtiger

In der Shell-Jugendstudie von 2006 wurde festgestellt, dass die Familie für Jugendliche von heute immer wichtiger wird. Ungefähr 90 % aller befragten Jugendlichen gaben an, gut mit ihren Eltern zurechtzukommen.

Guus Kuijer
Polleke besucht Polleke

Das Mädchen Polleke wohnt in der Stadt. Aber ihre Großeltern leben auf dem Land. Dort hat Polleke eine Kuh. Nun hat die Kuh ein Kälbchen bekommen. Es bekommt auch den Namen Polleke. Polleke besucht ihr Kalb zum ersten Mal.

Es war ein niedliches Kalb. Polleke stand in einer Ecke des Stalls. Auf dem Rücken hatte sie einen Fleck, der aussah wie ein Sattel. Vorsichtig legte ich einen Arm um ihren Hals. Als ich ihr das Maul streichelte, saugte sie an meinem Finger. Kurz darauf saugte sie meine ganze Hand in ihr Maul. Ich flüsterte ihr ins Ohr: „Du bist meine Polleke." Es war sooo schön, das zu sagen! Ihr wurde davon genauso schwummrig wie mir. Niemand war dabei. Ich war ganz allein mit meiner Polleke. „Wenn ich dich doch mit nach Hause nehmen könnte", flüsterte ich ihr ins Ohr. „Dann dürftest du bei mir im Zimmer schlafen. Ich würde dich überall mit hinnehmen." [...] Ich schlang die Arme fest um ihren Hals und sah ihr in die Augen. Sie hatte wunderschöne Augen mit langen Wimpern.

1 **a)** Verschaffe dir durch Überfliegen einen Überblick über alle Texte auf diesen beiden Seiten.

b) Bestimme jeweils die Textart.

Textarten (Textsorten) unterscheiden
- Textauszug aus einem Kinderroman
- Sachtext
- Gedichte

2 Lies alle Texte noch einmal gründlich.

a) Um wen geht es jeweils?

b) Formuliere eine neue gemeinsame Überschrift für alle Texte.

3 **a)** Bestimme die Form von Ahmeds Gedicht.

b) Vergleiche die Übersetzung und Luises Parallelgedicht mit dem Gedicht von Walter Dean Myers.

Gedichte untersuchen
→ S. 196

c) Schreibe ein Parallelgedicht für eine/einen deiner Lieben.

einen Paralleltext schreiben

4 In welcher Erzählform und in welcher Erzählzeit ist der Kinderbuchtext auf dieser Seite geschrieben?

die Erzählform bestimmen
- Er/Sie-Erzähler
- Ich-Erzähler

5 Welcher Text gefällt dir am besten? Begründe.

Verliebt …

1 Lies die folgende Leseprobe aus dem Buch „Berts allergrößte Katastrophen“.

Sören Olsson, Anders Jacobsson
Bert ist verliebt

Bert ist 13 Jahre alt und ziemlich an Mädchen interessiert. Das schreibt er am 7. Mai in sein Tagebuch:

Hallihallo, Tagebuch!

Niemand hat mich gesehen. Ich kann es beschwören.

Das hier wird also nicht an die Öffentlichkeit kommen*. Gestern wurde ich gefoltert. Das heißt, ich hab zum ersten Mal mit Tante Lenas Tanzgruppe geprobt. Die Gruppe bestand aus mir und zwölf Weibern. Eins dieser Weiber ist zufällig das hinreißendste Geschöpf* der Welt. Paulina Hlinka aus der 6B. Mein Herz raste vor Entzücken, mein Hirn löste sich auf, und meine Hände badeten in Schweiß, als ich Paulina gleich zu Anfang hochheben sollte. Ich war anmutig und geschmeidig* wie ein Elch.

Als die leicht bekleidete schöne Paulina in meine Arme springen sollte, verwandelten sich meine Hände in Schweißfabriken. Meine klitschnassen Briketts* rutschten ab und ließen Paulina auf den Boden plumpsen. Sie fiel schwer wie ein Kartoffelsack. O welch ein Elend!

Mein Leben hatte seinen Sinn verloren, und ich überlegte, ob ich nicht lieber gleich in die Dusche rausschleichen und meine Lungen mit Wasser füllen sollte*.

Paulina behauptete, es hätte ihr gar nichts ausgemacht. Sie hätte sich nur den Rücken ein bisschen wehgetan, also bot ich an, ihr den Rücken zu massieren.

„Hahaha“, feixten* die übrigen Weiber. „Willst sie wohl drücken, was?“„Nein, lieber mich verdrücken“, sagte ich schnell und verzog mich zur Dusche.

Nix ist okeh – Leberpüreh

an die Öffentlichkeit kommen: bekannt werden

das hinreißendste Geschöpf: der wunderbarste Mensch

anmutig und geschmeidig: elegant

klitschnasse Briketts: schweißnasse Hände

meine Lungen mit Wasser füllen sollte: mich umbringen sollte

feixen: schadenfroh kichern

den Inhalt eines Textes erarbeiten

2 Setzt euch zu zweit zusammen. Sprecht über den Text und macht euch Notizen.

a) Was ist Bert am 7. Mai passiert?

b) Wie fühlt er sich am Ende des Tages?

c) Wie findet ihr den Text? Nennt Textstellen als Begründung.

3 a) Was ist mit den Aussagen „Ich war anmutig und geschmeidig wie ein Elch“ (Z. 10 f.) und „... verwandelten sich meine Hände in Schweißfabriken“ (Z. 13 f.) gemeint?

b) Beschreibe, wie die Formulierungen auf dich wirken.

Sprache untersuchen

4 a) Notiere Schlüsselwörter aus dem Text.

b) Erzähle einer Lernpartnerin oder einem Lernpartner den Inhalt des Textes mit Hilfe der Schlüsselwörter.

den Inhalt des Textes wiedergeben

5 Wie könnte Paulina Hlinka die Situation erlebt haben? Schreibe Paulinas Tagebucheintrag vom 7. Mai.

einen Tagebucheintrag verfassen

HILFEN
So kannst du beginnen:
7. Mai
Heute war ich wieder in der Tanzgruppe. Meine Tanzlehrerin hat diesmal ihren Neffen mitgebracht ...

Was tun bei Liebeskummer?

6 a) Lies die folgenden Tipps aus der Internetseite der Radiosendung „Herzfunk“.

Die Herzfunk-Frage:
Was tut man gegen Liebeskummer?

Im Hals steckt ein dicker Kloß, im Bauch liegt ein schwerer Stein und den ganzen Tag denkt man nur an die Person, in die man unglücklich verliebt ist. Wenn man Liebeskummer hat, ist es ganz normal, dass man traurig ist. Aber wie wird man dieses Gefühl wieder los?
Rezepte gegen Liebeskummer gibt es ganz viele verschiedene. Die Kinder, die wir gefragt haben, finden es wichtig, dass man seinen Schmerz einem guten Freund oder einer guten Freundin erzählt. Die können einen dann trösten oder ablenken. Manchmal können sie vielleicht sogar Hoffnung auf eine neue Liebe machen. Auf jeden Fall hilft es, seinen Schmerz zu teilen und sich nicht zu vergraben. Etwas unternehmen, schwimmen, bügeln, Fahrrad fahren, also sich körperlich bewegen, ist auch ein Rezept. Oder aber: laut Musik hören, tröstende Lieder, die einem Mut machen.

TIPP
„Herzfunk“ findest du im Internet unter: http://www.lilipuz.de/wissen/herzfunk/

b) Suche zwei Tipps heraus, die du überzeugend findest. Begründe deine Meinung.

sich eine Meinung bilden und begründen

7 a) Notiert weitere interessante Herzfunk-Fragen, z. B.:
– *Warum erwarten Mädchen von Jungen, dass sie den ersten Schritt in der Liebe machen?*
– *Was macht man, wenn man einen Liebesbrief erhält?*

b) Setzt euch in kleinen Gruppen zusammen. Lest eure Fragen vor und tauscht eure Meinungen aus.

Kein Leben ohne Liebe

1 a) Lies die beiden folgenden Texte.

Welche Rolle Berührungen als Liebesbeweis spielen, beweist ein gruseliges Experiment aus dem 13. Jahrhundert. Friedrich II. von Hohenstaufen* wollte wissen, welche Sprache Kinder sprechen würden, wenn man nicht mit ihnen redete. Er befahl den Ammen* einiger Babys, sie nur zu füttern und sauberzumachen, sich ansonsten aber nicht um die Kinder zu kümmern. Keines dieser Kinder hat überlebt, obwohl sie genug Nahrung bekamen. Sie starben schlichtweg aus Mangel an Zuwendung und Berührung.

Friedrich II.: Friedrich der Zweite (König)
Hohenstaufen: schwäbisches Adelsgeschlecht
die Amme: Frau, die ein Baby einer anderen Mutter aufzieht und ernährt

Man kann ohne Liebe Holz hacken, Ziegel formen, Eisen schmieden. Aber mit Menschen kann man nicht ohne Liebe umgehen.
Leo Tolstoi

b) Was wird in den Texten über die Liebe gesagt?

in der Lesekonferenz über Texte sprechen

2 Tausche dich darüber mit anderen in der Lesekonferenz aus.

a) Was bedeutet der letzte Satz im ersten Text?

b) Was findest du erstaunlich am ersten Text?

c) Was meint Leo Tolstoi mit seiner Aussage?

d) Kannst du dir ein Leben ohne Liebe vorstellen?

Texte zueinander in Beziehung setzen

3 Welche anderen Texte aus diesem Kapitel passen am besten zu dieser Seite? Wähle aus und begründe deine Wahl in der Lesekonferenz.

Teste dein Wissen!

Lernstandstest

Gruseliges aus dem Topf

A Bohrt in eine leere Filmdose knapp oberhalb des Bodens etwa 20 Löcher. Das funktioniert am besten mit einem Nagel, den ihr in einer Kerzenflamme erhitzt.
Geht sehr vorsichtig mit der Kerze um oder lasst euch helfen.

B In die Dose legt ihr drei bis vier Vitamin-Brausetabletten. Statt des Deckels stülpt ihr einen dünnen Latex*-Handschuh über das Döschen und befestigt ihn mit einigen Gummiringen an der Dose. Gut aufpassen, dass die Löcher in der Dose frei bleiben! Den Handschuh stopft ihr nun vorsichtig in die Dose.

C Jetzt braucht ihr einen kleinen Blumentopf, in den ihr unten ein bis zwei Zentimeter trockene Blumenerde einfüllt. Darauf stellt ihr die Filmdose und häuft vorsichtig so lange Blumenerde um und auf die Dose, bis diese etwa einen Zentimeter hoch mit Erde bedeckt ist. Der Blumentopf sieht jetzt aus wie ein ganz normaler Blumentopf – nur ohne Blume.

D Jetzt ist es an der Zeit, den vorbereiteten Topf einem Ahnungslosen in die Hand zu drücken, mit der Bitte, die Erde ordentlich (mit mindestens einem Glas Wasser) zu wässern. In der Erde zischt und brodelt es und weiße Hubbel werden sichtbar.
Nach einigen Minuten wächst aus dem Blumentopf eine Gummihand.

E Beim Gießen der Erde dringt Wasser durch die Löcher in die Filmdose. Die Brausetabletten lösen sich auf und aus dem darin enthaltenen Natriumhydrogencarbonat* wird Kohlendioxid freigesetzt, das den Handschuh aufbläht. Wenn die Gasentwicklung aufhört und das Kohlendioxid langsam aus dem Handschuh entweicht, verwelkt die gruselige Gummihand.

der Latex: eine Art Gummi
das Natriumhydrogencarbonat: ein chemischer Stoff

1 Welche Funktion hat der Text?
A Er beschreibt und erklärt einen Versuch.
B Er erzählt ein Erlebnis mit einem Zaubertrick.
C Er berichtet von einem Streich.
D Er erzählt von einem vergangenen Ereignis.

2 Wähle jeweils eine passende Überschrift für jeden der fünf Textabschnitte (A–E) aus. Schreibe sie zusammen mit den Buchstaben auf.
Achtung: Drei der Überschriften passen überhaupt nicht zum Text!

- Der geheimnisvolle Inhalt der Filmdose
- Vorbereitung der Filmdose
- Kauf des Latex-Handschuhs
- So funktioniert das Experiment
- Wer hätte das gedacht?
- Ein besonderes Versteck für die Filmdose
- Die Gummihand wächst
- Beim nächsten Mal besser aufpassen!

3 Die folgenden Bilder gehören zum Text „Gruseliges aus dem Topf" auf Seite 187. Allerdings stimmt die Reihenfolge nicht. Ordne die Schritte des Vorgangs.

a) Schreibe die Buchstaben in den Kästchen in der richtigen Reihenfolge auf.

b) Wie lautet das Lösungswort?

4 Erkläre die Bedeutung der folgenden Verben jeweils in einem Satz.
funktionieren (Z. 2) *überstülpen* (Z. 6)

5 Was geschieht hier? Beschreibe die folgenden vier Schritte des Vorgangs mit eigenen Worten, z. B.:
Bild 1 – Man stellt die Filmdose auf die aufgehäufte Erde. Anschließend füllt man den Topf weiter mit Blumenerde.

6 Richtig oder falsch? Schreibe die Buchstaben ab und notiere ein *r* für *richtig* oder ein *f* für *falsch* dahinter.
A – Die Gummihand fällt erst nach Stunden in sich zusammen.
B – Wenn sich das Wasser mit den Brausetabletten verbindet, bildet sich das Gas Kohlendioxid.
C – Die Filmdose muss überall durchlöchert sein.
D – Der Latex-Handschuh muss ganz in der Filmdose verschwinden.
E – Die Filmdose soll noch einen Zentimeter aus der Blumenerde herausschauen.
F – Das Gießwasser dringt durch die Löcher in die Filmdose ein.

7 Was bedeuten die folgenden Begriffe im Text?
Schreibe den Begriff und den richtigen Buchstaben in dein Heft.

Latex-Handschuhe (Z. 6) sind
A – dicke Gartenhandschuhe.
B – Handschuhe aus einem dünnen Gummi, wie sie z. B. von Ärzten getragen werden.
C – Handschuhe ohne Fingerspitzen, wie sie manchmal von Autofahrern getragen werden.
D – warme Winterhandschuhe.

Das Wort **aufblähen** (Z. 25) bedeutet im Textzusammenhang, dass
A – sich Blasen bilden.
B – sich etwas mit Gas füllt, dicker oder größer wird.
C – etwas gleich platzt.
D – plötzlich Luft entweicht.

Hubbel (Z. 19) sind
A – Luftblasen.
B – Löcher in der Blumenerde.
C – kleine Erhebungen.
D – Steinchen in der Erde.

8 Im letzten Satz steht: „… *verwelkt die gruselige Gummihand*“ (Z. 27). Warum spricht die Verfasserin des Textes von „verwelken“? Begründe deine Meinung in ein bis zwei Sätzen.

9 Wie sind die folgenden Textstellen gemeint?

a) Wo steht die Textstelle? Schreibe sie ab und notiere die Zeile, in der sie im Text steht.

b) Welche der beiden Umschreibungen trifft zu? Schreibe die richtige Umschreibung auf.

Jetzt ist es an der Zeit … (Z. ...)
- *Jetzt ist es bereits fast zu spät …*
- *Jetzt ist das Experiment so weit vorbereitet, …*

ordentlich … wässern (Z. ... f.)
- *sorgfältig mit Wasser beträufeln, damit kein Tropfen verschüttet wird*
- *ausgiebig (mit viel Wasser) gießen*

10 Der folgende Text ist für eine Freundin / einen Freund geschrieben. Schreibe die Nummern vor den Lücken ab und notiere die fehlenden Verben in der richtigen Personalform dazu wie im Beispiel (1).

> (1) *Bohre* in eine leere Filmdose knapp oberhalb des Bodens etwa 20 Löcher. Das funktioniert am besten mit einem Nagel, den du in einer Kerzenflamme (2) ... . (3) ... sehr vorsichtig mit der Kerze um oder (4) ... dir helfen. In die Dose (5) ... du drei bis vier Vitamin-Brausetabletten. Statt eines Deckels (6) ... du einen dünnen Latex-Handschuh über das Döschen und (7) ... ihn mit einigen Gummiringen an der Dose.

Wissen und Können

Sprechen und Zuhören

Diskutieren
S. 13 ff.; 19 ff.

Mehrere Personen tauschen sich zu einer Frage aus. Sie können dabei unterschiedliche **Meinungen vertreten.**

Diskussionsfrage: „Sollte in unserer Schule eine Cafeteria eingerichtet werden?"

- **Bilde dir eine eigene Meinung** und drücke sie in einem Satz aus, z. B.: *„Ich bin für die Einrichtung einer Cafeteria."*
- **Begründe** deine Meinung, z. B.: *„Ich bin für die Einrichtung einer Cafeteria, **weil** man sich dort entspannen kann."*
- **Unterstütze** deine Begründung **mit Beispielen,** z. B.: *„Man kann sich **beispielsweise** in der Pause nach einer Klassenarbeit in die Cafeteria zurückziehen und in Ruhe etwas trinken."*
- **Gehe** in der Diskussion **auf die Meinungen der anderen ein,** z. B.: *„Was Meike gesagt hat, finde ich gut, weil ..."*

Gesprächs- und Diskussionsregeln
- Sprich laut und deutlich, damit die anderen dich verstehen.
- Bleibe sachlich und höflich.
- Lass andere zu Wort kommen und ausreden.
- Knüpfe an die Beiträge der anderen an, z. B.: *„Wie Erkan gerade gesagt hat, gibt es auch Gründe, die dagegen sprechen."*
- Frage nach, wenn du etwas nicht verstanden hast, z. B.: *„Entschuldige, ich habe das eben nicht verstanden. Könntest du es bitte noch einmal erklären?"*

Spiegeln
S. 16

Dies ist eine Übung, mit der man das Sprechen und das Zuhören trainieren kann. Dabei wiederholt man mit eigenen Worten, was der andere gesagt hat, bevor man seine Meinung äußert, z. B.:
„Du schlägst also vor, dass wir ..."

Redebeiträge vorbereiten
S. 15

Notiere in **Stichwörtern**
- deine Vorschläge / deine Ideen / deine Meinung,
- überzeugende Begründungen (mit Beispielen) für deine Meinung.

Überlege dir eine **Einleitung,** die neugierig macht, und einen **Schlusssatz** zur Abrundung.

Präsentieren
S. 7 ff.

Ein vorbereitetes Thema wird mit Worten und Bildern/Gegenständen vorgestellt (**präsentiert**), z. B. in einem Kurzvortrag.

Schreiben

Beschreiben

→ S. 47 ff.

In einer **Beschreibung** wird ein Gegenstand, ein Weg, ein Vorgang, ein Tier oder eine Person so dargestellt, dass die Leserin / der Leser eine genaue Vorstellung davon bekommt.
Beschreibungen müssen **sachlich, genau** und **frei von persönlichen Wertungen** sein und auf alle wichtigen Merkmale der beschriebenen Sache eingehen.
Beschreibungen stehen im **Präsens** (Gegenwart).

Die **Gegenstandsbeschreibung** enthält genaue Angaben zu diesen Merkmalen:
- Name/Art des Gegenstands
- Größe/Form/Gestalt
- Farbe/Material
- Einzelheiten
- Funktion
- besondere Kennzeichen

Die **Wegbeschreibung** enthält genaue Angaben zu folgenden Dingen:
- Ausgangspunkt des Weges
- Zielpunkt des Weges
- Richtungen und Richtungsänderungen
- wichtige Orientierungspunkte

Eine **Vorgangsbeschreibung** enthält genaue Angaben zu den einzelnen Schritten eines Vorgangs. Vorgangsbeschreibungen sind z. B. Gebrauchs-, Versuchs-, Bedienungs- und Bastelanleitungen, Spielbeschreibungen (Spielregeln), Kochrezepte.
Eine Vorgangsbeschreibung ist oft auch gleichzeitig eine **Anleitung.** Sie sollte so geschrieben sein, dass man den Vorgang mit ihrer Hilfe wiederholen kann.
Auf folgende Angaben sollte darin eingegangen werden:
- die Art des Vorgangs, z. B.: *Kochrezept, Gebrauchsanweisung*
- die Dinge (die Materialien), die man braucht, z. B.:
  ein großer Topf, eine Packung Spaghetti, eine Prise Salz, etwas Olivenöl
- die einzelnen Schritte des Vorgangs in richtiger Reihenfolge (*zuerst, dann, zuletzt*)
- Besonderheiten oder Tipps, die beim Vorgang zu beachten sind, z. B.:
  Am besten gelingen die Nudeln, wenn man ein wenig Öl in das Kochwasser gibt.

Wichtig sind Verben, die genau beschreiben, was geschieht oder was zu tun ist, z. B.: *herumdrehen, würfeln, kleinhacken*

Die **Personenbeschreibung** enthält genaue und sachliche Angaben zu folgenden Merkmalen der Person:
- Gesamteindruck der zu beschreibenden Person
- Körperbau, Größe, Kopfform, Frisur, Haarfarbe
- Gesicht (Gesichtsform, Augenform und -farbe, Nase, Mund)
- Kleidung und Kopfbedeckung
- besondere Kennzeichen

Wichtig sind genaue und aussagekräftige Adjektive und Vergleiche, die eine genaue Vorstellung von der beschriebenen Person entstehen lassen.

Berichten

S. 41 ff.

Ein **Bericht** informiert **genau, knapp** und **sachlich** über ein zurückliegendes Ereignis oder ein Geschehen. Er gibt meist Antwort auf folgende W-Fragen:

- **Was** ist geschehen? (Ereignis) → *Ein Unfall ereignete sich ...*
- **Wo** ist es passiert? (Ort) → *an der Kreuzung Bergweg und Müllerstraße*
- **Wann** ist es geschehen? (Zeit) → *gestern Nachmittag um 15.00 Uhr*
- **Wer** war daran beteiligt? (Personen) → *Beteiligt waren ein Fahrradfahrer und ein Autofahrer. Eine Fußgängerin hat den Unfall beobachtet.*
- **Wie** ist es geschehen? (Verlauf/Einzelheiten) → *Der Autofahrer hat dem Radfahrer die Vorfahrt genommen, als er in die Müllerstraße einbiegen wollte.*
- **Warum** ist es passiert? (Ursache) → *weil der Autofahrer den Fahrradfahrer nicht gesehen hat*
- **Welche Folgen** hatte das Ereignis? → *Der Radfahrer wurde nur leicht verletzt.*

Ein **Bericht** steht meist im **Präteritum** (Vergangenheit).

Erzählen

S. 25 ff.

Beim **Erzählen** wird ein wirkliches oder erdachtes Geschehen wiedergegeben. Es gibt verschiedene **Erzählformen:**

- Der **Ich-Erzähler** ist auch als Figur an der Handlung beteiligt und erzählt das Geschehen aus der Sicht seiner Figur, z. B.:
  Ich sah plötzlich den Hund auf mich zurennen.
- Der **Er/Sie-Erzähler** erzählt das Geschehen in der 3. Person (*er/sie*), z. B.:
  Er sah plötzlich den Hund auf sich zurennen.

Eine Erzählung hat meist folgenden Aufbau (roten Faden):

- eine **Einleitung,** die das Interesse der Leserinnen und Leser weckt,
- einen **Hauptteil** mit Erzählschritten und **Höhepunkt** (spannendste Stelle),
- einen **Schluss** mit offenem oder geschlossenem Ausgang.

Mit **Lügengeschichten** will die Schreiberin / der Schreiber die Leser nicht böswillig täuschen, sondern unterhalten. Oft werden Lügengeschichten in der **Ich-Form** erzählt.
Fantasievolle **Lügenketten** und **wörtliche Rede** machen sie wirkungsvoller.

Erzählungen werden meist im **Präteritum** geschrieben.

Gehe beim Erzählen so vor:

- Lege in einem **Schreibplan** den **roten Faden** für deine Erzählung fest.
- Plane nun den Hauptteil: Notiere die wichtigsten **Erzählschritte** deiner Geschichte.
- Lege die **Erzählform** fest (Ich- oder Er/Sie-Erzähler).
- Überlege dir eine **Einleitung,** die das Interesse der Leserinnen und Leser weckt.
- Gestalte den **Höhepunkt** deiner Erzählung.
- Beschreibe, was die Figuren sagen, denken und fühlen. Gib das, was die Figuren sagen und denken, in der **wörtlichen Rede** wieder. Achte dabei auf die richtige Zeichensetzung.
- Schreibe **wirkungsvoll** und spannend. Wähle dazu passende, abwechslungsreiche Verben und anschauliche Adjektive.
- Entscheide dich für einen offenen oder für einen geschlossenen **Schluss.**
- Gib deiner Erzählung eine interessante **Überschrift,** die nicht zu viel verrät.

Lesen – Umgang mit Texten und Medien

der Sachtext

→ S. 59 ff.

Sachtexte sind informative Texte wie z. B.: Lexikonartikel, Zeitungsartikel, Berichte, Anleitungen / Vorgangsbeschreibungen, Beschreibungen.

Sachtexte erschließen:
- Lies die Überschrift und sieh dir die Bilder an. Stelle Vermutungen an, worum es in diesem Text gehen könnte.
- Verschaffe dir einen Überblick darüber, worum es in dem Text geht. Überprüfe, welche deiner Vermutungen zutreffen.
- Lies den Text jetzt ein zweites Mal abschnittsweise durch.
  - Kläre unbekannte oder schwer verständliche Wörter.
  - Markiere wichtige **Schlüsselwörter** im Text. Das sind die Wörter, die zum Verstehen des Textes besonders wichtig sind.
  - Stelle W-Fragen an den Text und beantworte sie.
  - Gib jedem Textabschnitt eine passende Überschrift.

Tabellen, Diagramme und Schaubilder

→ S. 63 f.; 66; 75 f., 173

Tabellen erschließen:
- Stelle fest, worüber die Tabelle informiert. Achte auf die Überschrift.
- Verschaffe dir einen Überblick darüber, welche Informationen die Spalten und die Zeilen enthalten.
- Vergleiche die Angaben in der Tabelle miteinander.
- Notiere deine Beobachtungen: Was fällt dir besonders auf?

Diagramme erschließen:
- Stelle fest, um welche Art von Diagramm es sich handelt, z. B.: *Säulendiagramm, Balkendiagramm, Kurvendiagramm, Kreisdiagramm*
- Benenne das Thema des Diagramms. Die Überschrift hilft dir dabei.
- Verschaffe dir einen Überblick über den Aufbau des Diagramms und über die Informationen, die es enthält.
- Untersuche, welche Angaben gemacht werden, z. B.: *g = Gramm → Angaben über Gewicht, h = Stunde → Angaben über Zeit, € = Euro → Angaben über Geld*
- Vergleiche die Angaben im Diagramm und halte fest, was dir auffällt.
- Stelle W-Fragen an das Diagramm und beantworte sie mit Hilfe der Informationen aus dem Diagramm.

Schaubilder erschließen
- Schaubilder zeigen durch Abbildungen, Zahlen und Informationen Funktionsweisen, Zusammenhänge, Größen-, Mengen- und Zahlenverhältnisse oder den (zeitlichen) Verlauf von etwas.
- Betrachte das Schaubild und lies die **Über- oder Unterschrift:** Was ist das **Thema** des Schaubilds?
- **Beschreibe** das Schaubild: Was kannst du erkennen?
- Untersuche das Schaubild genauer: Aus welchen **einzelnen Teilen** besteht es? Was bedeuten sie?
- Entnimm dem Schaubild die **Informationen:** Wie hängen die einzelnen Teile zusammen? Was sagen sie aus?

das Erzählgedicht (die Ballade)

→ S. 91 ff.

Die **Ballade** wird auch **Erzählgedicht** genannt, weil
- sie eine Geschichte erzählt,
- sie in Strophen gegliedert ist und sich reimt.

Die Ballade greift oft Geschehnisse aus Gegenwart und Vergangenheit auf und wird durch **wörtliche Rede** besonders lebendig.

die Erzählung

→ S. 26 ff.; 34 f.

Erzählungen sind meist kürzere Geschichten, in denen von Ereignissen erzählt wird, die tatsächlich passiert sind oder die erfunden sein können.
Oft werden dabei auch die Gedanken und Gefühle von Figuren wiedergegeben.

Autor und Erzähler
Es ist wichtig, zwischen Autorin/Autor (Verfasserin/Verfasser eines Textes) und Erzählerin/Erzähler zu unterscheiden. Ein männlicher Autor, der 50 Jahre alt ist, kann z. B. ein kleines Mädchen als Erzählerin erfinden.

Erzählschritte
Dies sind die aufeinander folgenden Schritte des Geschehens in einem Erzähltext.

Figuren
So nennt man Personen, die in literarischen Texten vorkommen bzw. handeln.
Sie haben bestimmte Eigenschaften und Absichten.
Auch Tiere oder Gegenstände können handelnde Figuren in Erzähltexten sein, z. B. in Fabeln.

das Märchen

→ S. 180

Das **Märchen** ist eine besondere Form der Erzählung.
Märchen wurden früher mündlich weitererzählt. Es sind frei erfundene Geschichten, die ganz bestimmte Merkmale haben:
- Märchen haben oft einen festgelegten Anfang (*Es war einmal ...*) und Schluss (*Und wenn sie nicht gestorben sind, dann leben sie noch heute.*)
- Schauplatz und Zeitpunkt der Handlung sind nicht genau angegeben, z. B.: *Hinter den sieben Bergen, vor vielen Jahren*
- In der Märchenwelt leben z. B. Holzfäller, Schneider oder Königinnen zusammen mit Fantasiefiguren wie Hexen oder Zwergen. Typische Märchenfiguren sind z. B.: *die Königin, der König, die Prinzessin, der Prinz, die Hexe, die Fee, der Zwerg, der Riese, der Zauberer, sprechende Tiere*
- Die Hauptfigur muss oft (drei) Mutproben/Prüfungen bestehen, z. B.: *Brot aus dem Backofen holen / die Äpfel vom Baum schütteln / die Kissen schütteln in dem Märchen „Frau Holle"*
- Die Märchenfiguren sind oft auf wenige Eigenschaften festgelegt, z. B.: *die gute Fee – die böse Hexe, das fleißige Mädchen – das faule Mädchen*
- Das Gute wird im Märchen belohnt, das Böse bestraft.

die Fabel

S. 77 ff.

Eine **Fabel** ist eine kurze Geschichte in Gedicht- oder in Erzählform.

- In Fabeln **denken, sprechen und handeln Tiere** und **Pflanzen** wie Menschen. Sie stehen dabei für bestimmte **menschliche Eigenschaften,** z. B.: *der Fuchs – Schlauheit; der Löwe – Macht*
- Meist siegen die Tiere, die am Anfang der Fabel eher klein und schwach sind, am Ende durch ihre Klugheit oder durch ihren Mut.
- Fabeln haben eine **Lehre (Moral).** Am Ende der Fabel wird in wenigen Worten zusammengefasst, was man aus dieser Fabel lernen soll. Manchmal müssen die Leserinnen und Leser auch selbst überlegen, welche Lehre in der Fabel enthalten ist.

das Gedicht

S. 91 ff.; 171

Ein Gedicht besteht aus mehreren **Versen** (Zeilen), die meist in **Strophen** (Abschnitten) zusammengefasst sind. Oft, aber nicht immer, reimen sich die Verse.

Beim **Paarreim** reimen sich zwei aufeinander folgende Verse, z. B.:
Chamäleon ist meistens faul,
es schießt die Zunge aus dem Maul,
um Falter, Mücken, Fliegen
bequem heranzukriegen.

Beim **Kreuzreim** reimt sich das Ende des ersten Verses mit dem des dritten und das Ende des zweiten Verses mit dem des vierten, z. B.:
Ihm lag nicht viel an Gut und Geld,
nichts an der Menge Gunst.
Ihm ging's nicht um den Ruhm der Welt,
ihm ging es um die Kunst.

Von einem **Parallelgedicht** spricht man, wenn man zu einer Gedichtvorlage ein ähnliches Gedicht mit gleichem Bauplan (Aufbau) schreibt.

Gedichte nach bestimmten Bauplänen
Akrostichon: Die Buchstaben eines Wortes sind die ersten Buchstaben der einzelnen Verse, z. B.:
W *ütend wirbelt er*
I *mmer wilder*
N *ichts ist stärker*
D *er Orkan*

Ein **Elfchen** besteht aus fünf Versen und elf Wörtern, z. B.:

1. Vers: ein Wort	*frisch*
2. Vers: zwei Wörter	*der Wind*
3. Vers: drei Wörter	*heute mein Freund*
4. Vers: vier Wörter	*treibt mein Boot voran*
5. Vers: ein Wort	*ahoi*

Beim **Haiku** werden 17 Silben auf drei Verse verteilt, z. B.:

1. Vers: fünf Silben	*Wind fegt durchs Fenster*
2. Vers: sieben Silben	*weht alles durcheinander*
3. Vers: fünf Silben	*dieser Einbrecher*

Über Sprache nachdenken

Die Wortarten

das Adjektiv (das Eigenschaftswort)

→ S. 106 ff.

Es beschreibt Eigenschaften und Merkmale von Nomen genauer, z. B.:
*das **dicke** Buch, die **gefährliche** Schlange*

Adjektive lassen sich bis auf wenige Ausnahmen steigern.

- Grundform des Adjektivs ist der **Positiv,** z. B.:
  Das Kleid ist schön.
- Der **Komparativ** ist die Vergleichsform, z. B.:
  Dieses Kleid ist schöner als das andere.
- Die zweite Form der Steigerung ist der **Superlativ,** z. B.:
  Das rote Kleid ist am schönsten.

Achtung: Diese Adjektive lassen sich nicht sinnvoll steigern:
tot, schwanger, hölzern

Zusammengesetzte Adjektive sind oft genauer und anschaulicher, z. B.:
blutrot, federleicht

der Artikel (der Begleiter)

→ S. 104; 148 f.

Er ist das wichtigste Begleitwort des Nomens. Am Artikel kann man das Geschlecht (Genus) eines Nomens erkennen.
Es gibt **bestimmte** Artikel (*der, die, das*) und **unbestimmte** Artikel (*ein, eine, ein*).
Im **Plural** (Mehrzahl) heißt der bestimmte Artikel immer *die*.

die Konjunktion (das Bindewort)

→ S. 120 ff.

Konjunktionen verbinden Satzteile oder Teilsätze miteinander, z. B.:
Es gab Donner und Blitz.
Er konnte an der Wanderung nicht teilnehmen, weil er sich den Fuß verstaucht hatte.
Die häufigsten Konjunktionen sind *und, oder, weil, da, nachdem.*

Bei den Konjunktionen, die Sätze verbinden, unterscheidet man **nebenordnende** und **unterordnende** Konjunktionen.

- **Nebenordnende Konjunktionen** oder Hauptsatz-Konjunktionen verbinden Hauptsätze miteinander. Es entsteht eine **Satzreihe.**
  Wichtige nebenordnende Konjunktionen sind z. B.:
  aber, denn, jedoch
  → *Es schien die Sonne, aber der Wind blies immer noch heftig.*
- **Unterordnende Konjunktionen** oder Nebensatz-Konjunktionen verbinden Haupt- und Nebensätze miteinander. Es entsteht ein **Satzgefüge.**
  Wichtige unterordnende Konjunktionen sind z. B.:
  dass, weil, wenn, obwohl
  → *Es wurde deutlich wärmer, weil der Wind nachgelassen hatte.*

das Nomen (das Hauptwort, das Namenwort)

→ S. 104 f.; 139 ff.; 147 ff.

Nomen bezeichnen
- Lebewesen, z. B.: *der Schüler, die Frau, das Kaninchen*
- Gegenstände, z. B.: *der Stuhl, die Uhr, das Haus*
- Gefühle, z. B.: *der Mut, die Angst, der Wunsch*
- Zustände, z. B.: *die Ausweglosigkeit, die Not*

Nomen werden **großgeschrieben.**

Bei den Nomen gibt es drei **Geschlechter** (Genus, Plural: Genera):
männlich (maskulin) → z. B.: *der Papagei*
weiblich (feminin) → z. B.: *die Katze*
sächlich (neutral) → z. B.: *das Pferd*

Nomen und ihre Begleitwörter
- **bestimmter Artikel,** z. B.: ***Die** Bücher sind verschwunden.*
- **unbestimmter Artikel,** z. B.: ***Ein** Buch ist verschwunden.*
- **versteckter Artikel** (Artikel, der z. B. mit einer Präposition zu einem Wort verschmolzen ist), z. B.: *Ich habe es nicht **im** (= in dem) Regal gefunden.*
- **gedachter Artikel** (Artikel, der nicht dasteht), z. B.: ***(Die)** Bücher sind verschwunden.*
- **Adjektiv,** z. B.: ***Wertvolle** Bücher sind verschwunden.*
- **Possessivpronomen,** z. B.: ***Meine** Bücher sind verschwunden.*
- **Mengenangabe,** z. B.: ***Viele** Bücher sind verschwunden.*

Nomen stehen im Satz in einem bestimmten **Fall.** Der Fall ist meist an der Endung und dem Artikel (Begleiter) des Nomens zu erkennen.

Satz	Fall	Fragewörter	Singular	Plural
Der Hund bellt.	Nominativ / 1. Fall	**Wer oder was** bellt?	*der Hund*	*die Hunde*
Der Mann nahm sich des Hundes an.	Genitiv / 2. Fall	**Wessen** nahm sich der Mann an?	*des Hundes*	*der Hunde*
Der Hund gehört dem Kind.	Dativ / 3. Fall	**Wem** gehört der Hund?	*dem Kind*	*den Kindern*
Der Hund frisst den Knochen.	Akkusativ / 4. Fall	**Wen oder was** frisst der Hund?	*den Knochen*	*die Knochen*

Verben, Adjektive und Pronomen können nominalisiert (zu einem Nomen) werden. **Nominalisierungen** werden wie Nomen **großgeschrieben,** z. B.:

	Nominalisierung
*Ich **schwimme** gern.* (Verb)	*Das **Schwimmen** macht mir großen Spaß.*
*Das ist aber eine **dumme** Sache!* (Adjektiv)	*Das **Dumme** ist, dass ich kein Geld dabeihabe.*
*Ich und **du,** wir passen gut zusammen.* (Pronomen)	*Er hat mir das **Du** angeboten.*

Oft erkennt man Nominalisierungen an einem Begleitwort, z. B. an einem Artikel.

die Präposition (das Verhältniswort)

S. 109 f.

Sie gibt das Verhältnis zwischen Gegenständen und/oder Personen an:
- **Raum** (*Wo?*): *Das Auto steht* ***in / vor / neben / hinter / außerhalb*** *der Garage.*
- **Zeit** (*Wann?*): *Er fährt* ***gegen*** *Abend. Er bleibt* ***bis*** *20 Uhr. Er fährt* ***nach*** *ihr los.*

Nach bestimmten Präpositionen steht das Nomen/Pronomen immer in einem bestimmten Kasus (Fall), z. B.:
- Dativ: *Ab* ***dem 15. April*** *ist das Freibad geöffnet.*
  Vor ***meinem Geburtstag*** *bin ich immer ganz aufgeregt.*
- Akkusativ: *Durch* ***einen Blitzeinschlag*** *wurde der Baum zerstört.*
  Für ***meinen Freund*** *setze ich mich immer ein.*

Wechselpräpositionen
Es gibt aber auch Präpositionen, die je nach Verb den Kasus wechseln, z. B.:
- Dativ: *Ich sitze in* ***dem Sessel.*** → *Wo?*
- Akkusativ: *Ich setze mich in* ***den Sessel.*** → *Wohin?*

Diese Präpositionen nennt man auch **Wechselpräpositionen.**

das Pronomen (das Fürwort)

S. 105 f.

Das Pronomen ist ein Stellvertreter oder Begleiter; es vertritt oder begleitet ein Nomen.
- **das Personalpronomen** (das persönliche Fürwort)

Singular	1. Person 2. Person 3. Person	*ich* *du* *er/sie/es*
Plural	1. Person 2. Person 3. Person	*wir* *ihr* *sie*

Beispiele: *Der Feuerwehrmann löscht das Feuer.*
Er löscht das Feuer.
Nina und Zoltan spielen Fußball.
Sie spielen Fußball.

- **das Possessivpronomen** (das besitzanzeigende Fürwort)

mein, dein, sein, ihr, unser, euer, ihr
Das Possessivpronomen zeigt eine Zugehörigkeit oder einen Besitz an, z. B.:
Das Fahrrad gehört Carla. Es ist ihr Fahrrad.

das Verb (das Tätigkeitswort)

S. 112 ff.

Es gibt an, was jemand **tut** (*er trinkt*) oder was **geschieht** (*es regnet*).
Wenn man ein Verb im Satz verwendet, bildet man aus dem **Infinitiv** (Grundform) die Personalform, z. B.:

Infinitiv:	*zeichnen*
Personalform:	*er zeichnet* (= 3. Person im Singular)

Die Befehlsform des Verbs heißt **Imperativ,** z. B.:
Schweig! (Singular), *Schweigt!* (Plural)

die Zeitformen des Verbs

→ S. 113 ff.

- Verben im **Präsens** (Gegenwart) drücken aus:
  - **was gerade geschieht,** z. B.: *Johannes schreibt eine Mail.*
  - **was immer geschieht** (jetzt und in der Zukunft), z. B.: *Jeden Abend geht er schwimmen.*
  - **was in der Zukunft geschieht** (mit Zeitangabe), z. B.: *Morgen hält sie einen Kurzvortrag.*

1. Person Singular	*ich lerne*	1. Person Plural	*wir lernen*
2. Person Singular	*du lernst*	2. Person Plural	*ihr lernt*
3. Person Singular	*er/sie/es lernt*	3. Person Plural	*sie lernen*

- Verben im **Präteritum** (Vergangenheit) drücken aus, **was in der Vergangenheit geschehen ist.** Das Präteritum verwendet man meist beim schriftlichen Erzählen und Berichten.

1. Person Singular	*ich lachte*	1. Person Plural	*wir lachten*
2. Person Singular	*du lachtest*	2. Person Plural	*ihr lachtet*
3. Person Singular	*er/sie/es lachte*	3. Person Plural	*sie lachten*

Achtung: Bei einigen Verben verändert sich im Präteritum der Stammvokal, z. B.: *rufen – ich rief, schlafen – er schlief, denken – sie dachte*
Diese Verben nennt man **unregelmäßige** oder **starke** Verben.

- Verben im **Perfekt** drücken etwas aus, **was in der Vergangenheit geschehen ist,** besonders beim mündlichen Erzählen.

1. Person Singular	*ich habe gedacht*	1. Person Plural	*wir haben gedacht*
2. Person Singular	*du hast gedacht*	2. Person Plural	*ihr habt gedacht*
3. Person Singular	*er/sie/es hat gedacht*	3. Person Plural	*sie haben gedacht*

- Verben im **Plusquamperfekt** (der Vorvergangenheit) drücken aus, **was vor einem Geschehen in der Vergangenheit bereits passiert war,** z. B.: *Ich **hatte** schon **geschlafen,** als es plötzlich klingelte.*

1. Person Singular	*ich hatte gelacht*	1. Person Plural	*wir hatten gelacht*
2. Person Singular	*du hattest gelacht*	2. Person Plural	*ihr hattet gelacht*
3. Person Singular	*er/sie/es hatte gelacht*	3. Person Plural	*sie hatten gelacht*

Verben im **Futur** (Zukunft) sagen, **was in der Zukunft geschehen wird.**

1. Person Singular	*ich werde fahren*	1. Person Plural	*wir werden fahren*
2. Person Singular	*du wirst fahren*	2. Person Plural	*ihr werdet fahren*
3. Person Singular	*er/sie/es wird fahren*	3. Person Plural	*sie werden fahren*

Wortbildung und Wortbedeutung

die Ableitung

S. 139 ff.

Durch **Ableitung** können neue Wörter entstehen. Mit **Präfixen** (Vorsilben) und **Suffixen** (Nachsilben) kann man aus vorhandenen Wörtern neue ableiten, z. B.:

Präfixe	**(neue) Nomen**	**(neue) Verben**	**(neue) Adjektive**
an-	*der Anschluss*	*anschließen*	
un-	*das Unverständnis*		*unverständlich*

Suffix	**(neue) Nomen**	**Suffix**	**(neue) Adjektive**
-ung	die Rechnung	-ig	trotzig
-heit	die Freiheit	-lich	kindlich
-nis	das Erlebnis	-isch	kindisch

der Vergleich

Er drückt aus, ob zwei Dinge **gleich, ähnlich** oder **unterschiedlich** sind.
Das geschieht mit Hilfe der Vergleichswörter *wie* oder *als,* z. B.:

- *genau so schön wie der Sommerhimmel* (gleich)
- *fast so leicht wie eine Feder* (ähnlich)
- *größer als ein Haus* (unterschiedlich)

die Wortfamilie

S. 133; 139 f.

Darunter versteht man eine Gruppe verwandter Wörter.
Die Wörter einer Wortfamilie werden im Wortstamm meist gleich oder ähnlich geschrieben, z. B.:

- *die Zahl, der Zähler, bezahlen, unbezahlbar*
- *fahren, das Fahrgestell, das Gefährt, das Fahrrad, befahren, die Fähre*

das Wortfeld

S. 112

Wörter mit ähnlicher Bedeutung bilden ein **Wortfeld,** z. B.:
Wortfeld ***sehen:*** *schauen, betrachten, glotzen, beobachten, ansehen, anstarren*
Die Wörter aus einem Wortfeld unterscheiden sich in ihrer Bedeutung, z. B.:

- *ein Bild betrachten*
- *eine Person genau ansehen*
- *Einzelheiten entdecken*

die Zusammensetzung

Durch das **Zusammensetzen** von Wörtern entstehen neue Wörter. Man unterscheidet in zusammengesetzten Wörtern **Bestimmungswort** und **Grundwort.** Das **Grundwort** bestimmt die Wortart, das Geschlecht (Genus), den Artikel, z. B.:

Bestimmungswort	**+**	**Grundwort**	**=**	**Zusammensetzung**
der Honig (Nomen, männlich)	+	*die Biene* (Nomen, weiblich)	=	*die Honigbiene* (Nomen, weiblich)
die Biene (Nomen)	+	*fleißig* (Adjektiv)	=	*bienenfleißig* (Adjektiv)

Sätze und Satzglieder

die Satzarten
→ S. 120 ff.; 158

Hauptsätze nennt man vollständige Sätze, die allein stehen können, z. B.:
Wir fahren in die Stadt.

Es gibt verschiedene Satzarten:
- **Aussagesatz,** z. B.:
  Draußen ist es dunkel. → Nach einem Aussagesatz steht ein **Punkt.**
  Wenn man den Satz spricht, senkt sich am Ende die Stimme.
- **Fragesatz,** z. B.:
  Ist dir auch kalt? → Nach dem Fragesatz steht ein **Fragezeichen.**
  Wenn man den Satz spricht, hebt sich am Ende die Stimme.
- **Aufforderungs-, Befehls- und Ausrufesatz,** z. B.:
  Schließe endlich das Fenster! → Er endet mit dem **Ausrufezeichen.**
  Wenn man den Satz spricht, wird die Stimme am Ende lauter.

Nebensätze erkennt man daran, dass
- sie nicht allein stehen können,
- das Prädikat meist an der letzten Satzgliedstelle steht,
- sie durch Komma vom Hauptsatz abgetrennt werden,
- sie oft durch eine Konjunktion eingeleitet werden, z. B.:
  *Sie stürzte von der Leiter, weil sie nicht genügend **aufgepasst hatte.***
  Hauptsatz — Nebensatz

die Satzglieder
→ S. 125 ff.

Wörter oder Wortgruppen im Satz, die bei der **Umstellprobe** immer zusammenbleiben, sind **Satzglieder,** z. B.:

Der Unterricht war heute ziemlich interessant.
Heute war der Unterricht ziemlich interessant.
Ziemlich interessant war ...

das Prädikat (die Satzaussage)
→ S. 125

Es wird mit der Frage „Was tut / tun ... ?“ oder „Was geschieht?“ erfragt, z. B.:
Mein Vater arbeitet im Garten. → ***Was tut** mein Vater im Garten?*
→ *Er arbeitet im Garten. = Prädikat*

Das Prädikat steht im Aussagesatz an zweiter Satzgliedstelle, z. B.:

Mein Vater	*arbeitet*	*im Garten.*
1. Satzglied	2. Satzglied	3. Satzglied

Im Fragesatz und im Imperativ (Befehlsform) steht es an erster Satzgliedstelle:
Arbeitet mein Vater im Garten?
Arbeite im Garten!

Das Prädikat kann mehrteilig sein, z. B.:
Mein Vater hat im Garten gearbeitet.

Im Nebensatz steht das Prädikat meist am Ende des Satzes.
Mein Vater arbeitet im Garten, wenn die Sonne scheint.

das Subjekt (der Satzgegenstand)

S. 125

Dieses Satzglied sagt etwas darüber aus, **wer** oder **was** etwas tut.
Das **Subjekt** erfragt man mit *Wer?* oder *Was?*, z. B.:
Mein Vater arbeitet im Garten. → ***Wer** arbeitet im Garten?*
→ *Mein Vater arbeitet im Garten.* = Subjekt

Das Subjekt steht im **Nominativ** (1. Fall).

die Objekte (die Satzergänzungen)

S. 125

Das **Akkusativ-Objekt** erfragt man mit *Wen?* oder *Was?*, z. B.:
Mein Vater singt ein Lied. → ***Was** singt mein Vater?*
→ *Mein Vater singt ein Lied.* = Akkusativ-Objekt

Das Satzglied, das man mit *Wem?* erfragt, ist das **Dativ-Objekt,** z. B.:
Mein Vater gibt uns ein Buch. → ***Wem** gibt mein Vater ein Buch?*
→ *Mein Vater gibt uns ein Buch.* = Dativ-Objekt

die adverbiale Bestimmung

S. 126 f.

Die **adverbiale Bestimmung** ist ein Satzglied (eine Satzergänzung).
Sie gibt die näheren Umstände eines Geschehens an:

- adverbiale Bestimmung der **Zeit** (Frage: *Wann?*), z. B.:
  ***Am nächsten Sonntag** werden wir in den Zoo fahren.*
- adverbiale Bestimmung des **Ortes** (Frage: *Wo?/Wohin?*), z. B.:
  *Die Kinder spielen **auf der Wiese.** Wir fahren **in den Zoo.***
- adverbiale Bestimmung der **Art und Weise** (Frage: *Wie?*), z. B.:
  *Wir fahren **mit dem Auto** in den Zoo.*
- adverbiale Bestimmung des **Grundes** (Frage: *Warum?*), z. B.:
  ***Wegen des schlechten Wetters** bleiben viele zu Hause.*

die Satzreihe und das Satzgefüge

S. 120 ff.; 159 f.

- Eine **Satzreihe** besteht aus mehreren **Hauptsätzen,** die durch ein Komma getrennt oder durch die Konjunktionen *und* oder *oder* verbunden sind, z. B.:
  Der Zug hielt, wir versuchten schnell einzusteigen,
  Hauptsatz Hauptsatz
  aber wir mussten erst die Reisenden aussteigen lassen.
  Hauptsatz

Hauptsätze können durch die Konjunktionen *aber, denn, doch* eingeleitet werden.

- Ein **Satzgefüge** besteht aus einem **Hauptsatz** und einem oder mehreren **Nebensätzen,** z. B.:
  Endlich hielt der Zug, sodass wir einsteigen konnten.
  Hauptsatz Nebensatz

Der Nebensatz wird immer durch ein Komma abgetrennt.
Meistens wird der Nebensatz durch eine unterordnende **Konjunktion** eingeleitet, z. B.: *weil, während, obwohl, wenn, sodass*

Richtig schreiben

Rechtschreibhilfen

die Fehleranalyse

→ S. 153 ff.

Dies ist eine Methode, die dir hilft, deine Rechschreibfähigkeiten zu verbessern:
- Lege eine Tabelle mit drei Spalten an.
- Schreibe in die 1. Spalte jeweils deine Fehlerwörter in der richtigen Schreibweise. Unterstreiche die korrigierte Stelle im Wort.
- Begründe in der 2. Spalte, wo der Fehler liegt.
- Notiere in der 3. Spalte Regeln und Tipps, die dir helfen, das Wort künftig richtig zu schreiben.

korrigiertes Fehlerwort	Warum ist es falsch?	Wie vermeide ich den Fehler?
winterlich	Es ist ein Adjektiv und wird kleingeschrieben.	Ich erkenne das Adjektiv an dem Suffix (der Nachsilbe) *-lich*.

im Wörterbuch nachschlagen

→ S. 163 ff.

Du kannst Fehler vermeiden, wenn du schwierige Wörter in einem **Rechtschreibwörterbuch** nachschlägst. Darin sind die Wörter **nach dem Alphabet** geordnet aufgeführt.
- Schlage das Wörterbuch an der Stelle auf, wo du den Anfangsbuchstaben des gesuchten Wortes vermutest.
- Auf jeder Doppelseite eines Wörterbuchs stehen oben links und oben rechts fett gedruckte **Kopfwörter,** die angeben, welches der erste und welches der letzte Eintrag auf der Doppelseite ist.
- Da es viele Wörter mit dem gleichen Anfangsbuchstaben gibt, musst du meist noch den 2. oder sogar 3. Buchstaben dazunehmen.
- Den alphabetisch aufgelisteten Wörtern sind oft weitere Wörter untergeordnet, z. B. Ableitungen von einem Wort oder Zusammensetzungen, die dieses Wort enthalten.

Beachte dabei:
- Verben sind im Wörterbuch im Infinitiv (Grundform) verzeichnet, z. B.: *Er fährt schnell.* → Suche nach dem Wort *fahren*.
- Bei zusammengesetzten Nomen musst du manchmal mehrmals nachschlagen, z. B.:
  Apfelkuchen → Suche nach *Apfel* und nach *Kuchen*.

Wörterlisten

Mit Wörterlisten kannst du regelmäßig deine Rechtschreibsicherheit trainieren. Du trägst in diese Listen schwierige Wörter ein, die du dir merken willst oder die du noch üben musst (Lernwörter).

das Partnerdiktat → S. 138

- Lies zuerst den gesamten Diktattext durch und präge dir schwierige Wörter ein.
- Lass dir die erste Hälfte des Textes von einer Lernpartnerin / einem Lernpartner diktieren.
- Tauscht bei der zweiten Texthälfte die Rollen.
- Überprüfe deinen Text auf Rechtschreibfehler.
- Tauscht eure Texte aus und korrigiert sie gegenseitig.
- Verbessere deine Fehler.

sprechschwingendes Schreiben → S. 132

Diese Methode hilft dir, die einzelnen Silben eines Wortes zu erkennen.

- **Schwinge** die Silben des Wortes beim Sprechen deutlich und zeichne mit einer Armbewegung die **Silbenbögen** in die Luft.
- Schreibe jede einzelne Silbe mit Schwung auf.
- Prüfe mit Silbenbögen die Schreibweise, z. B.:
  Son-nen-blu-men-strauß

Rechtschreibproben

die Ableitungsprobe

Wenn du nicht sicher bist, wie ein Wort geschrieben wird (z. B. mit *e* oder mit *ä*, mit *eu* oder *äu*), dann suche ein verwandtes Wort, z. B.:
gefährlich → Gefahr; Mäuse → Maus

die Artikel- oder Pluralprobe

Wörter, vor die du einen **Artikel** oder ein anderes Begleitwort setzen oder die du in den **Plural** (Mehrzahl) setzen kannst, werden großgeschrieben.
Es sind **Nomen,** z. B.:
g/Gefahr → die Gefahren (Pl.) → die Gefahr

die Steigerungsprobe

Lässt sich ein Wort steigern, ist es meist ein **Adjektiv** (Eigenschaftswort) und wird kleingeschrieben, z. B.:
schnell – schneller – am schnellsten

die Verlängerungsprobe → S. 137

Am Wortende (im Auslaut) klingen *d-t, b-p* und *g-k* gleich.
Wenn du Wörter mit diesen Lauten am Ende verlängerst und deutlich sprichst, hörst du, welchen Buchstaben du schreiben musst, z. B.:
der Wald – die Wälder; der Rat – raten; der Stab – die Stäbe; plump – plumpe; der Zwerg – die Zwerge; der Tank – tanken

richtig abschreiben

- **Lies** das Wort **genau** und überlege, was dir an diesen Wort **schwierig** erscheint.
- **Gliedere** das Wort in Teile. Präge dir die schwierigen Wortteile ein.
- Schreibe das Wort jetzt **auswendig** auf.
- **Kontrolliere** deine Schreibung, indem du genau mit der Vorlage vergleichst.

Rechtschreibregeln

kurze Vokale

→ S. 134 f.

- Nach **betontem kurzem** Vokal folgen meist zwei oder mehr Konsonanten (Mitlaute).
- In den meisten Fällen kann man sie beim Hören gut unterscheiden, z. B.: *das Heft, die Kante, der Kasten, die Silbe*
- Hört man nach einem betonten kurzen Vokal nur einen Konsonanten, wird dieser meist verdoppelt, z. B.: *der Löf-fel, die Eb-be, das Was-ser*

lange Vokale

→ S. 132 f.

Meist werden lang gesprochene Vokale nicht besonders gekennzeichnet, z. B.: *der Hase, das Rad, der Hof, rasen, lesen, rufen*
Vor *l, m, n, r* folgt auf den lang gesprochenen Vokal ein *h* („Dehnungs-*h*"), z. B.: *das Mehl, lahm, die Sahne, das Rohr*
In einigen Wörtern wird der lang gesprochene Vokal verdoppelt, z. B.:

aa	ee	oo
der Aal, der Saal	*leer, das Meer*	*das Boot, das Moos*

Diese Lernwörter musst du dir besonders einprägen.

Ein Sonderfall ist der **lang gesprochene *i*-Laut:**

- Viele Wörter mit lang gesprochenem *i*-Laut werden mit ***ie*** geschrieben, z. B.: *die Wiese, das Tier, das Bier, die Miete, lieben, siegen, schliefen, wiegen*
- Nur in den Pronomen *ihm, ihr, ihn, ihre* wird der *i*-Laut als ***ih*** geschrieben.
- Sehr selten sind Wörter mit *-ieh,* z. B.: *das Vieh, zieht, sieht, geschieht*
- In Fremdwörtern wird der *i*-Laut oft mit einfachem *i* geschrieben, z. B.: *die Maschine, die Mandarine, das Klima, das Motiv*

die *s*-Laute

→ S. 136

- Ein **stimmhaftes *s*** wird immer *s* geschrieben, z. B.: *die Rose, die Bluse, der Riese, lesen*
- Ein *ß* steht **nur nach einem langen Vokal** oder **Diphthong (Doppellaut),** z. B.: *die Soße, außen, weiß, heiß, der Gruß, schließen*
- Ein *ss (stimmlos)* steht **nur nach einem kurzen Vokal,** z. B.: *der Pass, die Hunderasse, messen, das Schloss*

die Großschreibung

S. 140 f., 147 ff.

Groß schreibt man
- alle **Nomen,** z. B.: *die Puppe, der Bär, das Auto, die Leistung*
- alle **Satzanfänge,** z. B.: *Bei diesem Wetter gehe ich nicht ins Schwimmbad.*
- alle **Namen** von Personen und Orten, z. B.: *Alina, Joshua, Wiesbaden, Grönland*

die Kleinschreibung

S. 142

Klein schreibt man:
- alle **Verben,** z. B.: *malen, tanzen, faulenzen*
- alle **Adjektive,** z. B.: *schön, eisig, diebisch, freundlich*
- ebenfalls alle zusammengesetzten Adjektive, z. B.: *federleicht, kugelrund, kinderfreundlich*
- alle **Personalpronomen** (persönliche Fürwörter), z. B.: *ich, du, er/sie/es, wir, ihr, sie, mich, dich*
- alle **Possessivpronomen** (besitzanzeigende Fürwörter), z. B.: *mein, dein, sein, ihr, euer, ihr*
- Eine Sonderreglung gibt es bei den Anredepronomen in Briefen und Mails:
  - Das ***Sie*** – für Personen, die man nicht duzt – wird immer großgeschrieben.
  - Die vertraute Anrede ***du*** kann man in Briefen groß- oder kleinschreiben.

die Worttrennung am Zeilenende

S. 132

Mehrsilbige Wörter trennt man nach Sprechsilben, die man beim langsamen und betonten Sprechen hören kann, z. B.: *die Pus-te-blu-me*
Im Wörterbuch sind Trennungen durch Längsstriche markiert, z. B.: *Pus|te|blu|me.*

das Komma

S. 120 ff.; 157 ff.

Zwischen den Teilen einer Aufzählung stehen Kommas, aber nicht, wenn sie durch ***und*** bzw. ***oder*** verbunden sind, z. B.:
Er kaufte Tassen, Teller, Gläser. Sollte er Tassen, Teller oder Gläser kaufen?

Das Komma trennt aufgezählte Hauptsätze (Satzreihe). Vor den Konjunktionen *und* und *oder* muss kein Komma stehen, z. B.:
Das Fußballspiel wurde abgebrochen (,) und die Fans waren kaum zu beruhigen.
Das Komma trennt Haupt- und Nebensatz (Satzgefüge), z. B.:
Das Fußballspiel wurde abgebrochen, weil sich einige Fans prügelten.

die Zeichensetzung bei der wörtlichen Rede

S. 161

Was jemand denkt oder sagt, wird durch **Anführungszeichen** gekennzeichnet.
- Der **vorangestellte Begleitsatz** endet mit einem Doppelpunkt, z. B.: *Er sagte laut: „Das gibt es doch nicht!“*
- Der **nachgestellte Begleitsatz** wird durch ein Komma abgetrennt, z. B.: *„Das gibt es doch nicht!“, sagte er laut.*
- Der **eingeschobene Begleitsatz** wird durch Kommas abgetrennt, z. B.: *„Mensch“, sagte er laut, „das gibt es doch nicht!“*

Methoden und Arbeitstechniken

Informationen suchen und auswerten → S. 8 f.; 60 f.; 68 ff.

Wenn du zu einem Thema (z. B. für einen Kurzvortrag) Informationen suchst, kannst du
- in einer **Bibliothek** suchen,
- **eine Expertin / einen Experten** befragen (z. B. Eltern, Lehrerin/Lehrer, Freundin/Freund),
- im **Internet** mit Hilfe von Suchmaschinen (z. B. „Google" oder „Blinde Kuh") zu deinem Thema **recherchieren,** indem du deinen **Suchbegriff** eingibst,
- dich in verschiedenen **Lexika** informieren.

Du musst alle Informationen auswerten.
- Lies die Texte und verschaffe dir einen Überblick über ihre Inhalte.
- Überlege, welche Fragen zum gewählten Thema du beantworten möchtest.
- Suche dir die Abschnitte heraus, die wichtige Informationen zu deinem Thema enthalten.
- Schreibe die wichtigsten Informationen in Stichwörtern auf.
- Prüfe, welche Fragen in diesen Texten nicht beantwortet werden, und suche – wenn nötig – weitere Informationen.

der Kurzvortrag → S. 7 ff.

Ein gelungener Vortrag muss gut vorbereitet werden.
- Notiere das, was für deinen Vortrag wichtig ist, in **Stichwörtern,** z. B. auf Karteikarten.
- Bringe die Stichwörter in **eine sinnvolle Reihenfolge.**
- Überlege dir eine passende **Einleitung,** die dein Publikum neugierig macht.
- Überlege dir einen passenden **Schluss** für deinen Vortrag.
- Bereite **Anschauungsmaterial** vor (z. B. mitgebrachte Bilder, Folie, Tafelanschrieb, Gegenstände).

der Cluster

Er hilft dir, Ideen zu einem bestimmten Thema zu finden.
- Schreibe das Thema (den Oberbegriff) in die Mitte eines Blattes.
- Notiere jetzt wichtige Gedanken / Angaben / Merkmale zu dem Thema und verbinde sie durch Linien mit dem Clustermittelpunkt.

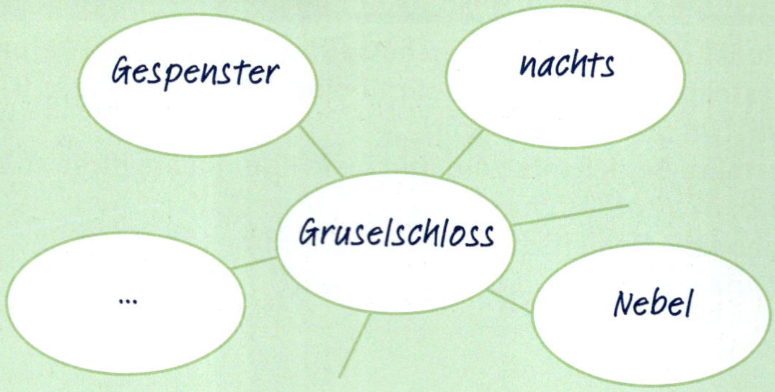

die Mindmap (die Gedankenlandkarte)

S. 9; 177

In einer Mindmap ordnest du deine Ideen.
- Schreibe in die Mitte deines Blattes dein Thema (den Oberbegriff).
- Ergänze jetzt um das Thema Schlüsselwörter.
- Erweitere diese Schlüsselbegriffe um Unterbegriffe, sodass Beziehungen deutlich werden.

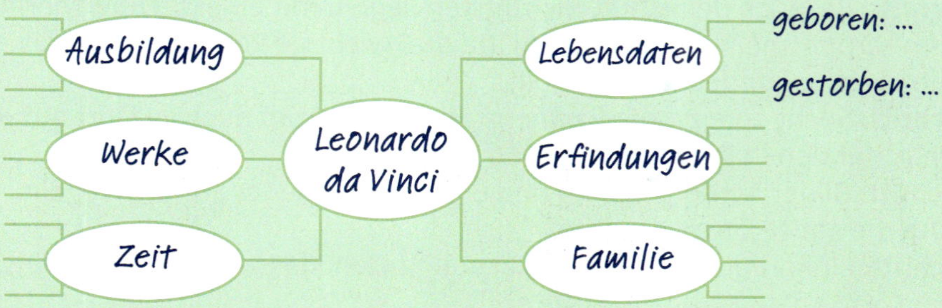

das Portfolio

Ein Portfolio ist eine Mappe, mit der du zeigst, was du (z. B. im Fach Deutsch) über einen bestimmten Zeitraum oder zu einem bestimmten Thema gelernt hast.
Du kannst damit anderen erklären oder für dich selbst festhalten, wie du gelernt hast, welche Ergebnisse dabei herauskamen und wie du diese einschätzt.
In diese Mappe kannst du folgende Dinge abheften:
- besondere Arbeiten, Übungen, Unterrichtsergebnisse,
- deine persönliche Einschätzung, was du bei einzelnen Unterrichtsthemen schon gut kannst oder noch lernen musst.

die Schreibkonferenz

S. 37

- Schreibt eure Texte auf Papier mit breitem Rand („Korrekturrand").
- Setzt euch zu dritt oder zu viert zusammen.
- Einige dich mit den anderen, wer welche „Überprüfungspunkte" übernimmt.
- Eine/r von euch liest ihren/seinen Text vor. Die anderen hören aufmerksam zu.
- Die Zuhörer/innen sagen, was ihnen gut gefallen hat. Bei Unklarheiten fragen sie nach.
- Anschließend wird das Blatt in der Schreibkonferenz herumgegeben. Alle Mitglieder notieren Verbesserungsvorschläge auf dem Korrekturrand.
- Reihum lesen nun auch die anderen ihre Texte vor.
- Jeder schreibt seinen Text ins Reine und arbeitet dabei die Vorschläge ein.
- Überprüfe zum Schluss noch einmal Rechtschreibung und Zeichensetzung.

unbekannte und schwierige Wörter klären

Es gibt mehrere Möglichkeiten, unbekannte Wörter im Text zu klären:
- **Nachdenken:** Suche nach Hinweisen im Text und versuche, das Wort aus dem Textzusammenhang heraus zu verstehen.
- **Nachfragen:** Frage bei jemandem (Lehrer/Eltern/Mitschüler) nach.
- **Nachschlagen:** Benutze ein Wörterbuch oder Lexikon und schlage die Wortbedeutung nach. Prüfe bei mehreren Bedeutungserklärungen, welche im Text zutrifft.

die Entscheidungspyramide

→ S. 20

Diese Methode hilft dir und deinen Mitschülerinnen/Mitschülern, sich für eine Auswahl aus verschiedenen Möglichkeiten zu entscheiden, z. B. zum Thema *Welche Gesprächsregeln sind die drei wichtigsten?*

- **1. Schritt:** Notiere drei Gesprächsregeln, die für dich am wichtigsten sind.
- **2. Schritt:** Besprich deine drei wichtigsten Regeln mit einer Lernpartnerin / einem Lernpartner und einigt euch auf drei wichtige Regeln, die ihr mit in die nächste Runde nehmen wollt.
- **3. Schritt:** Sucht eine zweite Partnergruppe und einigt euch zu viert auf drei Regeln, mit denen ihr weiterarbeiten wollt.
- **4. Schritt:** Bildet Achtergruppen und einigt euch wieder auf drei Regeln, die für die ganze Gruppe gelten.
- **5. Schritt:** Einigt euch zum Schluss in der ganzen Klasse auf drei gemeinsame Regeln.

die Positionslinie

→ S. 22 f.

Mit dieser Methode lässt sich das Meinungsbild einer Gruppe zu einer Entscheidungsfrage (Ja-/Nein-Frage) darstellen, z. B. zu der Frage *Sollten Kinder im Haushalt helfen?*

- Stelle dich an das „Ja“-Ende der Positionslinie, wenn du auf die Frage mit „Ja“ antworten würdest.
- Stelle dich an das „Nein“-Ende der Positionslinie, wenn du auf die Frage mit „Nein“ antworten würdest.
- Wenn du unentschieden bist, stelle dich zwischen „Ja“- und „Nein“-Ende. Je nachdem, wie weit du dich von einem der beiden Endpunkte wegstellst, gibst du zu erkennen, dass du eher dafür bzw. dagegen bist.

die Punktabfrage

→ S. 14

Mit dieser Methode legst du eine Rangfolge der zur Auswahl stehenden Themen fest, z. B.:

Frage:
Über welches der folgenden beiden Themen wollen wir in der Klasse diskutieren?
- *Spickzettel bei Klassenarbeiten?*
- *Exotische Tiere als Haustiere?*

Jede/Jeder von euch bekommt drei Klebepunkte und darf sie so auf die Vorschläge verteilen, wie sie oder er es will.
Am Ende der Punktabfrage kann man erkennen, welcher Vorschlag am häufigsten gewählt wurde.

Lösungen der Tests

Teste dich selbst! Eine Lügengeschichte weitererzählen
Seite 39

1 b) Ich-Erzählform

1 c) Präteritum: fragte, ging, war

2 a)
A – r
B – f
C – f
D – r
E – f

2 b) *So könnte deine Lösung lauten:*
Checkliste für eine Lügengeschichte:
- Macht die Überschrift neugierig auf die Erzählung?
- Wurde der rote Faden (Einleitung, Hauptteil, Schluss) eingehalten?
- Ist die Geschichte für die Leserinnen/Leser verständlich?
- Wurden Lügenketten entwickelt?
- Sind die Lügen fantasievoll?
- Wurde die Zeitform (das Tempus, z.B. *Präteritum*) eingehalten?
- Werden Gefühle und Gedanken der Hauptfigur deutlich?
- Wurden unterschiedliche Satzanfänge verwendet und Sätze sinnvoll miteinander verknüpft (z.B. durch Konjunktionen wie *nachdem, als, obwohl*)?

Seite 40

3
A – Dieser Satz könnte in der Lügengeschichte stehen. Eine Riesenkartoffel mit großen Augen kann nur in einer erfundenen Geschichte auftauchen.
B – Dieser Satz passt nicht zu dem Geschichtenanfang auf Seite 39, da er in der Er-Erzählform statt in der Ich-Erzählform formuliert ist.
C – Dieser Satz könnte nicht in der Lügengeschichte stehen. Es wird eine normale Situation beschrieben, in der keine Spannung erzeugt wird.
D – Dieser Satz könnte nicht in der Lügengeschichte stehen, da er nicht zur Einleitung passt („Ein paar Stunden zuvor ..."). Außerdem wird eine normale Situation beschrieben, in der keine Spannung erzeugt wird.
E – Dieser Satz könnte in einer Lügengeschichte stehen. Hier ist offensichtlich, dass der „Kartoffelkönig" erfunden wurde.
F – Dieser Satz könnte nicht in der Lügengeschichte stehen, da die Zeitform (Präsens) nicht zum Anfang der Lügengeschichte (Präteritum) passt.

4 a)
Einleitung: Beschreibung, wie ich in den Keller gehe, Begegnung mit dem Kartoffelkönig
Hauptteil: Gespräch mit dem Kartoffelkönig, Rettung seiner Familie und Untertanen
Schluss: Wie erkläre ich es meiner Mutter?

4 b) *So könnte deine Erzählung lauten:*
Ich öffnete die Tür zum Kartoffelkeller und griff in die Kiste mit den Kartoffeln. Da hörte ich plötzlich eine zarte Stimme: „Was soll das? Warum bringst du hier alles durcheinander?“ Bevor ich verstand, was hier los war, sagte die Stimme wütend: „Ich bin Foffelto, der Kartoffelkönig, und so etwas muss ich mir nicht bieten lassen.“
Als ich das hörte, musste ich laut lachen. So etwas! Eine sprechende Kartoffel! Hatte ich mir vielleicht den Kopf gestoßen? In diesem Augenblick erklangen aus der Kiste aufgeregte Stimmchen: „Ja, er ist unser König! Lang lebe Foffelto!“ Ganz verwirrt fragte ich den König: „Woher kommst du und was machst du hier in unserem Kartoffelkeller?“ Foffelto begann zu erzählen, dass er ein mächtiger König war, der über alle Kartoffeln dieser Welt regierte. „Ich bin der letzte Nachfahre der Königsfamilie“, erzählte er mir. „Alle anderen wurden bereits aufgegessen. Wenn du mich jetzt mit hinauf in die Küche nimmst und kochst, dann stirbt die königliche Familie aus“, erklärte er weiter und begann plötzlich laut zu schluchzen. Als ich das hörte, taten mir dieser kleine Kartoffelkönig und seine Untertanen leid. Ich verabschiedete mich höflich und ging mit leeren Händen zu meiner Mutter zurück. „Weißt du was, Mama?“, sagte ich zu ihr. „Ich finde, wir sollten heute Reis essen.“

5 b) *Diese Verbesserungsvorschläge könntest du nennen:*
- Geschichte im Präteritum erzählen
- mehr Spannung aufbauen
- Gefühle und Gedanken beschreiben
- Wiederholung von „dann“ vermeiden

5 c) *So könnte deine Lösung lauten:*
Dann schlich ich zum Geräteschuppen, in dem es dunkel und unheimlich war. Langsam schloss ich die Tür hinter mir. Plötzlich wurde es stockdunkel um mich herum. Tastend suchte ich eine Kiste und setzte mich darauf. Meine Knie zitterten. „Hier komme ich nicht mehr lebend raus!“, schoss es mir durch den Kopf.

Teste dich selbst! Sachtexte und Schaubilder lesen
Seite 76

2

A *f*	B *f*	C *r*
D *f*	E *r*	

3
online sein (Z. 3): mit dem Internet verbunden sein
(an)surfen (Z. 4–5): im Internet verschiedene Seiten besuchen
installieren (Z. 14): auf den Computer überspielen

4 a)
Diagramm 1: Balkendiagramm
Diagramm 2: Säulendiagramm
Diagramm 3: Balkendiagramm

4 b) Diagramm 1 zeigt, wie oft der **Computer** 2005 von Jungen und Mädchen in den Altersgruppen von 6 bis 13 Jahren genutzt wurde. In Diagramm 2 kann man ablesen, in welchen Altersgruppen Kinder 2005 das **Internet** benutzten.

4 c) Diagramm Nummer 3 zeigt, welche Tätigkeiten die Kinder 2005 am Computer ausübten.

5
- 24 von 100 Kindern im Alter von 10–11 Jahren benutzten den Computer 2005 jeden oder fast jeden Tag.
- 50 von 100 Internet-Nutzern waren Mädchen.
- Im Alter von 12–13 Jahren wurde das Internet 2005 am häufigsten genutzt.
- 50 von 100 befragten Kindern spielten 2005 mit anderen Personen Computerspiele.
- 28 von 100 befragten Kindern hörten 2005 am Computer Musik.

6
Diagramm 2 bestätigt die Aussage des ersten Satzes. „Gesamt – 52 %" bedeutet, dass über die Hälfte der befragten Kinder zwischen sechs und 13 Jahren Erfahrungen mit dem Internet haben.

Teste dich selbst! Sprache und Sprachgebrauch untersuchen Seite 129

1 b) und c)

Grundform (Positiv)		Komparativ		Superlativ
empfindlich (Z. 8)	–	empfindlicher	–	am empfindlichsten
trocken (Z. 9)	–	trockener	–	am trockensten
sonnig (Z. 9)	–	sonniger	–	am sonnigsten
leicht (Z. 10)	–	leichter	–	am leichtesten
frisch (Z. 10)	–	frischer	–	am frischesten

1 d)
Adjektiv im Komparativ: feuchter (Z. 11) – Grundform (Positiv): feucht
Adjektiv im Superlativ: der nächste (Z. 16) – Grundform (Positiv): nah
(Achtung: Die Adjektive „fester" und „glatter" sind keine Steigerungsformen, sondern deklinierte Grundformen!)

2 a)
schön – schöner – am schönsten – *steigerbar:* Adjektiv
sehr – *nicht steigerbar:* kein Adjektiv
gründlich – gründlicher – am gründlichsten – *steigerbar:* Adjektiv
meistens – *nicht steigerbar:* kein Adjektiv
wichtig – wichtiger – am wichtigsten – *steigerbar:* Adjektiv
außerdem – *nicht steigerbar:* kein Adjektiv
tot – *nicht steigerbar:* dennoch Adjektiv (siehe 2 b)

2 b) Das Wort „tot" ist ein Adjektiv, lässt sich aber nicht sinnvoll steigern.

Seite 130

3 a)
dauert (Z. 13) – 3. Person Singular Präsens
entstanden ist (Z. 14) – 3. Person Singular Perfekt
sieht (Z. 14) – 3. Person Singular Präsens
gezogen haben (Z. 16) – 3. Person Plural Perfekt
kann ausgehen (Z. 16) – 3. Person Singular Präsens
warten lässt (Z. 17) – 3. Person Singular Präsens

3 b)

Infinitiv	**Präsens**	**Präteritum**	**Perfekt**	**Plusquam-perfekt**	**Futur**
dauern	dauert	dauerte	hat gedauert	hatte gedauert	wird dauern
entstehen	entsteht	entstand	ist entstanden	war entstanden	wird entstehen

4 a)

Ich	**finde,**	**die**	**schönsten**	**Tannenzapfen**	**wachsen**
Personalpronomen	Verb	Artikel	Adjektiv	Nomen	Verb

auf	**dem**	**Baum**	**vor**	**unserem**	**Haus.**
Präposition	Artikel	Nomen	Präposition	Possessivpronomen	Nomen

4 b)
seine – Possessivpronomen
unter – Präposition
er – Personalpronomen
verbirgt – Verb
eine – unbestimmter Artikel
glatter – Adjektiv
Schutzmantel – Nomen
über – Präposition

5 a)
Schon früh schmückten Menschen Tannenbäume.
Menschen schmückten schon früh Tannenbäume.
Menschen schmückten Tannenbäume schon früh.
Tannenbäume schmückten Menschen schon früh.

1539 wurden in Straßburg die ersten Weihnachtsbäume aufgestellt.
In Straßburg wurden 1539 die ersten Weihnachtsbäume aufgestellt.
In Straßburg wurden die ersten Weihnachtsbäume 1539 aufgestellt.
Die ersten Weihnachtsbäume wurden 1539 in Straßburg aufgestellt.
Die ersten Weihnachtsbäume wurden in Straßburg 1539 aufgestellt.

5 b)
schon früh – adverbiale Bestimmung der Zeit (Wann?)
schmückten – Prädikat
Menschen – Subjekt (Wer?)
Tannenbäume – Akkusativ-Objekt (Wen oder Was?)
1539 – adverbiale Bestimmung der Zeit (Wann?)

wurden ... aufgestellt – Prädikat
in Straßburg – adverbiale Bestimmung des Ortes (Wo?)
die erstenWeihnachtsbäume – Subjekt (Wer oder Was?)

6 a) weil, denn

6 b)
- Im alten Rom schmückte man die Häuser mit Lorbeerzweigen, denn man wollte im Winter etwas Grünes im Haus haben.
  Im alten Rom schmückte man die Häuser mit Lorbeerzweigen, weil man im Winter etwas Grünes im Haus haben wollte.
- 1560 musste man die Wälder bewachen, denn die Nachfrage nach Tannen war sehr groß.
  1560 musste man die Wälder bewachen, weil die Nachfrage nach Tannen sehr groß war.
- Die Deutschen hatten Glück, denn in Deutschland gab es große Tannenwälder.
  Die Deutschen hatten Glück, weil es in Deutschland große Tannenwälder gab.

Teste dich selbst! Richtig schreiben
Seite 167

1 b) *So lautet die richtige Schreibung der Fehlerwörter:*

Jahre (Z.1)
wohne (Z.1)
kleinen (Z.1)
Meer (Z.2)
Klassenarbeiten (Z.4)
Fußball (Z.5)
Freund (Z.7)
ihm (Z.8)
gleichen (Z.8)
komme (Z.10)
richtig (Z.10)
Angst (Z.11)
Wut (Z.12)
gut (Z.13)
Filme (Z.14)
Fahrrad (Z.15)
Rollschuhen (Z.15)

2 b)

Nachmittag
Bett
spiele
neuen
Abendessen
großer
Fußballtraining

Zeit
Angeln
ihm
toll
nervt
Lernen

2 c) *Mit diesen Proben kannst du Nomenmerkmale in diesem Text erkennen:*
- auf Begleitwörter achten, z. B.: nach **dem** Abendessen, **das** Lernen (Artikel)
- versteckte Artikel suchen, z. B.: am Nachmittag (= an **dem** Nachmittag), zum Fußballtraining (= zu **dem** Fußballtraining)
- die Pluralprobe durchführen, z. B.: der Nachmittag – die Nachmittage

Seite 168

3 b)

„Die anderen Jungen machen Dinge“, berichtet Jako, „die ich nicht machen würde.“
Jimmy erzählt: „Ich denke oft gar nicht darüber nach, was ich anstelle.“
„Schule ist eigentlich okay“, meint Louis, „aber mit den anderen Jungen läuft es nicht immer so gut.“
„Ich tue was in der Schule, sonst bekomme ich keinen guten Abschluss“, sagt Lukas.

4

der Stan... – ständig → der Stand
kran... – das Krankenhaus → krank
der Zwer... – die Zwerge → der Zwerg
das Wer... – werken → das Werk
der Sta... – die Stäbe → der Stab
die Ban... – die Bänke → die Bank
die Hau... – häuten → die Haut
die Wel... – die Welten → die Welt
der Erfol... – die Erfolge → der Erfolg
des Stau... – staubig → der Staub
gel... – (ein) gelber (Pullover) → gelb
har... – härter → hart
merkwürdi... – merkwürdiger → merkwürdig

5 a)

Wörter mit den Suffixen (Nachsilben) *-ung, -heit, -keit, -schaft, -tum, -nis* sind meist Nomen und werden großgeschrieben.
Wörter mit den Suffixen (Nachsilben) *-sam, -bar, -lich, -isch, -ig* sind meist Adjektive und werden kleingeschrieben.

5 b) *Diese Beispiele könntest du nennen:*
- Nomen: die Erleichterung, die Schönheit, die Heiterkeit
- Adjektive: seltsam, wunderbar, ärgerlich

6
Das Wort „guter“ wird kleingeschrieben, weil es ein Adjektiv ist und zwischen Begleitwort (Artikel) und Nomen steht.
Das Wort „Gute“ wird großgeschrieben, weil es ein Nomen ist und mit einem Begleitwort (Artikel) verwendet wird.

Teste dein Wissen! Lernstandstest
Seite 187

1 A Er beschreibt und erklärt einen Versuch.

Seite 188

2
A: Vorbereitung der Filmdose
B: Der geheimnisvolle Inhalt der Filmdose
C: Ein besonderes Versteck für die Filmdose
D: Die Gummihand wächst
E: So funktioniert das Experiment

3 b) Zauberei

4
Das Verb „funktionieren“ bedeutet „gelingen“ oder „klappen“.
Das Verb „überstülpen“ ist ein anderes Wort für „überziehen“.

Seite 189

5 *So könnte deine Lösung lauten:*
- Bild 2 – Man bohrt die Filmdose oberhalb des Bodens mit einem Nagel an. Den Nagel erhitzt man vorher über einer Kerze.
- Bild 3 – Man stülpt den Gummihandschuh über die Dose und befestigt ihn mit Gummiringen. Anschließend stopft man ihn in die Filmdose.
- Bild 4 – Man füllt einen Blumentopf mit Erde, sodass der Boden ca. zwei Zentimeter mit Erde bedeckt ist.

6
A *f*
B *r*
C *f*
D *r*
E *f*
F *r*

7
Latex-Handschuhe – B
aufblähen – B
Hubbel – C

Seite 190

8
Die Verfasserin verwendet das Wort „verwelkt“, weil normalerweise eine Pflanze in einem Blumentopf wächst. Eine Pflanze kann verwelken, also eingehen, so wie es auch mit der Gummihand geschieht, wenn die Gasentwicklung nachlässt.

9 a) und b)
Jetzt ist es an der Zeit ... (Z.16) – Jetzt ist das Experiment so weit vorbereitet, ...
ordentlich [...] *wässern* (Z.17 f.) – ausgiebig (mit viel Wasser) wässern

10
(2) – erhitzt
(3) – Geh(e)
(4) – lass(e)
(5) – legst
(6) – stülpst
(7) – befestigst

Textquellenverzeichnis

S. 26 f. Gernhardt, Robert: Auf der Insel der weinenden Riesen. Aus: Gernhardt, Robert / Gernhardt, Almut: Der Weg durch die Wand. Insel Verlag, Frankfurt/M. 1982, S. 45–50
S. 34 Hohler, Franz: Der Granitblock im Kino. Aus: Hohler, Franz / Heidelbach, Nikolaus: Der große Zwerg und andere Geschichten. dtv, München, Wien 2003, S. 65 f.
S. 60 Wie die Menschen lernten, nach der Uhr zu leben. Nach: GEOlino 07/07, S. 55 f.
S. 62 Wer jeden morgen ... Nach: www.kindernetz.de (Stand vom 02.05.2008)
S. 65 Gestohlene Zeit, geschenkte Zeit. Nach: www.kindernetz.de (Stand vom 02.05.2008)
S. 68 Archimedes – Erfinder mit Glück und Genie. Nach: GEOlino 07/06, S. 20–25
S. 69 Das archimedische Prinzip. Nach: GEOlino 07/06, S. 20–25 / Eine Geschichte aus Archimedes' Leben. Aus: ebd.
S. 70 Wie Flaschenzüge arbeiten. Nach: GEOlino 07/06, S. 20–25
S. 75 f. Jedes zweite Kind war schon im Netz. Nach: Feierabend, Sabine / Rathgeb, Thomas: KIM-Studie 2005, Medienpädagogischer Forschungsverbund Südwest (Hg.), www.mpfs.de (Stand: 07.02.2006)
S. 78 Äsop: Rabe und Fuchs. Nach: Fenske, Ute (Hg.): Rund um Fabeln. Cornelsen, Berlin 2004, S. 40
S. 80 La Fontaine: Der Löwe und die Maus. Aus: www.udoklinger.de (Stand vom 02.05.2008)
S. 81 Guggenmos, Josef: Der Kürbis und der Apfelkern. Aus: Schönfeldt, Sybill Gräfin: Das große Fabelbuch für Kinder. Betz, Wien 1997
S. 82 Bolliger, Max: Von einem Fuchs, einem Löwen und einem Bären. Aus: Mein erstes Vorlesebuch der schönsten Tierfabeln. Ravensburger, Ravensburg 1994
S. 83 „Ich möchte wissen"... Aus: Ende, Michael: Die unendliche Geschichte. K. Thienemanns Verlag, Stuttgart 1979, S. 16
S. 84 Kordon, Klaus: Die Flaschenpost. Beltz, Weinheim und Basel 1999 (Klappentext)
S. 85 Kordon, Klaus: Die Flaschenpost. Beltz, Weinheim und Basel 1999, S. 9 ff.
S. 87 f. Nach: Klages, Simone: Die Detektive von Cismar ... und der Bankraub. Beltz, Weinheim, Basel, Berlin 2002, S. 117 ff.
S. 92 f. Ende, Michael: Die Ballade vom Seiltänzer Felix Fliegenbeil (gekürzt). Aus: Das Michael Ende Lesebuch. dtv, München 1989, S. 100–102
S. 96 Hacks, Peter: Ballade vom schweren Leben des Ritters Kauz vom Rabensee. Aus: Hacks, Peter: Der Flohmarkt. © Eulenspiegel, Berlin 2001, S. 21
S. 98 Gernhardt, Robert: Heut singt der Salamanderchor. Aus: Gernhardt, Robert / Gernhardt, Almut: Mit dir sind wir vier. Insel Verlag, Frankfurt/M. 1983
S. 104 Bichsel, Peter: Ein Tisch ist ein Tisch. Aus: Kindergeschichten. Suhrkamp, Frankfurt/M. 1997, S. 21–31
S. 113 Der Traum vom Fliegen. Nach: Burkett, Molly: Die Luftfahrt. Ars Edition, München 2000, S. 2
S. 114 Leonardo da Vinci ... Nach: Burkett, Molly: Die Luftfahrt. Ars Edition, München 2000, S. 3 / Der Wiener Uhrmacher ... Nach: ebd.
S. 118 Das Briefing vor dem Abflug. Nach: Braunburg, Rudolf / Figgen, Achim: Fliegerei und Luftfahrt (Was ist Was). Tessloff, Nürnberg 2001, S. 27 f.
S. 119 Reiseprospekt der Zukunft. Nach: Julia Lutz: Kleiner Reiseführer zum Mond. www.geolino.de (Stand vom 02.05.2008)
S. 122 Einmal Mond und zurück. Nach: www.geolino.de (Stand vom 23.04.2008)
S. 124 Viele Menschen glauben, dass ... Nach: www.kindernetz.de (Stand vom 02.05.2008)
S. 125 f. Fische überleben in Bäumen. Nach: www.geolino.de (Stand vom 23.04.2008)
S. 127 Auf kleinem Brett über die große Mauer. Nach: GEOlino 10/05, S. 35
S. 129 Weiß ein Tannenzapfen, wie das Wetter wird? Aus: Iris Hammelmann: Warum ist das Wasser nass? Alltagsphänomenen auf der Spur. Compact Verlag, München 2006, S. 135 f.
S. 132 Nach: Allfrey, Katherine: Delfinensommer. Dressler Klassiker, Hamburg 2007 (Klappentext)
S. 134 Maar, Paul: Ich bin ein großes, schönes Haus ... Aus: Jaguar und Neinguar. Oetinger, Hamburg 2007, S. 140 / Was ist das? ... Aus: ebd., S. 138 / Es umrundet den Baum ... Aus: ebd., S. 141
S. 137 Allfrey, Katherine: Delfinensommer. Dressler Klassiker, Hamburg 2007, S. 5
S. 138 Scholes, Katherine: Sams Wal. Ravensburger, Ravensburg 1990, S. 8 f.
S. 140 Lebensraum Wüste. Nach: www.kindernetz.de (Stand vom 07.05.2008)
S. 141 Neugierige und freche Wüstenbewohner. Nach: www.kindernetz.de (Stand vom 07.05.2008)
S. 147 Antwort nach 30 Jahren! Nach: www.geolino.de (Stand vom 01.02.2008)
S. 148 Aus dem All gesehen: Ein Vulkan gibt Rauchzeichen. Aus: GEOlino 08/06, S. 41
S. 156 Bumerang jahrzehntelang unterwegs. Nach: www.sowieso.de (Stand vom 05.05.2008)
S. 159 Glücks- und Retterdrachen. Nach: Der bunte Hund 01/08, S. 11
S. 163 Wörterbuchauszug aus: Thiel, Hans Peter (Hg.): Von Wort zu Wort. Schülerwörterbuch mit Basiswissen Deutsch. Cornelsen, Berlin 2008, S. 142
S. 164 Das Rennen zum Südpol. Aus: Der bunte Hund 01/08, S. 40
S. 166 Das Rennen zum Südpol. Nach: Der bunte Hund 01/08, S. 38
S. 169 Schwarzer Urwald-Troll. Aus: Gaede, Peter-Matthias (Hg.): Die lustige Welt der Tiere. Gruner und Jahr, Hamburg 2004, S. 56
S. 170 Newth, Eirik: Die Krähe, die nicht bis 5 zählen konnte. Aus: Die Krähe, die nicht bis 5 zählen konnte. Geschichten aus der tollen Welt der Zahlen. Hanser, München, Wien 2006, S. 6
S. 171 Padgett, Ron: Die Giraffe. Aus: Abmeier, Armin (Hg.): Hör zu, es ist kein Tier so klein, das nicht von dir ein Bruder könnte sein. Gedichte und Bilder. Carlsen, Hamburg 2006, S. 118 / Schumacher, Hans: Chamäleon. Aus: Polt-Heinzl, Evelyne / Schmidjell, Christine: Das ABC der Tiere. Reclam, Ditzingen 2003, S. 25 / Bashô, Matsuo: Wintermorgenschnee. Aus: Abmeier, Armin (Hg.): Hör zu, es ist kein Tier so klein, das nicht von dir ein Bruder könnte sein. Gedichte und Bilder. Carlsen, Hamburg 2006, S. 44
S. 172 Äsop: Der aufgeblasene Frosch. Aus: Schönfeldt, Sybill Gräfin: Das große Fabelbuch für Kinder. Betz, Wien 1997, S. 123
S. 173 Haustierhaltung in Deutschland. Nach: Heimtierhaltung in Deutschland 2006. www.zzf.de/presse/markt/ (Stand vom 02.05.2008) / Tierschutzgesetz in der Fassung vom 12. April 2001 (BGBl S. 530) / Hallo, auch ich (11) ... Nach: www.familie-online.de/tier.shtml (Stand vom 12.05.2008)
S. 174 Alverdes, Paul: Namensmissbrauch. Aus: Rabe, Fuchs und Löwe. Ehrenwirth, München 1962
S. 175 Maar, Paul: Mitten in der Nacht. Aus: Fried, Amelie (Hg.): Ich liebe dich wie Apfelmus. cbj, München 2006, S. 14 / Morgenstern, Christian: Gruselett. Aus: Das Kanapee ist unser Kahn. Gedichte für Kinder. Philipp Reclam jun., Stuttgart 2006
S. 176 Tower of London. Nach: www.weltderwunder.de/wdw/Mensch/Mythos/Spukorte_Top10/ (Stand vom 02.05.2008) / Dunrobin Castle. S. ebd.

S.177 Menschen bekommen eine Gänsehaut ... Nach: www.br-online.de/kinder/fragen-verstehen/wissen/2004/00755/ und www.wissen.lauftext.de/der-mensch/der-korper/wie-man-eine-gansehaut-bekommt.html (Stand vom 02.05.2008)
S.178 Geisterzug. Aus: Bull, Jane: Halloween. Das große Gruselparty-Buch. Dorling Kindersley Limited, London 2000, S.44 / Mutprobe. S.ebd., S.45
S.179 Ein Gruselstreich zum Schaudern. Nach: Der absolute Schocker. In: Kienitz, Günter / Grabis, Bettina: Lass es spuken. Ökotopia, Münster 1997, S.33
S.180 Hauff, Wilhelm: Die Geschichte von dem Gespensterschiff. Nach: Ewers, Hans-Heino (Hg.): Wilhelm Hauff. Sämtliche Märchen. Philipp Reclam jun., Stuttgart 1986, S.29–39
S.181 Goethe, Johann Wolfgang: Woher sind wir geboren. Aus: Reich-Ranicki, Marcel (Hg.): Der Kanon. Die Deutsche Literatur. Gedichte. Band 2. Insel Verlag, Frankfurt/M., Leipzig 2005, S.53 f.
S.182 Myers, Walter Dean: Love that boy. Aus: Myers, Walter Dean: Brown Angels: An Album of Pictures and Verse. © Walter Dean Myers 1993 / Hab ihn gern. Aus: Der beste Hund der Welt. Aus dem Amerikanischen von Adelheid Zöfel. Fischer, Frankfurt/M. 2003, S.52 / Hoppe, Luise: Hab euch gern (Schülerarbeit) / Dein großer Bruder (Schülerarbeit) / Hagen, Hans und Monique: Silber und Gold. Aus: Wie sehr ich dich mag. Oetinger, Hamburg 2001 / Familie – immer wichtiger. Aus: Shell-Studie 2006 (www.shell.com/home/content/de-de/about_shell/Jugendstudie/2006/jugendstudie2006_familie.html)
S.183 Kuijer, Guus: Polleke besucht Polleke. Aus: Wir alle für immer zusammen. Oetinger, Hamburg 2001, S.50 f.
S.184 Olsson, Sören / Jacobsson, Anders: Bert ist verliebt. Aus: Berts allergrößte Katastrophen. Omnibus, München 2007, S.15–17
S.185 Die Herzfunk-Frage: Was tut man gegen Liebeskummer? Aus: www.lilipuz.de/wissen/herzfunk/liste/ (Stand vom 08.08.2007)
S.186 Welche Rolle Berührungen ... Nach: www.familie.de/magazin/Eltern/ (Stand vom 12.05.2008)
S.187 Gruseliges aus dem Topf. Nach: Kraus, Christine: Wie man sich selbst eine Gummihand züchtet. Aus: Die Rheinpfalz am Sonntag vom 15. Juli 2007, S.18

Wir danken den Rechteinhabern für die Abdruckgenehmigung. Da es uns leider nicht möglich war, alle Rechteinhaber zu ermitteln, bitten wir, sich gegebenenfalls an den Verlag zu wenden.

Texte der Herausgeberin und der Autorinnen:

Vor einigen Tagen ... (S.25)
Es war einmal ein Hase ... (S.25)
Mein Auto ist heute Morgen ... (S.29)
Heute Nacht sind ... (S.29)
Auf meinem Schreibtisch ... (S.32)
Lange genug hatte ich nun ... (S.35)
Da standen wir nun ... (S.38)
Der König der Kartoffeln (S.39)
Nach jahrelangen Vorbereitungen ... (S.42)
Ägyptens versunkene Schätze (S.43)
Die alten Ägypter ... (S.44)
Voll aufgestylt (S.45)
Im Spätherbst ... (S.46)
In den Gängen ... (S.48)
Das kleine Kind ist ... (S.49)
Anna ... ungefähr 13 Jahre alt ... (S.50)
Hallo Johannes, ... (S.53)
Lieber Jonas, ... (S.54)
2-Euro-Münze ... (S.56)
Der Trick mit der Streichholzschachtel (S.58)
Diagramm (S.66)
Archimedes von Syrakus – Lebenslauf (S.70)
„Die Detektive von Cismar und der Bankraub" ist ... (S.86)
Lieblingstiere im Zoo (S.106)
Winter (S.106)
In dem Land, in dem alles anders ist (S.111)
Erste Flugversuche (S.114)
„Unser Traum vom Fliegen ..." (S.115)
Zeitstrahl zu Ereignissen der Geschichte der Fliegerei (S.115)
Der erste Mensch auf dem Mond (S.120)
Ein ungewöhnlicher Besuch (S.128)
Sensationelle Entdeckung (S.151)
Sehr geehrte Damen ... (Leserbrief) (S.153)
Sehr geehrte Damen ... (E-Mail) (S.154)
Die Steinlaus (S.155)
Drachen und Menschen (S.157)
Eines Morgens... (S.158)
Das bin ich: Louis (S.167)

Bildquellenverzeichnis:

Titelfoto: Thomas Schulz, Teupitz; S.8: picture-alliance/ IMAGNO/Schostal Archiv, Frankfurt am Main; S.10, 13, 15, 19, 22, 47, 48: Thomas Schulz, Teupitz; S.26: Illustration: Almut Gernhardt ,© Robert Gernhardt, durch Agentur Schlück; S.33: René Magritte © VG Bild-Kunst 2008; S.41: brigdemanart.com ; S.42: picture-alliance/ Bildagentur Huber, Frankfurt am Main; S.44: picture-alliance/ akg-images, Frankfurt am Main; S.46: picture-alliance/ OKAPIA KG, Frankfurt am Main; S.58 Mitte: plainpicture/ Kuttig; rechts: picture-alliance/ ZB, Frankfurt am Main; S.59: picture-alliance/ KPA, Frankfurt am Main; S.60: akg-images, Berlin; S.63: Cornelsen-Archiv; S.67: akg-images, Berlin; S.74: Cinetext, Frankfurt am Main; S.84: Buchcover: Klaus Kordon. Die Flaschenpost. Beltz & Gelberg in der Verlagsgruppe Beltz, Weinheim/Basel, 2008; S.86: Buchcover: Simone Klages. Die Detektive von Cismar ...und der Bankraub. Beltz & Gelberg in der Verlagsgruppe Beltz, Weinheim/Basel, 2006; S.103: © Anthony Harrison/ arturimages; S.107: Quint Bucholz. Der Sammler der Augenblicke © 1997 Carl Hanser Verlag, München; S.114 links: Wikipedia; rechts: Bildarchiv Preußischer Kulturbesitz, Berlin; S.115: akg-images, Berlin; S.119: picture-alliance/ © Krienke/ Helga Lade, Frankfurt am Main; S.120: picture-alliance/ KPA/ Galaxy, Frankfurt am Main; S.148: picture-alliance/ dpa, Frankfurt am Main; S.151: picture-alliance/ dpa, Frankfurt am Main; S.163: Corel-Library; S.169: Solvin Zankl, Kiel; S.176: picture-alliance/ ZB, Frankfurt am Main; S.184: Buchcover: Sören Olsson, Anders Jacobsson. Berts allergrößte Katastrophen. Omnibus in der Verlagsgruppe Random House, München, 2006

de.fotolia.com: S.24: © Otmar Smit; S.58 links: © Antje Lindert-Rottke; S.62: © NiKoNiKoN; S.65: © Falko Matte; S.129: © egal; S.140: © Dimitry Pichugin; S.141: © Markus Gössing; S.156: © mr. REPORTER; 157: © Falk; S.158: © Piers Philo; s. 181: © Galina Barskava; S.186 : © AGphotographer

Sachregister

G

H

I

J

K

L

M

N

O

P